高等职业教育财经商贸类规划教材·经济管理基础课

现代企业管理
（第4版）

赵 钎　刘永君　主　编
尚林鹏　何伟林　副主编

电子工业出版社
Publishing House of Electronics Industry
北京·BEIJING

内 容 简 介

本书是在第3版的基础上，为了适应中国经济发展进入新常态、企业转型升级和高等职业教育的需要，吸纳了近年来中国经济与企业改革和发展的新理论、新经验，综合了各方反馈的宝贵意见和建议后修订而成的。本次修订采取"篇+项目+任务"的结构体系，全书分为基础理论篇、经营管理篇、生产管理篇、技术管理篇4个部分，共计12个项目。

相较第3版，本书在内容和形式上都有较大的改革和创新。内容上精挑细选，紧跟时代的脉搏，推陈出新，优化了知识结构。形式上丰富多样，项目前设置"学习目标""案例导读"，项目中穿插一些经典案例、管理定律和知识拓展等阅读材料，项目后设置"项目小结""项目训练"和"项目实训"，进一步增强了教材的鲜活性、针对性和实操性，实现了以"教、学、练、做"为一体的教学体系。

本书既可作为高等职业院校及本科院校设立的二级职业技术学院各专业开设的"企业管理"课程的教材，也可作为社会从业人士自学用书。

未经许可，不得以任何方式复制或抄袭本书之部分或全部内容。
版权所有，侵权必究。

图书在版编目（CIP）数据

现代企业管理 / 赵钎，刘永君主编. —4版. —北京：电子工业出版社，2019.8
ISBN 978-7-121-36882-0

Ⅰ. ①现… Ⅱ. ①赵… ②刘… Ⅲ. ①企业管理—高等职业教育—教材 Ⅳ. ①F272

中国版本图书馆 CIP 数据核字（2019）第 120901 号

责任编辑：朱千支　　文字编辑：王宝熠
印　　刷：北京七彩京通数码快印有限公司
装　　订：北京七彩京通数码快印有限公司
出版发行：电子工业出版社
　　　　　北京市海淀区万寿路173信箱　邮编 100036
开　　本：787×1 092　1/16　印张：18　字数：460.8千字
版　　次：2005年2月第1版
　　　　　2019年8月第4版
印　　次：2024年2月第9次印刷
定　　价：49.00元

凡所购买电子工业出版社图书有缺损问题，请向购买书店调换。若书店售缺，请与本社发行部联系，联系及邮购电话：(010) 88254888，88258888。
质量投诉请发邮件至 zlts@phei.com.cn，盗版侵权举报请发邮件至 dbqq@phei.com.cn。
本书咨询联系方式：(010) 88254573，zgz@phei.com.cn。

前　言

企业管理学是系统研究企业管理活动的基本规律，横跨自然科学和社会科学两大学科的综合性学科。伴随着人类社会日新月异的变化、世界经济的持续发展及科学技术的飞速进步，作为社会管理实践活动的理论概括和总结的管理科学，其发展正接受着时代的挑战与洗礼。管理革命、管理创新正在世界各国广泛开展。与此相适应，企业管理学也要与时俱进，及时反映时代的变革和发展的要求。

改革开放以来，中国社会发生翻天覆地的变化，中国特色社会主义进入了新时代。经历了40多年的高速发展，中国经济发展的基本模式和产业业态都已发生深刻变化，经济增长的动力已由传统的要素驱动转向创新驱动。中国企业应随着时代的变迁，迅速实现企业管理的现代化。

创新求发展，管理出效益，已成为社会共识。迅速崛起的中国不仅需要众多的科学技术人才，更需要大量的现代管理人才，而高素质的复合型人才更是日显珍贵。因此，管理人才需要了解工程技术知识，工程技术人员也应具有一定的经济意识和管理素养。

为满足企业管理实践活动和培养新型综合性、应用型工程技术人才的需要，在总结多年企业管理学教学实践和科研活动的基础上，针对高等职业专业教学的特点，我们于2005年2月编著并出版了《现代企业管理》，之后在2008年2月、2013年11月分别修订并出版了《现代企业管理》的第2版和第3版。这三版教材都进行了多次重印，得到了同行专家的广泛认同和欢迎，被河南省教育厅评为"人文社会科学研究成果"三等奖。

《现代企业管理》（第4版）在前3版的基础上，根据教育部《高职高专教育基础课程教学基本要求》和《高职高专教育专业人才培养目标及规格》的精神，并充分汇集教师、学生和企业界人士反馈的宝贵意见和建议，作者对教材的体系和内容进行了必要的、切合实际的修改和完善。一方面，继续以"基础理论必须够用"为原则，对教材内容做了进一步的修改和完善，体现企业管理现代化和教学实践的新要求；另一方面，本次修订采取"篇+项目+任务"的结构体系，表现形式更丰富，进一步增强了教材的鲜活性、针对性和实操性，以方便教学和读者自学。本书主要内容包括项目1企业与企业组织结构、项目2管理与企业管理、项目3企业道德和社会责任、项目4市场调查与市场预测、项目5企业经营决策与计划、项目6市场营销管理、项目7生产过程组织与劳动组织、项目8生产计划与生产作业计划、项目9企业资源管理、项目10企业创新与产品管理、项目11质量管理与控制、项目12技术经济分析。

经过此次修订，本书的结构更合理、内容更精练、体例更完善、特色更鲜明，实现了以"教、学、练、做"为一体的教学体系，更好地体现了新时代高职高专教育专业人才培养目标和规格的要求。与前三版相比，修订后的教材具有以下突出之处。

（1）体系完整，彰显系统性。本次修订坚持管理思想与管理技法相结合、理论教学与案例教学相结合、技能训练和素质培养相结合的原则。理论体系的构建，从基础理论入手延展到企业管理的各职能领域；教学体系的构建，以学习目标和经典案例引领到管理理论和技法的教学，最后通过项目训练和实训提升学生管理技能和素养，实现"教、学、练、做"一体化。

（2）内容精练，突出实用性。本书严格依据《高职高专教育专业人才培养目标及规格》的要求，在选材上精挑细选，可写、可不写的尽量不写，可简、可繁的尽量从简，能更新的必须更新，教材修订内容达到 1/3 以上。

（3）知识新颖，体现时代性。本书在内容上吸收了现代企业管理学研究与实践的最新成果，反映了现代企业管理的新变化和新趋势。一方面，本书吸纳了国外自 20 世纪 90 年代以来的前沿管理理论和方法；另一方面，紧跟我国经济发展的步伐，将我国企业管理的成功经验、相关标准和制度创新等内容引入教材。力求实现理论联系实际，知识与时俱进。

（4）体例完善，增强实操性。本书采用了较为新颖的教材体例，每个项目前设置"学习目标""案例导读"，项目中穿插一些经典案例、管理定律和知识拓展等阅读材料，项目后设置"项目小结""项目训练"和"项目实训"。这样的教材体例既方便教师教学，也利于学生读、练、做。

本书共 4 篇 12 个项目，由赵钎、刘永君、尚林鹏、何伟林、张式恩、黄鸿琦 6 位老师编写与修订，赵钎和刘永君担任本书的主编，尚林鹏、何伟林担任本书的副主编，南京大学周跃进教授担任本书主审。赵钎负责全书的体系设计和统稿工作，并撰写了前言。编写与修订具体分工如下：

尚林鹏：基础理论篇中的项目 1，技术管理篇中的项目 10；

何伟林：基础理论篇中的项目 2，经营管理篇中的项目 6；

黄鸿琦：基础理论篇中的项目 3，技术管理篇中的项目 11；

刘永君：经营管理篇中的项目 4 和项目 5；

张式恩：生产管理篇中的项目 7 和项目 8；

赵　钎：生产管理篇中的项目 9，技术管理篇中的项目 12。

本书提供电子教案和习题解答，需要者可登录华信教育资源网（www.hxedu.com.cn）免费下载。为了拓展知识面，本书提供部分案例和阅读材料，读者可以通过扫描书中二维码的方式进行阅读。

本书曾参考和部分引用了国内外有关学者的著作和研究成果，包括网上资料，在此一并表示诚挚的谢意。本书能够历经 4 版，既得益于业内同人和广大读者的认可与厚爱，也得益于原主编宋冀东教授的统筹和贡献，在此表示特别的感谢。

限于编者的水平有限，书中难免存在疏漏和不妥之处，敬请同行专家及广大读者批评指正。

编　者

2019 年 8 月

目　录

基础理论篇 ……………………………………………………………………………… (1)
项目1　企业与企业组织结构 ………………………………………………………… (1)
　　学习目标 ……………………………………………………………………………… (1)
　　案例导读 ……………………………………………………………………………… (1)
　　任务1.1　企业的概念与类型 ……………………………………………………… (2)
　　　　1.1.1　企业的产生及概念 ……………………………………………………… (2)
　　　　1.1.2　企业的种类与构成要素 ………………………………………………… (3)
　　任务1.2　企业的法律形式 ………………………………………………………… (5)
　　　　1.2.1　个人独资企业 …………………………………………………………… (5)
　　　　1.2.2　合伙企业 ………………………………………………………………… (6)
　　　　1.2.3　公司 ……………………………………………………………………… (7)
　　任务1.3　企业组织结构 …………………………………………………………… (13)
　　　　1.3.1　直线-职能制组织结构 …………………………………………………… (13)
　　　　1.3.2　事业部制组织结构 ……………………………………………………… (14)
　　　　1.3.3　模拟分权制组织结构 …………………………………………………… (16)
　　　　1.3.4　矩阵制组织结构 ………………………………………………………… (17)
　　项目小结 ……………………………………………………………………………… (18)
　　项目训练 ……………………………………………………………………………… (19)
　　项目实训 ……………………………………………………………………………… (20)
项目2　管理与企业管理 ……………………………………………………………… (21)
　　学习目标 ……………………………………………………………………………… (21)
　　案例导读 ……………………………………………………………………………… (21)
　　任务2.1　管理概述 ………………………………………………………………… (22)
　　　　2.1.1　管理的概念 ……………………………………………………………… (22)
　　　　2.1.2　管理的特性 ……………………………………………………………… (23)
　　　　2.1.3　管理的职能 ……………………………………………………………… (24)
　　　　2.1.4　管理的重要性 …………………………………………………………… (25)
　　任务2.2　管理思想的产生与发展 ………………………………………………… (25)
　　　　2.2.1　早期的管理思想 ………………………………………………………… (26)
　　　　2.2.2　古典管理理论 …………………………………………………………… (28)
　　　　2.2.3　行为科学管理理论 ……………………………………………………… (29)
　　　　2.2.4　现代管理学派 …………………………………………………………… (31)
　　　　2.2.5　管理理论的新发展 ……………………………………………………… (32)
　　任务2.3　企业管理的内容与基本原则 …………………………………………… (35)
　　　　2.3.1　企业管理的研究内容 …………………………………………………… (35)

	2.3.2 企业管理的基本原则	(36)
项目小结		(38)
项目训练		(39)
项目实训		(40)

项目3 企业道德和社会责任 (41)

学习目标 (41)
案例导读 (41)

任务3.1 企业道德 (42)
3.1.1 道德概述 (42)
3.1.2 企业道德的含义 (43)
3.1.3 道德环境 (43)
3.1.4 道德培训和道德体系建设 (44)

任务3.2 企业社会责任 (46)
3.2.1 企业社会责任概述 (46)
3.2.2 企业社会责任的具体体现 (48)
3.2.3 企业承担社会责任的缘由 (50)
3.2.4 企业社会责任与经营业绩 (51)

任务3.3 企业对道德和社会责任的反应 (52)
3.3.1 企业对社会的反应 (52)
3.3.2 企业对社区的反应 (52)
3.3.3 企业对政治环境的反应 (53)
3.3.4 企业对自然环境的反应 (54)

项目小结 (54)
项目训练 (55)
项目实训 (55)

经营管理篇 (57)

项目4 市场调查与市场预测 (57)

学习目标 (57)
案例导读 (57)

任务4.1 市场调查 (58)
4.1.1 市场调查的作用 (58)
4.1.2 市场调查的类型与内容 (59)
4.1.3 市场调查的程序 (60)
4.1.4 市场调查的方法 (62)

任务4.2 市场预测 (64)
4.2.1 市场预测的概念及类型 (64)
4.2.2 市场预测步骤 (64)
4.2.3 市场预测方法 (65)

项目小结 (70)
项目训练 (71)
项目实训 (72)

项目5 企业经营决策与计划 (73)

学习目标 (73)

案例导读 (73)

任务5.1 企业经营决策 (74)
5.1.1 企业经营决策的概念和类型 (74)
5.1.2 企业经营决策的原则和程序 (75)
5.1.3 企业经营决策的方法 (76)

任务5.2 企业经营战略 (83)
5.2.1 企业经营战略的概念及特征 (83)
5.2.2 企业经营战略的内容及类型 (84)
5.2.3 企业经营战略的制定 (86)
5.2.4 企业经营战略的实施 (87)

任务5.3 企业经营计划 (88)
5.3.1 企业经营计划的作用 (88)
5.3.2 企业经营计划的内容 (89)
5.3.3 企业经营计划的编制方法 (91)
5.3.4 企业经营计划的控制 (92)

项目小结 (93)

项目训练 (93)

项目实训 (94)

项目6 市场营销管理 (96)

学习目标 (96)

案例导读 (96)

任务6.1 市场营销概述 (97)
6.1.1 市场营销的概念 (97)
6.1.2 市场营销管理哲学 (97)

任务6.2 市场细分和目标市场 (101)
6.2.1 市场细分 (101)
6.2.2 目标市场 (104)

任务6.3 市场营销策略 (106)
6.3.1 市场营销组合 (106)
6.3.2 产品策略 (107)
6.3.3 价格策略 (111)
6.3.4 分销渠道策略 (115)
6.3.5 促销策略 (117)

项目小结 (119)

项目训练 (120)

项目实训 (121)

生产管理篇 (122)

项目7 生产过程组织与劳动组织 (122)

学习目标 (122)

案例导读 (122)
　　任务7.1　生产过程组织 (123)
　　　　7.1.1　生产过程与生产类型 (123)
　　　　7.1.2　生产设施选址与布置 (126)
　　　　7.1.3　生产过程的时间组织 (128)
　　　　7.1.4　流水生产的组织 (130)
　　任务7.2　劳动组织与劳动定额 (132)
　　　　7.2.1　劳动组织 (132)
　　　　7.2.2　劳动定额 (136)
　　任务7.3　先进的生产组织方式 (138)
　　　　7.3.1　现场管理"5S"法 (138)
　　　　7.3.2　准时生产（JIT） (139)
　　　　7.3.3　精益生产 (142)
　　　　7.3.4　敏捷制造 (144)
　　　　7.3.5　大规模定制生产 (146)
　　项目小结 (148)
　　项目训练 (148)
　　项目实训 (149)

项目8　生产计划与生产作业计划 (151)

　　学习目标 (151)
　　案例导读 (151)
　　任务8.1　生产能力及其规划 (152)
　　　　8.1.1　生产能力及其度量 (152)
　　　　8.1.2　生产能力计算 (154)
　　　　8.1.3　生产能力规划 (155)
　　任务8.2　生产计划 (158)
　　　　8.2.1　生产计划的概念与主要指标 (158)
　　　　8.2.2　总体计划的概念与制订 (159)
　　　　8.2.3　主生产计划 (161)
　　任务8.3　生产作业计划 (163)
　　　　8.3.1　生产作业计划的概念与依据 (163)
　　　　8.3.2　期量标准 (163)
　　　　8.3.3　生产作业计划的编制 (166)
　　项目小结 (167)
　　项目训练 (168)
　　项目实训 (169)

项目9　企业资源管理 (170)

　　学习目标 (170)
　　案例导读 (170)
　　任务9.1　企业人力资源管理 (171)
　　　　9.1.1　人力资源的含义及意义 (171)

  9.1.2　人力资源开发 …………………………………………………………（172）
  9.1.3　人力资源评价 …………………………………………………………（175）
 任务9.2　企业财务管理 ……………………………………………………………（176）
  9.2.1　企业财务管理的基本概念 ……………………………………………（176）
  9.2.2　企业资金的筹集 ………………………………………………………（177）
  9.2.3　企业资金的使用 ………………………………………………………（178）
  9.2.4　企业财务分析 …………………………………………………………（181）
 任务9.3　企业物力管理 ……………………………………………………………（184）
  9.3.1　企业物资管理 …………………………………………………………（184）
  9.3.2　企业设备管理 …………………………………………………………（188）
 任务9.4　企业信息管理 ……………………………………………………………（193）
  9.4.1　信息的概念与重要性 …………………………………………………（193）
  9.4.2　管理信息系统 …………………………………………………………（194）
  9.4.3　企业资源计划（ERP）…………………………………………………（199）
 项目小结 ……………………………………………………………………………（204）
 项目训练 ……………………………………………………………………………（205）
 项目实训 ……………………………………………………………………………（207）

技术管理篇 ……………………………………………………………………………（208）
项目10　企业创新与新产品开发管理 ………………………………………………（208）
 学习目标 ……………………………………………………………………………（208）
 案例导读 ……………………………………………………………………………（208）
 任务10.1　现代企业创新 …………………………………………………………（209）
  10.1.1　中国企业创新现状及意义 …………………………………………（209）
  10.1.2　企业创新的内容 ……………………………………………………（210）
  10.1.3　TRIZ创新管理 ………………………………………………………（214）
 任务10.2　新产品开发管理 ………………………………………………………（218）
  10.2.1　新产品的概念与分类 ………………………………………………（218）
  10.2.2　新产品的开发 ………………………………………………………（218）
  10.2.3　新产品开发中的知识产权问题 ……………………………………（221）
 任务10.3　价值工程 ………………………………………………………………（223）
  10.3.1　价值工程的概念和基本原理 ………………………………………（223）
  10.3.2　价值工程的工作程序 ………………………………………………（226）
  10.3.3　价值工程工作程序的重要环节 ……………………………………（227）
 项目小结 ……………………………………………………………………………（230）
 项目训练 ……………………………………………………………………………（230）
 项目实训 ……………………………………………………………………………（232）
项目11　质量管理与控制 ……………………………………………………………（234）
 学习目标 ……………………………………………………………………………（234）
 案例导读 ……………………………………………………………………………（234）
 任务11.1　质量与质量管理 ………………………………………………………（235）
  11.1.1　质量与质量要求 ……………………………………………………（235）

11.1.2　质量管理的概念与意义 …………………………………………（237）
　　　11.1.3　质量管理原则 ……………………………………………………（238）
　　　11.1.4　质量管理的发展过程 ……………………………………………（239）
　任务 11.2　全面质量管理 ……………………………………………………………（240）
　　　11.2.1　全面质量管理的概念与特点 ……………………………………（240）
　　　11.2.2　PDCA 循环 ………………………………………………………（241）
　任务 11.3　统计质量控制的常用方法 ………………………………………………（243）
　　　11.3.1　调查表法 …………………………………………………………（243）
　　　11.3.2　分层法 ……………………………………………………………（244）
　　　11.3.3　因果分析图法 ……………………………………………………（245）
　　　11.3.4　排列图法 …………………………………………………………（246）
　　　11.3.5　散布图法 …………………………………………………………（247）
　　　11.3.6　直方图法 …………………………………………………………（249）
　　　11.3.7　控制图法 …………………………………………………………（250）
　任务 11.4　ISO 9000 族标准与质量认证 ……………………………………………（251）
　　　11.4.1　ISO 9000 族标准简介 ……………………………………………（251）
　　　11.4.2　质量管理体系认证 ………………………………………………（253）
　项目小结 ………………………………………………………………………………（255）
　项目训练 ………………………………………………………………………………（255）
　项目实训 ………………………………………………………………………………（256）

项目 12　技术经济分析 …………………………………………………………（258）
　学习目标 ………………………………………………………………………………（258）
　案例导读 ………………………………………………………………………………（258）
　任务 12.1　技术经济分析基础 ………………………………………………………（259）
　　　12.1.1　经济效益 …………………………………………………………（259）
　　　12.1.2　现金流量与现金流量图 …………………………………………（259）
　　　12.1.3　资金时间价值 ……………………………………………………（260）
　　　12.1.4　资金等值计算 ……………………………………………………（262）
　任务 12.2　技术经济分析的方法 ……………………………………………………（263）
　　　12.2.1　静态分析方法 ……………………………………………………（263）
　　　12.2.2　动态分析方法 ……………………………………………………（266）
　任务 12.3　建设项目的经济评价 ……………………………………………………（269）
　　　12.3.1　可行性研究与经济评价 …………………………………………（269）
　　　12.3.2　财务评价 …………………………………………………………（270）
　　　12.3.3　国民经济评价 ……………………………………………………（271）
　项目小结 ………………………………………………………………………………（273）
　项目训练 ………………………………………………………………………………（273）
　项目实训 ………………………………………………………………………………（275）

参考文献 …………………………………………………………………………………（276）

基础理论篇

项目1　企业与企业组织结构

通过本项目的学习，了解企业的产生、含义、构成及分类；理解现代企业几种常见法律形式，尤其是公司制企业的含义、优点及缺点等相关知识；理解现代企业制度的基本内涵；理解常见企业组织结构的形式、优点及缺点。同时掌握设立企业时如何根据实际情况选择不同的企业法律形式，并能运用本项目知识进行企业组织结构的设计。

我如何创业

小张是广告设计专业的一名大学毕业生，上学期间小张就做了职业生涯规划，筹划着毕业后自己开创一片事业天地，开办属于自己的设计工作室。但是，刚走出校门，面临诸多问题，如社会经验不足、经济实力有限、创业概念模糊等，于是小张就希望能与他人合作共同创业。通过努力，小张说服了他的三名大学同学和他一起创业。团结就是力量，大家东拼西凑，终于筹集到了5万元钱，解决了初始资金问题。

接下来要想开展业务，首先要确定企业的法律形式，以保证企业能够合法顺利运营，其次尽量避免企业发展起来后可能遇到的矛盾纠纷。那么是选择合伙制企业，还是公司制企业？企业法律形式确定了，又要考虑几名同学如何分工，是否需要招聘人员，如何设计高效的企业组织结构使大家各司其职，等等。

随着现代社会的发展和大学教育的开放，以及国家对创新创业的鼓励，上述案例中的现象是许多怀抱各种创业冲动和理想的学子面临的现实问题；同时，游离于社会中的一些人，如下岗人员、自由职业者等，也面临如何再就业，甚至创业的职业新选择。本项目内容将就案例中出现的一些问题做出回答。

任务 1.1　企业的概念与类型

1.1.1　企业的产生及概念

1. 企业的产生

企业是社会生产力发展到一定程度的结果，是商品生产和商品交换的产物。在资本主义社会之前，虽然出现了手工作坊，甚至一些手工作坊具有一定的生产规模和一定量的劳动者，但其生产的目的主要是满足自身的需要，没有多余产品用于商品交换，没有发生经营活动，因此它们并没有形成社会的基本经济单位，还不是严格意义上的企业。

企业的初期形态，主要是由于资本所有者雇用较多工人，使用一定的生产手段，在分工协作的基础上从事商品的生产和交换而形成的。由于企业这种组织形式能够很好地应用当时的科学技术（主要是机器、设备、新能源），能显著地提高劳动生产率，能大幅度降低成本而带来利润，能集中、大量地生产商品，满足日益增长的社会需求，因此社会生产力有了长足的发展。企业就是在这样一个漫长的演变过程中逐渐成为社会的基本经济单位。

2. 企业的发展历程

企业既是生产力发展到一定历史阶段的产物，又是一个不断动态变化的经济单位，它随着人类社会的进步、生产力的发展、科技水平的提高而不断地发展、进步。综观企业的发展历程，大致经历了以下几个时期，如图 1.1 所示。

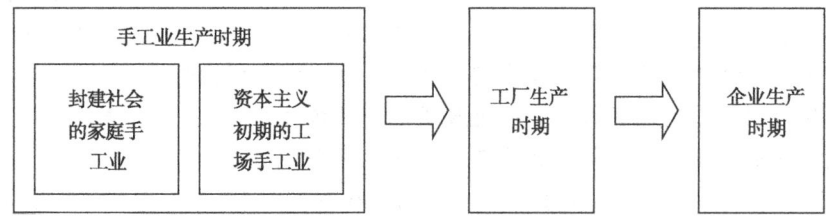

图 1.1　企业的发展历程

① 手工业生产时期。手工业生产时期主要是指从封建社会的家庭手工业到资本主义初期的工场手工业时期。

16—17 世纪，西方一些国家从封建社会制度向资本主义制度转变，资本主义原始资本积累速度加快，向海外殖民扩张，大规模地剥夺农民土地，从而使家庭手工业急剧瓦解，向资本主义工场手工业过渡。此时的生产者已不同于封建社会的简单劳动者，而是具有一技之长的专业劳动者，即掌握了一定科学知识和专业技能的劳动者。

工场手工业比起家庭手工业，有以下一些特点：一是规模扩大，如 17 世纪时，美国有的手工业工场已雇用数百人，成为大型工场；二是产业结构发生了变化，资本主义工业工场涉及许多家庭手工业无法进入的行业，如采矿、冶金、金属加工、制盐、造纸等；三是采用机器，资本主义工业工场普遍使用新机器替代部分手工作业；四是工场内部形成分工，即按某一产品生产要求，将生产过程分解成若干个作业阶段。此时的工场手工业实际上已经具有了企业的雏形。

② 工厂生产时期。随着资本主义制度的发展，西方各国相继进入工业革命时期，工场手工业生产逐步发展为工厂生产，真正意义上的企业到此时才诞生。

18 世纪 60 年代，英国出现圈地运动，进一步加强了殖民扩张，积累了大量的原始资本，这些都为工业革命做好了准备。在工业革命过程中，一系列新技术的出现，大机器的普遍采用，特别是动力机的使用，为工厂制度的建立奠定了基础。19 世纪 30 年代，工厂制度在英国普遍建立。到了 19 世纪 50、60 年代，由于资产阶级革命的完成，出现了工业化高潮，工厂制度在采掘、煤炭、机器制造、运输、冶金等行业相继建立。

工厂制度的建立，是工场手工业发展的质的飞跃，它标志着企业的真正形成。

③ 企业生产时期。从工厂生产时期过渡到企业生产时期，是企业作为一个社会基本经济单位的最后确立和形成。

在资本主义经济发展过程中，工厂制度的建立，顺应了商品经济发展的潮流，促进了生产力的大发展。特别是从 19 世纪末到 20 世纪初，随着资本主义向垄断资本主义过渡，工厂的发展十分迅猛，并产生了一系列变化。这些变化主要表现在：一是企业生产规模空前扩大，产生了垄断企业组织，如托拉斯、辛迪加、康采恩等；二是企业不断采用新技术、新设备，不断进行技术革新，使生产技术有了迅速发展；三是企业内部建立了一系列科学管理制度，并产生了一系列科学管理理论，如泰勒提出的科学管理理论；四是管理权和所有权的逐渐分离，企业内部形成了专门的工程技术部门和管理部门；五是企业经营环境发生了很大变化，企业之间的竞争日益激烈，加速了企业之间的兼并与重组，同时跨国公司大量出现；六是企业的社会责任发生变化，已经渗透到经济、政治、军事、文化等各个方面，并对各个方面产生着很大影响。

3．企业的概念

根据上面的介绍，我们现在的社会处于企业生产时期，那么，究竟什么是企业呢？

所谓企业，是指从事生产、流通、服务等经济活动，以盈利为目的、以产品或劳务满足社会需求、依法设立、自主经营、自负盈亏、独立核算的经济组织，是现在社会的基本经济单位。

1.1.2 企业的种类与构成要素

1．企业的种类

由于现代经济活动十分复杂，按照不同的分类依据，企业可分为不同的类型，如表 1.1 所示。

表 1.1 常见的企业分类

企业分类依据	企业类型
根据企业财产组织形式和所负法律责任划分	①个人独资企业；②合伙企业；③公司
根据企业所属经济部门划分	①农业企业；②工业企业；③建筑安装企业；④运输企业；⑤商业企业；⑥邮电企业；⑦金融企业；⑧咨询企业；等等
根据生产力各要素所占比重划分	①劳动密集型企业；②技术密集型企业；③知识密集型企业；④资源密集型企业
根据企业规模划分	①大型企业；②中型企业；③小型企业
根据生产资料所有制划分	①全民所有制企业；②集体所有制企业；③合资经营企业；④私营企业

我们平时接触较多的是工业企业和商业企业。工业企业是指从事工业性生产的经济组织，利用科学技术和机器设备，将原材料加工，使其改变形状或性能，为社会提供所需的产品，同时获取利润，如各种能源、机械、家电生产企业。商业企业是指从事商业性服务的经济实体，以盈利为目的，直接或间接向社会提供货物或劳务，以满足顾客的需要，如超市、百货公司等。

小资料

随着我国社会经济的发展，中小型企业在我国经济中的比重和地位越来越重要。为贯彻落实《中华人民共和国中小企业促进法》和《国务院关于进一步促进中小企业发展的若干意见》（国发〔2009〕36号），2011年6月，工业和信息化部、国家统计局、发展改革委、财政部研究制定了《中小企业划型标准规定》，将中小企业划分为中型、小型、微型三种类型，具体标准根据企业从业人员、营业收入、资产总额等指标，结合行业特点制定。

以工业行业为例，从业人员1 000人以下或营业收入40 000万元以下的为中小微型企业。其中，从业人员300人及以上，且营业收入2 000万元及以上的为中型企业；从业人员20人及以上，且营业收入300万元及以上的为小型企业；从业人员20人以下或营业收入300万元以下的为微型企业。

二维码材料：1-1 《统计上大中小微型企业划分标准》

2. 企业的构成要素

企业作为现代社会的基本经济单位，必须具备一定的基本要素才能得以存在。

① 一定的资源。拥有一定的资源是企业开展生产经营活动的基础和必要条件，这些资源主要包括：一定数量的经营管理者和员工、必要的资金、一定数量和技术水平的生产设施、开展生产和经营活动的场所等。

② 经济活动。企业作为社会经济活动的基本单位，不同于一般的事业单位或行政单位，它必然是从事社会商品的生产、流通等经济活动的有机体。

③ 法人地位。企业是依法设立的经济组织，在法律上具有法人地位，能够自主决策、

自负盈亏、独立核算，享受法律赋予的权利，同时承担法律赋予的责任。

④ 目的是盈利。任何企业都是因为一定的目的而存在的，现代企业存在的目的就是获取利润，这是企业最本质的要素。当然，在获取利润的同时，企业要为社会提供产品或服务，同时必须承担一定的社会责任，否则企业就不可能存在和发展。

任务 1.2　企业的法律形式

在实行市场经济的国家，一般根据企业财产组织形式及其承担的法律责任来划分企业形式。我国企业的法律形式主要有个人独资企业、合伙企业和公司三种。

1.2.1　个人独资企业

1. 个人独资企业的含义

个人独资企业，也称为单个业主制企业或独资企业，是最古老、最简单的一种企业。它是由一个自然人投资，财产为投资人个人所有，投资人以其个人财产对企业债务承担无限责任的经营实体。

> **小资料**
>
> 1999 年 8 月 30 日，第九届全国人民代表大会常务委员会第十一次会议通过了《中华人民共和国个人独资企业法》，该法自 2000 年 1 月 1 日起已开始实施执行，它进一步规范了个人独资企业的行为，对保护个人独资企业投资人和债权人的合法权益、维护社会经济秩序、促进社会主义市场经济的发展有着深远的意义。

二维码材料：1-2　《中华人民共和国个人独资企业法》

2. 个人独资企业的主要优点

个人独资企业一般规模较小，内部管理结构简单，具有以下一些优点。

① 企业的建立、转让与歇业的手续十分简单易行，产权能够比较自由地转让。

② 企业所有者与经营者多为同一主体，即由业主自由经营，经营方式灵活，处理问题机动敏捷，决策迅速，企业的技术、工艺等信息保密性强。

③ 企业缴纳个人所得税，利润归业主个人，无须与别人分享。

④ 企业的成败由业主个人承担，如果获得成功，业主不但可以获取利润，而且可以获得个人成就感和满足感。

3. 个人独资企业的主要缺点

个人独资企业主要存在以下一些缺点。

① 业主风险较大。这种风险主要是指业主要承担无限责任，即当企业的资产不足以偿还企业的全部负债时，法律强制业主以个人的其他所有财产（主要是家庭财产）来清偿企业的债务，这使得业主的所有财产都具有风险。

② 企业规模有限。由于企业由业主个人出资兴办,一般个人的资金有限,信用有限,偿债能力差,获贷能力差,企业资本的扩张主要依靠利润的再投资,即自身的积累。

③ 企业寿命有限。由于企业的经营完全依赖于业主个人的能力和素质,企业通常与业主共存亡,这就使企业的员工和债权人不得不承担较大的风险。

4. 个人独资企业的主要业态和设立条件

个人独资企业的主要优点和缺点,决定了其大多存在于零售业、服务业、手工业等业态中。另外,近些年来出现的自由职业者、注册律师、注册会计师、家庭农场等,也多以个人业主制企业的形式出现。当前,政府鼓励应届大学毕业生自主创业、自办经济实体,并给予一定的政策或经济上的支持,这些经济实体多数也属于个人业主制企业。

在我国,设立个人独资企业条件包括:投资人为一个自然人;有合法的企业名称;有投资人申报的出资;有固定的生产经营场所和必要的生产经营条件;有必要的从业人员等。

1.2.2 合伙企业

1. 合伙企业的含义

合伙企业由两个或两个以上的自然人、法人和其他组织联合出资兴办,通过签订合伙协议或合伙经营合同分享企业所得,并对企业亏损共同承担责任。合伙人可以以资金或其他财物出资,也可以以商标、专利、劳务等代替。企业可由部分合伙人经营,也可由所有合伙人共同经营。合伙制企业规模一般较小,合伙人数也不多。

> **小资料**
>
> 1997年2月23日,第八届全国人民代表大会常务委员会第二十四次会议通过了《中华人民共和国合伙企业法》;2006年8月27日,第十届全国人民代表大会常务委员会第二十三次会议对该法进行了修订,修订后的《中华人民共和国合伙企业法》自2007年6月1日起施行。修订后的《中华人民共和国合伙企业法》增加了特殊的普通合伙企业和有限合伙企业,对合伙企业的设立及相关业务进行了新的确定。

二维码材料:1-3 《中华人民共和国合伙企业法》

2. 合伙企业的主要优点

合伙企业与个人独资企业相比具有以下优点。

① 筹资能力增强。企业可以从合伙人处筹集资金,由于共同承担偿还债务的责任,资信能力增强,通过银行贷款等方式的筹资能力增强。

② 竞争能力增强。由于企业集合了合伙人共同的才智、经验和专长,竞争能力有所提升;同时合伙人对企业的经营活动一般会非常关心,并且大家对企业债务都承担责任,企业的信誉较高。

③ 扩张能力增强。由于企业资金筹措能力和管理能力的增强,企业有了进一步扩大和发展的可能性,能从事一些资产规模需求较大的生产和经营活动。

3．合伙企业的主要缺点

合伙企业主要具有以下缺点。

① 产权转让困难。由于企业是根据合伙人之间的协议或合同建立的,所以产权的转让必须经过所有合伙人同意后方可进行。当某一合伙人离开或企业接纳了一位新的合伙人时,都必须建立一种新的合伙关系,从而造成法律上的复杂性,于是企业通过接纳新的合伙人增加资金的能力受到了制约,甚至有时会影响到企业是否能继续存在。

② 承担无限责任。与个人业主制企业一样,合伙制企业的合伙人对企业债务要承担无限责任,即如果经营失败,企业倒闭破产资不抵债时,每个合伙人要以自己的家庭财产首先按照入股比例进行清偿。若有的合伙人家庭财产不够清偿,其他合伙人要代为清偿,负无限责任,这样就增加了合伙人的投资风险(特殊的普通合伙企业、有限合伙企业例外)。

③ 统一决策困难而缓慢。由于所有合伙人都有权代表企业从事经济活动,重大决策需要得到所有合伙人的同意,因而很容易产生分歧,难以协调,造成决策上的延误和差错。例如,我国著名的安徽傻子瓜子分家事件,虽是家庭成员共同兴办,但是因为合伙人的意见不一,造成企业分离,企业资产、品牌受到一定影响。

4．合伙企业的主要业态

合伙企业一般适用于生产规模较小、管理不太复杂、不需要设立专门管理机构的生产经营或服务行业,常见业态有广告事务所、律师事务所、会计师事务所和股票经纪行等。

1.2.3 公司

> **小资料**
>
> 1993年12月29日第八届全国人民代表大会常务委员会第五次会议通过《中华人民共和国公司法》(也称为老《公司法》);1999年12月25日第九届全国人民代表大会常务委员会第十三次会议对《中华人民共和国公司法》(以下简称《公司法》)进行了第一次修正;2004年8月28日第十届全国人民代表大会常务委员会第十一次会议对《公司法》进行了第二次修正;2005年10月27日第十届全国人民代表大会常务委员会第十八次会议修订《公司法》;2018年10月26日第十三届全国人民代表大会常务委员会第六次会议对《公司法》进行了第四次修正。
>
> 《公司法》共13章218条,由全国人民代表大会常务委员会于2013年12月28日发布。相比老《公司法》,新《公司法》调整了公司设立和公司资本制度,完善了公司法人治理结构,充实了职工民主管理和保护职工权益的内容,健全了对股东尤其是中小股东的保护机制,严格了公司股东的责任。

二维码材料：1-4 《中华人民共和国公司法》

1．公司的含义

公司是指由法定数额的股东共同出资、依照公司法设立、以盈利为目的的企业法人。公司在法律上具有独立人格，即法人地位，这是它与个人独资企业及合伙企业的重要区别，后两者都是自然人企业。公司以"合资"为特征，特别是在承担有限责任方面与后两者明显不同。

2．公司的主要优点

（1）实行有限责任制度

对公司股东而言，以其出资额为限对公司的债务承担有限责任；对公司法人而言，以其全部法人财产为限对公司的债务承担有限责任。相对前两种企业而言，出资者风险要小。

（2）筹资能力强

公司可以通过发行有价证券（如股票）的方式来筹集资金，容易筹集到大额资金，满足公司大规模扩张的需要。

（3）具有独立寿命

公司作为法人，除非法律和公司章程规定事项出现时，公司可无限存续下去，个别股东或高级职员的死亡、转业等不会影响公司的存亡。同时，公司的法人财产是不可分割的，投资者投入公司的资本不可抽回，只能转让股份，因此公司的法人财产不会因股东的变动而变动，保持了一定的整体性、稳定性和连续性。当今世界上具有百年历史的公司很多，如美国埃克森美孚公司成立于1882年，美国通用电气公司成立于1892年等。

（4）管理效率高

公司实行股东所有权与法人财产权相分离，股东资金投入企业后，其所有权通过股权证书或股票等体现出来，公司对所有股东投入的资产拥有法人财产权。这样使得公司的所有权与经营权相分离，公司各项经营管理工作由各方面的专业人员负责，他们能够比股东更有效地管理企业，更能适应市场变化剧烈的经营环境。

3．公司的主要缺点

（1）手续繁杂

创办公司的手续比较复杂，组建费用高昂，我国《公司法》对此做出了专门规定（后面将结合公司的具体形态给予介绍）。

（2）政府限制较多

为了保证投资者（尤其是上市公司的中、小投资者）及相关权益人的合法利益，政府对公司的设立和运作一般监管非常严格，这在一定程度上会给企业的运作带来障碍和困难。

（3）财务信息公开

特别是股份有限公司中的上市公司，按照有关法律法规，政府要求其财务报表定期向公众公开，这样就导致了企业一些商业秘密的泄露。

（4）双重缴纳所得税

公司利润在分配前要缴纳公司所得税；公司以税后利润向投资人支付利润时，股东还要缴纳个人所得税。

4．公司的形式

我国《公司法》规范了有限责任公司、股份有限公司两种公司形式的设立与运作。

（1）有限责任公司

有限责任公司又称为有限公司，在英国和美国又被称为封闭公司或私人公司，是指由50个以下股东共同出资，每个股东以其认缴的出资额对公司行为承担有限责任，公司以其全部资产对其债务承担责任的企业法人。

有限责任公司不对外公开发行股票，股东的出资额由股东协商后确定，并不要求等额。股东交付股本金后，公司出具出资证明书（股权证书），作为股东在公司中所拥有的权益凭证，同时，这种凭证不同于股票，不能自由流通。

另外，股东之间可以相互转让其全部出资或部分出资。股东向股东以外的其他人转让其出资时，必须经全体股东过半数同意；不同意转让的股东应当购买该转让的出资，如果不购买该转让的出资，视为同意转让。经股东同意转让的出资，在同等条件下，其他股东对该出资有优先购买权。股东依法转让其出资后，由公司将受让人的姓名或名称、住所以及受让的出资额等信息资料记载于股东名册。

> **小资料**
>
> 按照我国《公司法》的规定，有限责任公司的设立需要满足以下条件。
> ① 股东符合法定人数（由50人以下股东共同出资设立）。
> ② 有符合公司章程规定的全体股东认缴的出资额。
> ③ 股东共同制定公司章程。
> ④ 有公司名称，建立符合有限责任公司要求的组织机构。
> ⑤ 有公司住所。

（2）股份有限公司

股份有限公司又称为股份公司，在英国和美国又被称为公开公司或公众公司，是指注册资本由等额股份构成，并通过发行股票（或股权证）筹集资金，公司以其全部资产对公司债务承担有限责任的企业法人。在市场经济国家，股份有限公司是大、中型企业通常采用的企业法律形式。

> **小资料**
>
> 按照我国《公司法》的规定，股份有限公司的设立需要满足以下条件。
> ① 发起人符合法定人数（应当有2人以上200人以下的发起人，其中必须有半数以上的发起人在中国境内有住所）。
> ② 有符合公司章程规定的全体发起人认购的股本总额或募集的实收股本总额。
> ③ 股份发行、筹办事项符合法律规定。

④ 发起人制定公司章程,采用募集方式设立的需经创立大会通过。
⑤ 有公司名称,建立符合股份有限公司要求的组织机构。
⑥ 有公司住所。

与其他类型的公司比较起来,股份有限公司是典型的合资公司,各国法律都把它视为独立的法人。公司股东的身份、地位、信誉不再具有重要意义,任何愿意出资的人都可以成为股东,不受资格限制。股东成为单纯的股票持有者,他们的权益主要体现在股票上,并随着股票的转移而转移。

为了保护股东和债权人的利益,各国法律都要求股份有限公司账目必须公开,并定期根据相关规定向社会披露公司的财务报告,以供股东和债权人查询。这在一定程度上保护了投资者对企业运作的知情权,但也造成了企业财务信息的泄露,保密性差。近年来,国内外均出现了一些股份有限公司为了某些目的,发布虚假财务信息,骗取投资者的信任或蒙蔽投资者。因为发布虚假财务信息的丑闻被曝光而导致企业破产,甚至企业高级管理人员被起诉的事件也越来越多。例如,在美国纳斯达克上市的华视传媒,2012年7月遭到曝光涉嫌财务造假,失去投资者信任,股价跌落到最高时的2%,账面现金面临枯竭。

当股份有限公司具备了一定条件后,依据国家有关法律、法规,报经有关部门批准,可在国家认可的证券交易所面向社会公众发行股票,募集资金,其股票便可上市交易。这类股份有限公司被称为上市公司。

小资料

我国对股份有限公司的上市有明确的要求,具体可参看《中华人民共和国证券法》。一般股份有限公司申请其股票上市必须符合下列条件。
① 股票经国务院证券监督管理机构核准已公开发行。
② 公司股本总额不少于人民币3 000万元。
③ 公开发行的股份达到公司股份总数的25%以上;公司股本总额超过人民币4亿元的,公开发行股份的比例为10%以上。
④ 公司最近3年无重大违法行为,财务会计报告无虚假记载。

二维码材料:1-5《中华人民共和国证券法(2014)》

5. 公司的治理结构

现代企业的治理结构,即公司的治理结构,是指公司的组织机构设置和这些机构的运作规则。我们应建立科学、规范的治理结构,使公司制企业能高效地运行,提高公司的决策和管理能力。按有关规定,公司的治理结构包括股东会、董事会、总经理和监事会几个部分,其关系如图1.2所示。

(1)股东会

股东会是依照《公司法》和公司章程规定,由全体股东组成的,决定公司重大问题的最高权力机构,是股东表达意志、利益和要求的场所和工具。对股份有限公司而言,股东会也称股东大会。股东会有定期会议和临时会议两种基本形式。股东会一般由董事长主持,在召开股东会之前,一般要提前15天通知全体股东。

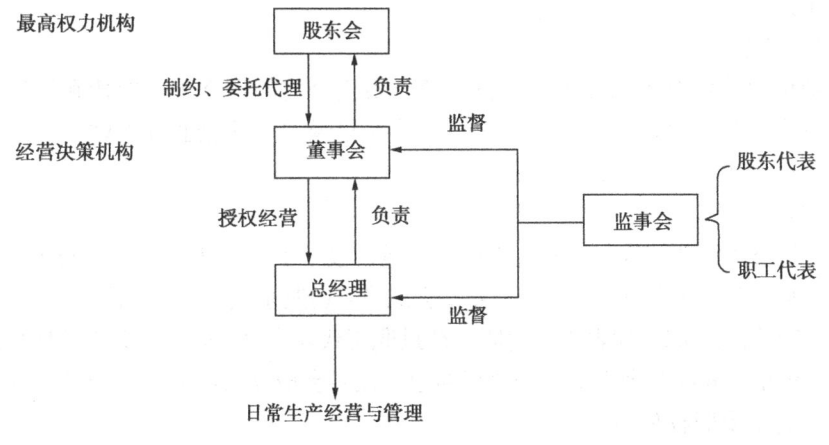

图1.2 公司的治理结构

股东会的主要职权如下:人事权,公司的董事和监事由股东大会推举和更换,并且由股东大会决定他们的报酬;重大事项决策权,如批准和修改公司章程,批准公司的财务预算、决策方案,决定公司投资计划等;收益分配权,股东大会批准公司的利润分配方案和亏损弥补方案;股东财产处置权,如公司增加或减少注册资本,公司合并、分立、解散或破产清算等涉及股东财产的重大变动,需由股东大会做出决议。

(2) 董事会

董事会是由董事组成的负责公司经营管理活动的合议制机构。在股东会闭会期间,它是公司的最高决策机构,是公司的法定代表,对外代表公司。

董事会由股东会选举产生,董事任期由公司章程规定,但每届任期不得超过三年。按照我国《公司法》的规定,有限责任公司的董事会由3~13人组成,其中,国有独资公司的董事会由3~9人组成;股份有限公司的董事会由5~19人组成。我国《公司法》还特别规定,国有独资公司、两个以上的国有企业或其他两个以上国有投资主体设立的有限责任公司,其董事会成员中应当有公司职工代表,职工代表由公司职工通过职工代表大会、职工大会或其他形式民主选举产生。董事会设董事长1名,副董事长若干名。

小资料

董事会对股东会负责,执行股东会的决议,其主要职权如下。
① 对公司经营做出决策,如经营计划、投资方案等。
② 决定公司内部管理机构的设置和基本管理制度的制定等。
③ 制定公司财务预算、决策方案、利润分配和亏损弥补方案、公司增减资本和发行公司债券方案等。
④ 人事权。负责任免公司(总)经理、副(总)经理、财务负责人等,决定其报酬。

董事会实行集体决策,一般采取每人一票和简单多数通过的原则。每个董事会成员对其投票要签字在案并承担责任。董事会决议违反法律、法规和公司章程,致使公司遭受严重损失的，参与决策的董事对公司负赔偿责任。但在表决时曾表明异议并有记录在案的，可免除责任。

（3）总经理

总经理依照公司章程和董事会授权，统一负责公司的日常生产经营和管理工作。总经理由董事会聘任或解聘，对董事会负责。公司总经理可从企业外部聘任，也可经公司董事会决议由董事会成员担任。

（4）监事会

监事会是公司治理结构中的监督机构，成员一般不少于3人（国有独资公司监事会成员不少于5人），监事的每届任期三年。监事会成员可由股东代表和一定比例的职工代表（比例不低于1/3）组成，职工代表由公司职工通过职工代表大会、职工大会或其他形式的民主选举产生。董事、高级管理人员不得兼任监事。监事会成立后，应设置一名监事会主席。

监事会的主要职权如下。

① 对公司董事、经理执行公司职务时，违反法律、法规或公司章程的行为进行监督，防止他们滥用职权，发现其行为有损公司利益时，监事会有权要求予以纠正，必要时可向股东会报告，提议召开临时股东大会，采取解决办法。

② 检查公司的财务。为保证监督的独立性，公司的董事、经理及财务负责人一律不得兼任监事。

另外，一些规模较小的有限公司或股份公司，也可不设董事会（确定一名执行董事即可），或者不设监事会（但要有监事），具体可参阅《公司法》。

上述公司治理结构的各个组成部分之间的相互关系是很密切的。一方面，从产权关系看，股东会对董事会是委托代理关系；董事会对总经理是授权经营关系；监事会代表股东会对财产的受托人，即董事会和总经理实行监督，是一种监督关系。另一方面，从职权关系看，它们各自有不同的职权范围，职权具体、明确。

因此，公司的治理结构，以纵向的财产负责关系与横向的职权限定关系结合在一起，构成公司内部的制约机制。

6．现代企业制度

现代企业制度是指以市场经济为基础，以完善的企业法人制度为主体，以有限责任制度为核心，以公司企业为主要形式，以产权清晰、权责明确、政企分开、管理科学为条件的新型企业制度。其主要内容包括企业法人制度、企业自负盈亏制度、出资者有限责任制度、科学的领导体制与组织管理制度。

现代企业是指企业的所有者与经营者相分离，并具有技术现代化和管理现代化特征的企业组织形式。所有者与经营者分离、拥有现代技术和管理现代化是现代企业的三个最显著的特点。所有者与经营者分离是现代企业产生的基础和条件，拥有现代技术和管理现代化是现代企业的两大支柱。三者相辅相成，都是现代企业不可缺少的特征。

公司制是现代经济社会中最重要的企业形式，是现代企业产权组织形式的发展趋势，也是现代企业制度的主要形式。

任务 1.3　企业组织结构

企业组织就是为了有效地向社会提供产品或劳务，将企业的各种资源按照一定的形式结构结合起来的社会系统。它一般分为两个方面：一是劳动者和生产资料相结合，形成企业的生产劳动组织；二是企业管理组织，它是依据管理的要求，将企业的生产行政指挥系统，按分工协作的原则划分，并且对各个管理层次或环节明确其职责、权利、义务和信息沟通方式，同时相应地配置一定数量和能力的管理人员。企业管理组织通过整体性活动和信息传递，决定和引导企业生产劳动组织配置的合理性和效率的提高。本节主要介绍企业管理组织。

在建立企业的管理组织的时候，一般要遵循的原则包括：任务目标原则，统一领导原则、分级管理原则，精干高效原则，权责对等与能级相称原则等。

企业组织结构的典型形式有直线-职能制、事业部制、模拟分权制和矩阵制等。

1.3.1　直线-职能制组织结构

直线-职能制组织结构，也称为生产区域制组织结构，或者直线参谋制组织结构。它是在直线制组织结构和职能制组织结构的基础上，取长补短而建立起来的。目前，我国大多数企业都采用这种组织结构形式。这种组织结构形式把企业管理结构和人员分为两大类：一类是直线领导机构和人员，按命令统一原则对下级行使指挥权；另一类是职能机构和人员，按照专业化原则，从事组织的各项职能管理工作。直线领导机构和人员在自己的职责范围内有一定的决定权和对下属的指挥权，并对自己部门的工作负全部责任。而职能机构和人员，则是直线指挥人员的参谋，不能直接对部门发号施令，只能进行业务指导。其结构如图 1.3 所示。

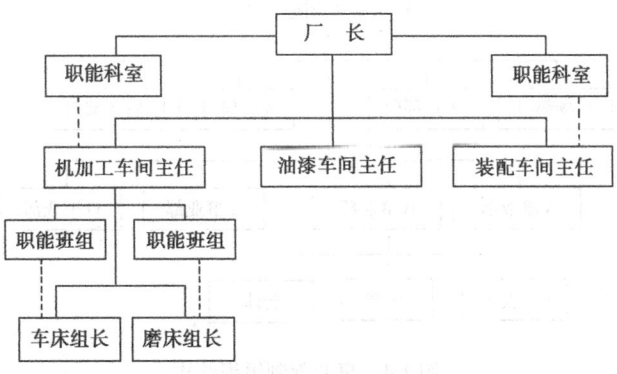

图 1.3　直线-职能制组织结构

1. 直线-职能制组织结构的优点

直线-职能制组织结构既能保证企业管理体系的集中统一，又可以在各级行政负责人的领导下，充分发挥各专业管理机构和人员的作用。

2. 直线-职能制组织结构的缺点

直线-职能制组织结构的缺点表现在两个方面：一方面，职能部门之间的协作和配合性较差，职能部门的许多工作要直接向上层领导请示，加重了上层领导的工作负担；另一方面，也造成办事效率低下的现象。

为了克服这些缺点，可以设立各种综合委员会或建立各级会议制度，以协调各方面的工作，减轻上层领导的负担，提高工作效率。

这种企业组织机构又称为传统阶段的组织管理形式。第二次世界大战以后，随着现代化大工业的发展，企业规模日益扩大，尤其是跨国公司的出现，传统的组织形式已不能适应实际需要。工业发达国家的组织形式逐步从传统组织形式向现代化组织形式发展，并出现了多种不同的企业经营组织形式。

1.3.2 事业部制组织结构

事业部制组织结构最早由美国通用汽车公司总裁斯隆提出，他将全公司按产品划分为 21 个事业部（自动生产部、雪佛莱部、卡迪拉克部等），分属 4 个副总经理领导，有关政策制度，如财务控制、重要领导人任免、长期计划、科技发展等重要决策，由总公司掌握,而其他具体业务则完全由各个事业部负责。现在的事业部制组织结构由此而来。

事业部制组织结构的基本做法：把一个企业的生产经营活动按产品类别或按地区分成不同的组成部分，每个部分就是一个事业部。从产品的设计、原材料采购、成本核算、产品制造，一直到产品销售，均由事业部及所属工厂负责。各事业部实行独立经营，单独核算。一般企业总部只保留人事决策、预算控制和监督权。企业总部通过利润等指标对各个事业部进行控制。事业部制组织结构如图 1.4 所示。

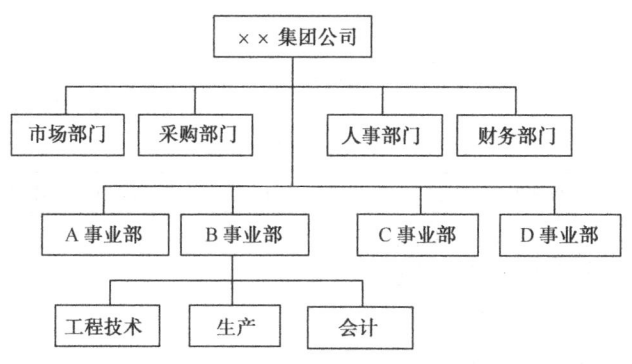

图 1.4 事业部制组织结构

不论是按产品划分事业部，还是按区域划分事业部，事业部都应具有三个基本要素，即相对独立的市场、相对独立的利益和相对独立的自主权。

1. 事业部制组织结构的优点

事业部制组织结构的主要优点如下。

① 事业部制组织结构是一种高度集权下的分权管理，通过集权，企业总部的高层管理者和经营者负担减轻，可以集中精力进行长期战略目标的研究，对企业整体战略性问题进行迅速、准确决策。通过分权，各个事业部的主管，都能在自己的权力范围内对相应市场做出快速反应，决策迅速。

② 各事业部独立经营，实行独立核算，在一定程度上分散了公司整体的经营风险，各个事业部的经营成果也一目了然，便于总部对其进行考核。同时，各个事业部内部的供、产、销之间不像直线-职能制下需要高层管理人员的参与和管理，更容易协调，更便于组织专业化生产和实现企业内部协作。

③ 总部往往主要通过各个事业部的业绩来对其进行考核和评价，所以这在一定程度上会促进各个事业部之间的相互竞争，容易形成竞争氛围，更能发挥各个事业部的积极性，也有利于促进企业的发展。

④ 各个事业部的经理要从事业部的整体来考虑解决各种问题，这有利于公司不断培养和训练管理人才。

2．事业部制组织结构的缺点

事业部制组织结构的主要缺点如下。

① 公司与事业部的职能机构部分重叠，会出现管理人员和其他非生产性人员增加的倾向，造成管理人员及相关费用的浪费。

② 事业部实行独立核算，各个事业部通常只考虑自身的利益，这在一定程度上或在某些特殊的市场环境下会影响事业部之间的协作，同时也会造成事业部之间不易交流，不利于相互取长补短。

③ 事业部之间、事业部与总部之间的一些业务联系与沟通往往被经济关系所取代，甚至总部的职能机构为事业部提供决策咨询服务时，事业部也要支付咨询服务费用，这使总部与各个事业部之间的关系变得松散，不利于总部对各个事业部的控制与协调。

针对事业部制的缺点，在美国、日本出现了一种基于事业部制产生的超事业部制（或称为执行部制），即在正常的事业部之外设置一个事业部，专门负责协调各个事业部之间的关系，以弥补传统事业部制的不足。

事业部制是一种适用于规模庞大、产品品种繁多、技术复杂的大型企业的高度集权下的分级管理体制。

> **小资料**
>
> 西门子股份公司于1847年成立，它在德国电气工业史上发挥着核心作用，并成为德国工业声望较高的品牌，是德国多分部管理最初的代表之一。
>
> 第二次世界大战后该公司经历了两次重大的结构变化，两次的目的都是加强分权化和运营的灵活性，同时保持利用和发展组织协调的能力。第一次结构变化发生在1966—1969年，起初组建了6个事业部，后来增加到了7个。公司组建了5个总部职能部门，分别是计划/组织、财务、人事、RD和分配。1989年，由于规模的扩张以及电气和电子市场的快速变化，西门子采纳了一种修正结构，即引入更小、更为专业化的"事业部"。值得注意的是，和许多其他组织（如奔驰）不同的是，这种事业部大多数不具有独立的法律地位。

1.3.3 模拟分权制组织结构

模拟分权制组织结构是一种介于直线-职能制组织结构与事业部制组织结构之间的企业组织结构形式。它适用于钢铁、化工、原料、医药等连续生产的大型企业。这类企业受产品生产工艺过程所限,生产经营整体性强,各生产单位生产的产品没有真正的外部市场,难以分解成为几个独立的事业部,因此不宜分权;同时又由于企业的规模庞大,高层管理者不容易有效地控制管理,因此又不宜集权。例如,在钢铁企业内部,炼铁分厂与炼钢分厂之间很难分成相互独立的事业部。这是因为炼铁分厂为炼钢分厂提供的铁水,在市场上是很难买到的,如果炼钢分厂不使用炼铁分厂的铁水,就只能在市场上购进炼钢生铁,但这无疑会增加炼钢分厂的生产成本,这对企业而言也是不利的。

所谓模拟,是指模拟事业部制的独立经营、单独核算,即按地区或其他标准把企业分成许多"组织单位(生产单位)",并把它看成独立的"事业部",但不是真正的事业部。这些生产单位有自己的职能部门,享有较大的自主权,各个生产单位之间按"内部转移价格"进行产品交换并计算利润,进行"模拟性"的独立核算,负有"模拟性"的盈亏责任。这样做的目的是调动各生产单位的生产积极性,改善企业生产经营管理情况。模拟分权制的关键是准确确定各生产单位生产的中间产品的价格。模拟分权制组织结构如图 1.5 所示。

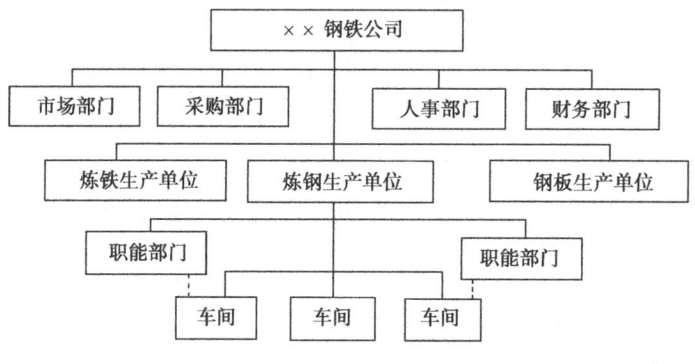

图 1.5 模拟分权制组织结构

1. 模拟分权制组织结构的优点

模拟分权制组织结构的主要优点如下。

① 通过模拟分权可以减轻高层领导管理者处理日常事务的负担,把精力更多地投入到企业战略研究上。

② 企业内部通过模拟形成生产单位后,各单位相对独立,可调动其积极性,也便于考核各单位成绩。

2. 模拟分权制组织结构的缺点

模拟分权制组织结构的主要缺点如下。

① 正因为是模拟分权,缺乏明确的标准,所以关于分权大小、幅度以及各个单位之

间的统一管理和协调也不易量化和明确。

② 各个生产单位因为没有自己独立的外部市场,而在工序上或流程上又是相互衔接的,所以产品在内部转移时实行的是内部价格,确定该价格时也缺乏明确的标准,造成效益核算的不准确。

1.3.4 矩阵制组织结构

矩阵制组织结构是从专门从事某项工作的工作小组形式发展而来的一种组织结构,是一种既保持了直线-职能制组织形式(垂直领导系统),又成立了按规划目标划分的横向领导系统(可以加强横向部门之间的沟通协调)的企业组织结构,因此又可称为目标规划管理制组织结构,其组织结构如图 1.6 所示。

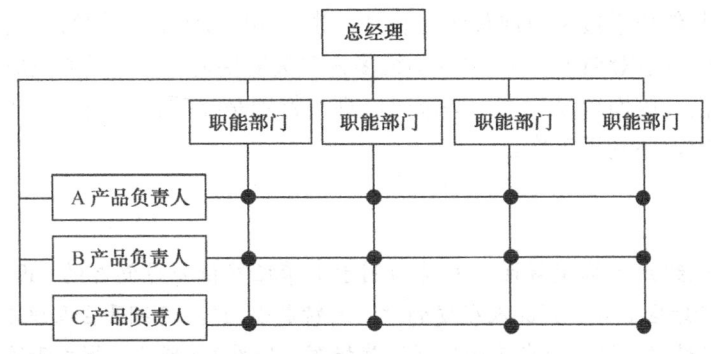

图 1.6 矩阵制组织结构

矩阵制组织结构适用于产品多且变化大、单件或极小批量生产的大型产品或工程项目,特别适用于以开发与实验项目为主的企业或单位,如应用研究单位。在传统的工业企业中,主要适用于企业中涉及面广、多个部门参与的、临时性的、复杂的重大工程项目,如企业新产品开发、技术项目攻关等。

矩阵制组织结构形式是改进了直线-职能制组织结构的横向联系差、缺乏灵活性的缺点而设计的一种企业组织结构形式。它的特点是围绕某项专门任务成立跨职能部门的专门机构。例如,企业进行新产品开发工作,则组成一个专门的产品(项目)小组,在研究、设计、实验、制造等各个不同阶段,由相关部门的相关人员参加,做到纵横结合,通过协调各个职能部门的关系,保证任务的顺利完成。这种组织结构的形式是固定的,而人员却是变动的,项目小组的负责人及组织内的人员是为了完成任务临时任命和组织的,完成任务后就退出组织,各自回到原来的职能部门。因此,矩阵制组织结构具有一定的临时性。

1. 矩阵制组织结构的优点

矩阵制组织结构的主要优点如下。

① 矩阵制组织结构灵活、机动,可随着项目的开发与结束而组合和解散。由于是根据项目来进行组织的,因此任务清晰,目标明确,而且各职能部门有专长的人员都是有

备而来的,对于人员融入工作、加强组织纵向联系和横向联系很有益。

② 将各个职能部门的专业人员集中在一个项目小组进行工作,比分散在各个部门更容易协调和管理。

③ 参加项目攻关小组可增强参与人员的荣誉感,激发其工作积极性。

2．矩阵制组织结构的缺点

矩阵制组织结构的主要缺点如下。

① 一般在这种组织结构下,项目负责人的责任大于权力,使得其在某些特殊情况下开展工作时力不从心。

② 由于矩阵制组织结构是为了某种临时性的目的而形成的,项目小组成员仍隶属于原部门,成员存在受项目负责人和原部门负责人双重领导的问题。另外,项目负责人缺乏足够的激励与约束手段来对成员进行管理,也是矩阵制组织结构的先天缺陷。

③ 在矩阵制组织结构中,因项目小组多为攻关需要而成立,任务完成后各成员仍要回到原来的部门,因而容易产生一些临时心理,特别是在项目遇到挫折或重大困难时,成员心理不稳定,不利于工作。

> **小资料**
>
> 采用矩阵制组织结构获得巨大成功的例子是摩托罗拉公司创造的 G9 矩阵制组织结构,即一个横跨地区业务、产品及研发的"9 人特别小组",定期开会及追踪各类产品的生产、销售及研发情况,该小组直属一位副总裁指挥,如图 1.7 所示。得益于这种结构,在 20 世纪 90 年代,摩托罗拉新产品研发周期为 1.5 年,而英特尔(Intel)公司一般为 2~3 年。

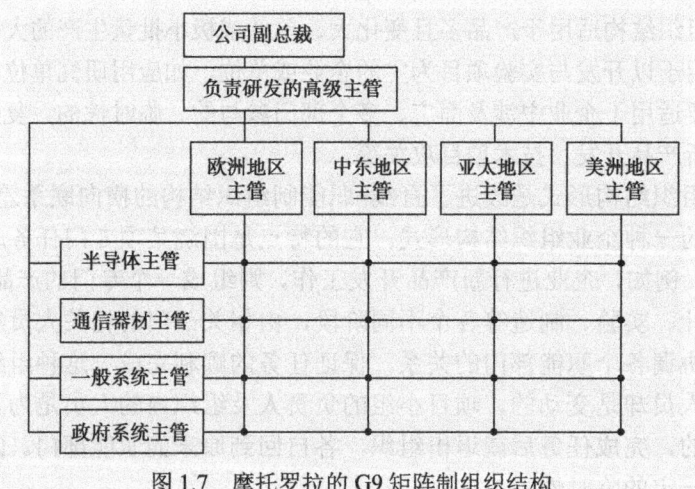

图 1.7　摩托罗拉的 G9 矩阵制组织结构

项目小结

企业是社会生产力发展到一定水平的必然产物。企业是从事生产、流通、服务等经济活动,以盈利为目的、以产品或劳务满足社会需求、依法设立、自主经营、自负盈亏、独立核算的经济组织,是现在社会的基本经济单位。

我国企业的法律形式主要有个人独资企业、合伙企业和公司三种。其中,公司具有法人资格,主要包括有限责任公司和股份有限公司两种,是现代企业制度的基本组织形式。

现代企业制度是我国国有企业改革的方向,它具有产权清晰、权责明确、政企分开、管理科学四个基本特征。

合理的企业管理组织可以使企业更加富有活力,是企业管理职能发挥的组织保证。现代企业常见的企业组织结构形式有直线-职能制、事业部制、模拟分权制、矩阵制等。

项目训练

一、单项选择题

1. 真正意义上的企业诞生于( )。
   A. 人类出现时期　　　　　　　　B. 手工业生产时期
   C. 工厂生产时期　　　　　　　　D. 企业生产时期
2. 我国企业的法律形式主要有个人独资企业、合伙企业和( )。
   A. 民营企业　　B. 国营企业　　C. 集体企业　　D. 公司
3. 个人独资企业出现债务时,承担的责任是( )。
   A. 有限责任　　B. 无限责任　　C. 不承担责任　　D. 不确定
4. 下面哪种企业组织结构是"相对独立的市场、相对独立的利益、相对独立的自主权"三位一体的组织机构?( )
   A. 直线-职能制　　B. 事业部制　　C. 模拟分权制　　D. 矩阵制

二、多项选择题

1. 现代企业作为社会基本经济单位,其最基本的构成要素包括( )。
   A. 一定的资源　　　　　　　　B. 经济活动
   C. 法人地位　　　　　　　　　D. 目的是盈利
2. 企业组织结构的典型形式包括( )。
   A. 直线-职能制　　B. 事业部制　　C. 模拟分权制　　D. 矩阵制
3. 下面是我们身边常见的一些组织、社团、机构,请结合企业的概念及构成要素分析一下哪些是企业。( )
   A. 新飞电器公司　　　　　　　B. 海尔集团
   C. 北京市文工团　　　　　　　D. 新乡市信鸽协会
4. 完整的公司治理结构包括( )。
   A. 股东大会　　B. 董事会　　C. 经理层　　D. 监事会
5. 矩阵制企业组织结构的主要缺点有( )。
   A. 负责人责大于权　　　　　　B. 双重领导
   C. 成员临时心理　　　　　　　D. 集中起来不易于管理

三、判断题

1. 企业是独立核算的经济组织，是社会的基本经济单位。（ ）
2. 合作制企业在出现债务问题时，合伙人只要承担自己的责任即可。（ ）
3. 按照我国现行《公司法》规定，公司制企业在申请注册成立时，可以不用一次性足额缴纳注册资金，这为创立企业提供了更低的门槛。（ ）
4. 只要是公司，就可以申请成为上市公司。（ ）
5. 事业部制企业组织结构是一种高度集权下的分权管理模式，因为集权，所以对市场变化的反应速度慢。（ ）

四、简答题

1. 在我国，常见的企业法律形式有哪些？请结合你身边熟悉的一些企业，分析一下它们都属于哪种法律形式，在创建和运营过程中有哪些条件。
2. 简述直线-职能制企业组织结构的优缺点。
3. 矩阵制组织结构有什么优点？适用于哪类企业？

五、论述题

1. 请收集关于我国新《公司法》《证券法》等的相关企业资料，了解一下我国关于有限公司、股份公司及上市公司设立的相关条件，并深刻理解公司治理结构的内涵，同时，剖析一下我国目前所倡导的现代企业制度的内涵。
2. 常见的企业组织结构有哪些？结合你身边熟悉的一些企业例子，分析一下它们都采用哪种企业组织结构。

项目实训

开家小店当老板

虽然你还是一名在校学生，但是你也已经开始有创业的冲动，特别是周围的同学有人已经开始在行动了，你也决定要做点什么。经过考察，你发现学校附近地区的餐饮是一个很有潜力的市场，你决定开设一家面向在校大学生的快餐店。在开设这样一家饭店之前，有以下几个问题是你必须要仔细考虑的。

1. 学校附近已经有了一些各种档次的饭店，你如何与其他饭店展开竞争？你的优势是什么？如何来实现和保持你的这些优势？
2. 设想一下，你现在还是一片空白，为了让你的饭店尽快成立起来，你要做哪些事情？这些事情的先后顺序是什么？
3. 当饭店开始正常营业后，可能出现什么问题？你准备如何解决？
4. 回顾一下，你在这个过程中如何体现了管理的四项职能？

项目 2　管理与企业管理

通过本项目的学习，理解管理的特性和职能；了解管理的作用；了解管理理论的演变过程、现代管理学派及新发展；理解古典管理理论和行为科学管理理论；了解企业管理研究内容；理解企业管理原则。

男孩的长裤

有一个男孩子因为第二天早上要参加学校的活动，头天晚上，选好了一条长裤，穿上一试，裤子长了 3 厘米。他请奶奶把裤子剪短一点，可奶奶说，现在手上事情太多，让他去找妈妈。而妈妈回答他，她已经同别人约好马上去玩桥牌。男孩子又去找姐姐，姐姐说有个约会，时间就要到了。这个男孩子非常失望，担心明天穿不上合适的裤子，他就带着这种心情入睡了。

奶奶忙完家务事，想起了孙子的裤子，就去把裤子剪短了一些；姐姐回来后想起了弟弟的裤子，又将其剪短了一点；妈妈半夜回来后，同样也把这条裤子剪短了一点。由于各行其是，缺乏管理，没有统一的计划和组织，一条偏长的裤子就这样变成了短一截的裤子。可以想象企业如果没有人管理会是怎样的一种状态。

资料来源：实用企业管理. 郑州：河南人民出版社，2000.

由上述例子可以看出，任何集体活动都需要管理。在管理活动没有进行协调时，集体中每个成员的行动方向并不一定相同，甚至有时可能互相抵触。即便目标一致，由于没有整体的配合，也达不到总体的目标。

任务2.1　管理概述

2.1.1　管理的概念

管理是社会协作劳动的要求，它伴随着人类的生产实践活动而产生和发展。早期的管理，由于历史条件的局限性，管理思想简单且不成体系，到了20世纪初，管理思想才趋于成熟，并形成较完整的管理理论体系。

从字面上理解，管理即管辖与治理。但究竟什么是管理，尚没有一个统一的、被大多数人所接受的定义。由于背景和角度不同，中外从事管理学研究的专家、学者对管理的定义各不相同。

强调工作任务的人认为："管理就是由一个或多个人来协调其他人的活动，以便收到个人单独活动所不能收到的效果。"这种定义的出发点为：在社会中人们之所以形成各式各样的组织和集团，是由于集体劳动所能取得的效果是个人劳动无法取得的。要真正收到这种集体劳动的效果，必须有个先决条件，即集体成员的活动必须协调一致。为此，就需要一种专门的活动，即管理。

>**小资料**
>
>美国的阿波罗登月计划曾经聚集了数千家企业、数万名科学家，一百多万人参与其研究、设计、制造和发射收回。这巨大的项目所需要的知识是任何个人都无法全面掌握的，更谈不上个人具体地实现这项计划。

强调管理者个人领导艺术的人认为："管理就是领导。"该定义的出发点是：任何组织都有一定的结构，而在结构的各个关键点上是不同的职位，占据这些职位的是一些具有特殊才能或品质的人，这些人被称为领导者。组织中的一切有目的的活动都是在不同层次的领导者的领导之下进行的，组织活动是否有效，取决于这些领导者个人领导活动的有效性。所以，他们认为管理就是领导。

强调决策作用的人认为："管理就是决策。"该观点强调：决策贯穿于管理的全过程和所有方面；组织是由一些决策者所构成的系统；任何工作都必须经过这一系列的决策才能完成。

管理一词还有许多定义，这些定义都是从不同角度提出来的，也仅仅反映了管理性质的某个侧面。在这里，我们对管理做如下定义。

管理是指通过计划、组织、领导、控制等职能，整合和分配资源，以实现组织特定目标的活动和过程。这个定义有以下四层含义。

第一，管理采用的措施是计划、组织、领导和控制这四项基本活动，这四项活动又被称为管理的四项基本职能。

第二，管理的本质是协调。所谓协调，是指同步化与和谐化，即利用上述四项措施来协调人力、物力和财力等方面的资源，进行优化配置。

第三，管理的核心任务是实现组织的预定目标，而该目标仅凭个人力量是无法实现的。

第四，管理是一个过程，是管理者进行分配和协调的活动过程。

2.1.2 管理的特性

一种事物之所以能区别于其他事物，是因为每种事物都有自己与众不同的特点。管理作为一种实践活动具有以下特性。

1. 管理的科学性

管理是由一系列概念、原理、原则和方法构成的科学体系，它具有科学的特点：客观规律性、真理性、实践指导性、系统性、可持续发展性和可完善性等。管理理论对管理实践有很大的指导作用，它能够阐明实践、指导实践，并能够帮助管理人员从过去的经验和教训中汲取精华，找出在不同情况下的因果关系，并应用这种知识去解决新的问题。

2. 管理的艺术性

管理既是一门科学，又是一门艺术。这种艺术性主要是指管理的技巧和根据管理对象、环境而有效应变的技艺。此外，管理的艺术性也指领导的感召力，使员工能够感受到领导者所要求达到的目标、准则、期望。管理是一项创造性的劳动，依赖于管理者的艺术创造。

3. 管理的综合性

管理是渗透在各项业务活动之中实现的。由于管理的对象、过程、目的诸要素都很复杂，管理者只掌握某一方面的知识和技能是远远不够的。管理者既需要有管理素质，又需要有业务基础，还需要有处理人际关系的能力，更需要有可靠的政治素质与高尚的道德素质。此外，管理本身也是一门综合学科和一项综合实践活动。

4. 管理的不确定性

管理在已知因素完全一致的条件下有可能产生截然相反的结果，即投入资源相同而产出却可能不同，这说明管理系统具有非线性。相同的企业和条件由不同的管理者采用相同的方法进行管理，很可能会出现不同的结果；采用不同的方法进行管理，结果更有可能不同。管理中存在着很多无法预知的因素或不可能确定表示的因素。

5. 管理的系统性

管理是通过系统实施和实现的。管理本身是一个系统，管理活动也是一个系统工程，它尊重一般系统的规律性。管理的任务也可认为是进行一种管理系统的决策。

6. 管理的两重性

社会生产过程具有两重性,既是物质资料的再生产,又是生产关系的再生产。因此,对生产过程的管理也存在两重性:一方面是与生产力相联系并反作用于生产力的管理的自然属性;另一方面是与生产关系相联系并反作用于生产关系的管理的社会属性。管理的自然属性和社会属性两位一体,不能截然分开。

2.1.3 管理的职能

20世纪初期,法国工业家亨利·法约尔首先提出了在管理中要履行五种管理职能:计划、组织、指挥、协调和控制。在其后,又有许多管理学者提出了不同的有关管理职能的看法,但如今更多的管理学家们集中于管理的四种基本职能的提法,即计划、组织、领导和控制。本书也采用此种划分方式,即管理的职能是指计划、组织、领导和控制。

1. 计划

组织中所有层次的管理者,包括高层管理者、中层管理者和一线(或基层)管理者,都必须从事计划活动。所谓计划,是指"制定目标并确定为达成这些目标所必需的行动"(Lewis,Goodman and Fandt,1998)。因此,计划的活动过程大致分为四个步骤:第一是选择确定组织追求目标,第二是实现这一组织目标行动路线的确定,第三是完成这一行动路线配置资源,第四是评估、反馈计划实施过程和实施结果。

计划职能在企业的表现涉及企业战略计划及分计划的协调及实施,要体现企业的使命、愿景、任务等企业目标,战略计划、年度计划、作业计划等执行计划,以及对计划实施过程和实施结果的评估和反馈等方面的内容。

2. 组织

组织既指一个社会单位,又指"确定所要完成的任务、由谁来完成任务,以及如何管理和协调这些任务的过程"(Lewis,Goodman and Fandt,1998)。组织的活动过程如下。What:根据计划的要求,做什么;Who:谁来做;When:什么时候做;How:怎样做。

组织职能在企业的表现涉及组织结构设计、岗位设计、人力资源、组织变革发展和文化等方面的内容。

3. 领导

所谓领导,是指"激励和引导组织成员以使他们为实现组织目标做贡献"(Lewis,Goodman and Fandt,1998)。领导的活动过程就是领导设立组织的愿景,通过权力、权威、激励、沟通等方式影响员工、鼓动员工实现组织目标。在领导过程中,领导的影响力直接影响到员工的执行力和组织目标的完成。

领导职能在企业的表现涉及管理者、领导的相关问题,激励、沟通、解决冲突等内容。

4. 控制

控制是对组织活动按照一定的标准进行监控，以保证计划目标的实现。当组织的实际运行状况偏离计划时，管理者必须采取纠偏行动，确保组织朝向其计划目标迈进。

控制职能在企业的表现涉及控制方式的选择、控制机制的建立和控制系统的建立，如通过数字化管理（信息化系统）对组织进行控制等内容。

以上四种管理职能不仅是管理者的管理过程，也是管理者的职能分工，还是管理者的职能活动，它们相互之间是密切联系的一个系统管理过程。

管理过程是一系列的决策和协调活动，它涉及计划、组织、领导和控制管理的职能。管理过程可以表现为一个顺序的循环过程，即管理过程开始于计划，通过组织、领导和控制，结束于计划的检查，而又开始于一个新的计划。管理过程表现为"P"—"O"—"C"—"C"—"P"的管理过程，如图 2.1 所示。

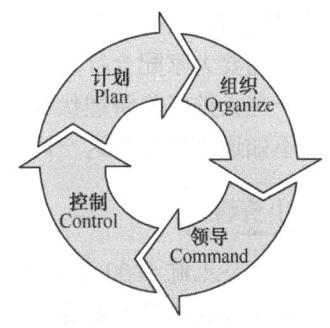

图 2.1 管理过程的循环关系

2.1.4 管理的重要性

管理是社会分工和协作的产物，凡有分工与协作的社会劳动都需要管理。管理是一切组织正常发挥作用的前提，任何一个有组织的集体活动，不论其性质如何，都只有在管理者对它加以管理的条件下，才能按照所要求的方向进行。

管理也是生产力，科学管理可以创造惊人的业绩。第二次世界大战后，一些英国专家小组去美国学习工业方面的经验。他们很快就发现，英国在工艺和技术方面并不比美国落后很多，然而，英国的生产力水平同美国相比为什么差得如此悬殊呢？进一步的调查发现，英国工业在生产力水平方面比较低的主要原因在于，英国的组织管理水平远远落后于美国。而美国经济发展速度比英国快，其最主要的原因就是依靠较高的管理水平。美国前国防部长麦克纳马拉说过，美国经济的领先地位三分靠技术，七分靠管理。美国经济上的强大竞争力与美国在管理科学上的突飞猛进显然具有内在联系。

综观国内外管理实践，凡是管理好的企业都勃勃生机、兴旺发达；反之则步履艰难，甚至破产倒闭。美国的邓恩和布兹特里斯信用分析公司在研究管理的作用方面也做了大量工作。多年来，他们对破产企业进行了大量调查。结果表明，在破产企业中，几乎有 90% 的企业是由于管理不善所致。

任务 2.2　管理思想的产生与发展

管理思想是随着生产力的发展而发展的，它的发展与生产力水平相互关联。管理思想的发展分为早期管理思想、古典管理理论、行为科学管理理论、现代管理学和管理理论的新发展这几个部分。

2.2.1 早期的管理思想

自从有了人类历史就有了管理活动,因为人是社会动物,人们所从事的生产活动和社会活动都是集体进行的,要组织和协调集体活动就需要管理。

原始人在狩猎时,往往由一群人来猎杀一头猎物。这是由于他们认识到单个人没有这种能力,只有许多人同时从事这一活动,才能既保全自己,又捕获猎物。在这种情况下,需要大家配合行动,一些人举着火把,一些人抛掷石块,还有一些人拿着木棒,还有一些人挖好陷阱埋伏等待。组织这种相互配合的活动实际上就是管理,尽管当时他们还不知道"管理"这一词。

> **小资料**
>
> 在公元前 5000 年左右,古代埃及人建造了世界七大奇迹之一的大金字塔。据考察,大金字塔共耗用了重达万斤的大石料 230 多万块,动用了 10 万人力,费时 20 年才得以建成。完成这样巨大的工程是非常艰难的,其中包含了大量的组织管理工作。

管理思想是随着生产力的发展而发展起来的。原始社会的生产力水平非常低下,当时的管理水平也与之相适应。随着人类的不断进步,管理思想也有了很大发展。世界上的一些文明古国对早期的管理思想都做出了突出的贡献。

1. 古代的管理思想

古希腊留下了一些宝贵的管理思想。在公元前 370 年,希腊学者瑟诺芬曾对劳动分工做了如下论述:"在制鞋工厂中,一个人只以缝鞋底为业,另一个人进行剪裁,还有一个人制造鞋帮,再由一个人专门把各种部件组装起来。这里所遵循的原则是,一个从事高度专业化工作的人一定能工作得很好。"瑟诺芬的这一管理思想与后来科学管理的创始人泰勒的某些思想非常接近。尽管他们所处的时代相差了 2 200 多年。

在人类历史上,古罗马的文明,也为我们留下了管理方面的宝贵文化遗产。公元 284 年,古罗马建立了层次分明的中央集权帝国。他们在权力等级、职能分工和严格的纪律等方面都表现出他们在管理上具有相当高的水平。

在 15 世纪的意大利,曾出现过一位著名的思想家和历史学家马基埃维利,他阐述了许多管理思想,其中,影响最大的是他提出的四项领导原理。

① 领导者必须得到群众的拥护。这里有两层含义:其一,群众要拥护他作为领导者;其二,领导者做事要征得群众的同意。

② 领导者必须维护组织内部的内聚力。领导者必须把组织的成员紧紧地团结在自己的周围,使自己及所在的组织具有吸引力。

③ 领导者必须具备坚强的生存意志力。领导者要有坚忍不拔的精神,不软弱,不气馁,能为组织和自己的生存不断奋斗。

④ 领导者必须具有崇高的品德和非凡的能力。

马基埃维利的四项领导原理是对当时出色领导人活动的概括和总结。现代领导理论中的一些原则同这些原理相当类似。由此看出，马基埃维利的贡献是不容置疑的。

> **小资料**
>
> 中国也是一个文明古国，同样有着光辉灿烂的历史，在管理思想的发展史上占有重要地位。早在 2 500 多年前的春秋战国时期，杰出的军事家孙武所著的《孙子兵法》共计 13 篇，篇篇都闪烁着智慧的光芒。"知己知彼，百战不殆"这一名句就是一个例子。它强调要了解敌我双方的情况，并要分析客观规律才能克敌制胜。像这样辩证的策略思想在《孙子兵法》中比比皆是。这样的思想不仅在军事上，而且在管理上对今天的工作都有着重要的参考价值。日本和美国的一些大公司甚至把《孙子兵法》列为培训经理的必读书籍。1991 年第一次海湾战争时，美军给前线每位参战士兵发了一本《孙子兵法》，并要求认真阅读，深刻理解，灵活应用。

2. 近代的管理思想

① 亚当·斯密的管理思想。在 18 世纪 60 年代以后，西方国家开始进行产业革命。这场革命使生产力有了较大的发展。随之而来的是企业规模不断扩大，劳动产品的复杂程度与工作专业化程度日益提高，企业经理人员也逐渐摆脱了其他工作专门从事管理，管理思想愈加充实。在这期间，苏格兰的政治经济学家与哲学家亚当·斯密在 1776 年发表了他的代表作《国富论》。该著作不但对经济和政治理论的发展有着突出贡献，还论述了劳动分工问题，对管理思想的发展也有重要的贡献。

> **小资料**
>
> 亚当·斯密在他的《国富论》中以制针业为例说明了劳动分工给制造业带来的变化，他认为劳动分工之所以能大大提高生产效率，可归结为三个原因：第一，增加了每个工人的技术熟练程度；第二，节省了从一种工作转换为另一种工作所需要的时间；第三，发明了许多便于工作又节省劳动时间的机器。

② 查尔斯·巴贝奇的管理思想。在产业革命后期，对管理思想贡献最大的人物应该是英国人查尔斯·巴贝奇。他在进行管理研究时曾走遍英国和欧洲大陆，了解有关制造业方面的各种问题，并研究了经理人员解决这类问题的办法。巴贝奇以自己的亲身经验，奉劝当时的经理人员尽量采用劳动分工。通过时间研究和成本分析，他比亚当·斯密更全面、更细致地分析了劳动分工使生产率提高的原因。

巴贝奇还提出了一种工资加利润分享制度，以此来调动劳动者工作的积极性。他认为，工人除拿工资外，还应按工厂所创利润的百分比额外地得到一部分报酬。这种工资加利润分享制度的管理思想对我们今天的工作仍然有一定的参考价值。另外，巴贝奇还在他的著作《论机械及制造业的经济》中对经理人员提出了许多建设性意见。

巴贝奇的这些思想无论是在深度上还是在广度上都较前人甚至同代人有较大进步，他几乎研究了制造业的各个方面，他提出的许多原则不但适用于企业，还适用于其他类型的组织。

2.2.2 古典管理理论

从 19 世纪中后期到 20 世纪 30 年代，这是工商企业界乃至社会大变化的时代，期间随着制造业的大规模发展，企业完成了所有权与经营权的分离，形成了股份有限公司等组织形式。同时，机械化水平提高，企业要求劳动工人的生产效率能够进一步增强，要求管理者不能再单凭知觉与经验指挥生产，而要根据科学来制定工作标准与作业方法。另外，如何解决劳资双方的斗争问题等，这些都对当时的管理方式提出了严峻的挑战。为了满足社会发展的需要，摆脱传统经验的束缚，美国出现了以泰勒为首的科学管理运动倡导者，形成了跨时代的"科学管理原理"；法国出现了以法约尔为代表的"一般管理理论"；德国出现了以韦伯为代表的理想行政组织体系理论。他们使这一时代成为管理科学的转折点，使管理逐渐由经验变为科学，由支离破碎走向系统化。

1. 泰勒的科学管理理论

> **小资料**
>
> 弗雷德里克·温斯洛·泰勒（1856—1915）生于美国费城，1878 年进入美国米德维尔钢铁公司当技工，后来很快提升为工长、总技师和总工程师。1898 年泰勒开始进入伯利恒钢铁公司研究管理。泰勒有着从工人到高层管理人员的亲身经历，非常熟悉管理者和工人的工作实践。他在 1911 年出版的代表作《科学管理原理》一书中详细阐述了他的科学管理理论。

泰勒的主要观点和贡献如下。

① 工作定额原理。泰勒认为工人的工作定额也可以通过调查研究的方法科学地加以确定。制定出有科学依据的工作定额，可以发掘工人们劳动生产率的潜力，为此必须进行时间和动作研究。

② 能力与工作相适应原理。泰勒认为，为了提高劳动生产率，必须改变工人挑选工作的传统，而坚持以工作挑选工人，每个岗位都挑选出一流的工人，以确保较高的工作效率。

③ 标准化原理。标准化原理是指工人在工作时要采用标准的操作方法，而且工人使用的工具、机器、材料和所在的工作现场环境等都应该标准化，以利于提高劳动生产率。

④ 差别计件付酬制。泰勒认为，工人磨洋工的重要原因之一是付酬制度不合理。他分析了原有的报酬制度后提出了差别计件工资制，即计件工资率随完成定额的程度而上下浮动。

⑤ 计划职能与执行职能相分离。为了提高劳动生产率必须明确划分计划职能和执行职能，计划职能由计划部门承担，计划部门从事计划工作并对工人发出命令。工人承担执行职能，按照计划部门制定的操作方法和发出的指示，使用规定的标准化的工具实际操作。

由于泰勒在管理上的杰出贡献，泰勒被后人誉为"科学管理之父"。列宁对此的评价是:"资本主义在这方面的最新发明——泰勒制,也同资本主义其他一切进步的东西一样,有两个方面:一方面是资产阶级剥削的最巧妙的残酷手段;另一方面是一系列的最丰富的科学成就。"

2. 法约尔的一般管理理论

> **小资料**
>
> 亨利·法约尔(1841—1925)生于法国,是与泰勒同时代的法国人,1860年开始在法国一家矿业公司工作,是一个采矿工程师,后来担任总经理。他把公司由破产的边缘整顿改组成为稳定发展的大企业。法约尔把企业作为一个整体来研究其管理问题,补充了泰勒管理理论的不足,他在1916年发表的《工业管理与一般管理》一文中,提出了自己的管理理论。

法约尔认为,企业无论大小,简单还是复杂,其全部活动都可概括为6个方面:技术工作(生产、制造)、商业工作(采购、销售和交换)、财务工作(资金的取得与控制)、会计工作(盘点、会计、成本与统计)、安全工作(商品及人员的保护)和管理工作。法约尔将管理活动从企业经营活动中分离出来,是其管理理论的出发点。

在此基础上法约尔将管理工作分为计划、组织、指挥、协调和控制五大职能,并对这五大职能进行了详细的分析和讨论。

法约尔在总结实际工作经验的基础上,提出了14条管理原则:①分工;②权力和责任;③纪律;④命令的统一性;⑤指挥的统一性;⑥个人利益服从整体利益;⑦报酬;⑧集权;⑨等级系列;⑩秩序;⑪公平;⑫保持人员稳定;⑬首创精神;⑭集体精神。

3. 韦伯的理想行政组织体系

> **小资料**
>
> 马克斯·韦伯(1864—1920)生于德国,是德国社会学家,他提出了行政组织体系理论,指出行政组织结构应分为高、中、低三级管理层,每层都有自己的职能。韦伯于1915年写了《社会组织与经济理论组织》一书。

韦伯认为,为了实现组织的目标,要把组织中的全部活动分解为各种基本业务,以分配给组织中的每个成员。同时,要求用责权合一的等级原则把各类成员组织起来,形成一个指挥体系或阶层体系。组织中每个人的工作完全以理性为准则。这种思想的行政组织体系能够提高工作效率,具有精神性、稳定性、纪律性和可靠性。

2.2.3 行为科学管理理论

当泰勒等人创立的科学管理的实质被工人识破,而开始日益无效时,1930—1945年,以梅奥、马斯洛为代表的资产阶级经济管理学者为了挽救颓势,把资本主义的社会学和心理学等引入了企业管理领域,提出了用调节人际关系、改善劳动条件、注重人的内在因素等办法来提高劳动生产率。

1. 霍桑实验和梅奥的人际关系学说

（1）霍桑实验

霍桑实验是从1924年到1932年在美国芝加哥郊外的西方电气公司的霍桑工厂中进行的。霍桑工厂具有较完善的娱乐设施、医疗制度和养老金制度，但是工人仍然有很强的不满情绪，生产效率低下。为此美国国家研究委员会组织了有多方面专家参加的著名的霍桑实验。实验分为四个阶段：照明实验、继电器装配工人小组实验、大规模访问交谈和接线板接线工作室的实验。

（2）人际关系学说

梅奥（1880—1949）于1927年被邀请参加并主持霍桑实验，他推测，影响劳动生产率的原因并不是物质条件的变化，而是其他方面的因素。在随后的几年实验和研究中，梅奥的假设得到了证实。

梅奥总结了霍桑实验的成果，于1933年发表了《工业文明中的问题》一书。在书中他阐述了与古典管理理论不同的观点——人际关系学说，其主要观点有以下几个方面。

① 工人是"社会人"，而不是"经济人"。科学管理学派认为金钱是刺激工人积极工作的唯一动力，把人看作经济人。梅奥认为，工人是社会人，除物质方面的因素外，他们还有社会、心理方面的需求。生产率的高低主要取决于职工的"士气"，而士气则取决于家庭、社会生活及企业中人与人之间的关系。因此，不能忽视社会和心理因素对积极性的影响。

② 企业中存在着非正式组织。企业成员在共同的工作过程中，相互之间必然会产生共同的感情、态度和倾向，形成共同的行为准则和管理，要求个人服从。这就构成一个体系，即"非正式组织"。这种无形的组织有其特殊的规范，影响群体成员的行为。

③ 生产率的提高主要取决于工人的工作态度，以及他与周围人的关系。梅奥认为，提高劳动生产率的主要途径是提高工人的满足度，即工人对社会因素，特别是对人际关系的满意程度。新型的领导能力在于通过对职工心理需求的满足来达到提高劳动生产率和工作效率的目的；新型的领导艺术在于使正式组织满足职工经济需要的功能与非正式组织满足职工的社会心理性需求之间保持平衡。

梅奥的人际关系理论第一次正式地把社会学、心理学引入企业管理领域，有力地冲击了传统管理理论，使管理者认识到他们的下属都是有思想、有情感的活生生的人。人际关系理论的出现，使资本家认识到人才是企业的真正主体，只有充分发挥人的主动作用，才能充分发挥现代技术的作用。

2. 马斯洛的需要层次理论

20世纪40年代，亚伯拉罕·马斯洛发表了《人的动机理论》，论述了作为人的动机基础的需要层次理论。他认为，人是有需要的动物，只有未被满足的需要才会对人的积极性产生影响。人有五种需要，即生理、安全、归属、尊重和自我实现，而且由低级向高级发展，形成阶梯形的层次，如图2.2所示。

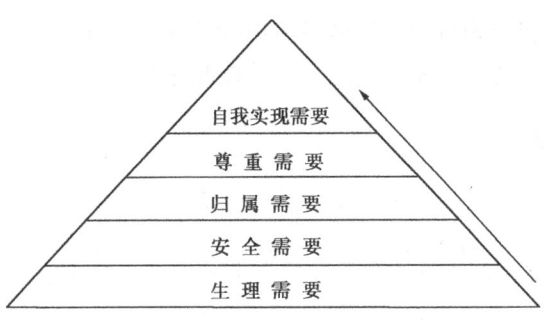

图 2.2 马斯洛的需要层次理论

根据该理论,要激发人的心理内在诱因去努力工作,提高工作效率,管理者就要采取有效的管理措施去满足职工的上述需要。

2.2.4 现代管理学派

第二次世界大战以后,世界政治形势日趋稳定,各国都致力于发展经济,工商企业活动日益广泛,对企业管理的研究日益深入,出现了百家争鸣的局面。现将各种理论学派的基本原理和主要观点分述如下。

1. 社会系统学派

社会系统学派的代表人物是切斯特·巴纳德。他认为,社会的各级组织都是一个由相互协作的个人组成的系统。它包括三个要素:协作的意愿、共同的目标、信息的联系。非正式组织与正式组织互相创造条件,并对正式组织产生积极影响。同时要求各级管理人员在系统中成为相互联系的中心,对协作进行协调,使之保持活力。

2. 决策理论学派

决策理论学派的代表人物是赫伯特·西蒙。他认为,管理的关键是决策,并且决策贯穿于管理的全过程;在决策标准上,用"令人满意"的准则代替"最优化"准则。决策分为程序化决策和非程序化决策,决策和决策者在系统中具有重要作用。

3. 系统管理学派

系统管理学派的代表人物是弗雷蒙特·卡斯特,著有《系统理论和管理》一书。他认为,企业是一个人造的开放系统,由多个子系统组成,并与环境保持协调,管理靠系统实现。他侧重从系统的观点来考查和管理企业,以提高生产效率。他对当代系统管理经济中的自动化、控制论、管理情报系统、权变理论的发展有重要影响。

4. 经验主义学派

经验主义学派的代表人物有彼得·德鲁克、欧内斯特·戴尔等。德鲁克写了《管理的实践》和《管理:任务、责任、实践》;戴尔写了《伟大的组织者》。他们认为,以往的"科学管理理论"和行为科学已不能适应现代管理的需要，认为管理科学应建立在目前成功或失败的企业管理经验和教训之上，并以此作为当代经济管理理论的基点。

5. 权变理论学派

权变理论学派的代表人物有琼·伍德沃德、杰尹·洛希等。伍德沃德著有《工业组织：理论和实践》；洛希著有《企业分类研究法》等。他们认为组织和成员的行为是复杂和变化的，因此不存在一成不变、普遍适用的"最好的"管理理论和方法，一切应因时、因地、因人、因事、因环境而变化。这种经济理论有一定的实用价值。

6. 管理科学学派

管理科学学派的代表人物有埃尔伍德·斯潘赛·伯法等。伯法著有《生产管理基础》一书。他认为，在决策中应尽量减少个人情感成分，要用数学手段来表示计划、组织、控制、决策等合乎逻辑的程序，用数理方法和计算机求出最优解答，并以经济效果作为决策的依据。

> **小资料**
>
> 第二次世界大战以后，科技与生产发展迅速，企业规模越来越大，国际化进程加速，这一切都给管理工作提出了许多新问题，引起了人们对管理的普遍重视。除管理工作者和管理学家外，其他领域的一些专家也纷纷加入了研究管理的队伍，他们从不同角度用不同方法来研究管理理论，出现了研究管理理论的各种学派，呈现了"百花齐放、百家争鸣"的繁荣景象。在《管理理论的丛林》（1961年）与《再论管理理论的丛林》（1980年）两部作品中，哈罗德·孔茨形象地把这种现象称为"管理理论的丛林"，并由1961年区分出来的6个流派增加为1980年代的11种管理学派。

二维码材料：2-1 《再论管理理论的丛林》

2.2.5 管理理论的新发展

20世纪80年代以后，西方管理学界又出现了许多新的管理理论。这些新的理论思潮代表了管理理论发展的新趋势。

1. 企业文化

企业文化作为概念和理论，是美国管理学界在研究了东方和西方成功企业的主要特征，特别是在对美、日企业进行了对比后，于20世纪80年代初提出来的。1982年7月，哈佛大学的特伦斯·迪尔教授和麦金赛咨询公司顾问艾伦·肯尼迪合著的《公司文化——公司生活的礼节和仪式》一书的出版，是企业文化理论诞生的重要标志。

一般而言，企业文化有广义和狭义之分，广义的企业文化是企业在长期发展过程中创造并逐步形成的，能够推动本企业发展壮大的，本企业所特有的意识形态和物质财富的总和。狭义的企业文化是指企业在一定的社会经济文化背景下，为谋求自身生存和发展，在长期生产经营活动中逐步形成的，并且为员工所认同和遵守的共同意识、思想作风、经营宗旨、价值观念和道德准则等。企业文化的核心是价值观。

① 企业文化的内容。主要包括企业哲学、企业精神、企业价值观、企业伦理、企业风尚、企业目标、企业制度、企业民主、企业礼仪和企业形象等内容。

② 企业文化的结构。一般认为，企业文化包括精神层、制度层和物质层三个层次结构。精神层是指企业在长期生产经营活动中逐步养成并为全体员工所认同和信守的共同意识和理念，它是企业文化的核心层，是形成企业文化物质层和制度层的基础和原因。制度层是具有企业自身文化特色的各种规章制度、道德规范和员工行为准则的总和。物质层是企业文化的表层部分，是企业创造的物质文化，是精神层的载体，它往往能折射出企业的管理思想、经营哲学、工作作风和审美意识。

③ 企业文化的功能。企业文化的功能就是其在企业生产经营过程中，与企业内部、外部相互联系和作用的能力。根据国内外管理学者的论述，以及我国企业文化建设的实践总结，企业文化主要有五种功能：一是导向功能，是指企业文化对企业和职工的价值和行为取向的引导作用；二是凝聚功能，是指企业在生产经营实践中，企业文化有种能把全体员工聚合在一起，形成强大的整体力量的能力；三是激励功能，是指企业文化能够起到使职工振奋精神、增强信心、奋发向上，为实现企业目标保持高昂斗志的作用；四是规范功能，是指企业文化能够起到控制、约束、规范企业和职工行为的作用；五是辐射功能，是指企业文化向外扩散和传播的能力。

> **小资料**
>
> 北京同仁堂是我国中药行业著名的老字号，在300多年的风雨历程中，历代同仁堂人始终恪守"炮制虽繁必不敢省人工，品味虽贵必不敢减物力"的古训，树立"修合无人见，存心有天知"的自律意识，造就了制药过程中兢兢小心、精益求精的严细精神。北京同仁堂把中华民族优秀的传统美德融于企业的生产经营过程之中，形成了具有行业特色的职业道德，即"济世养身、精益求精、童叟无欺、一视同仁"。

2. 圣吉的学习型组织理论

学习型组织理论认为，在新的经济背景下，企业要持续发展，必须增强企业的整体能力，提高整体素质；未来真正出色的企业将是能够设法使各阶层人员全心投入并有能力不断学习的组织——学习型组织。

> **小资料**
>
> 1990年，美国麻省理工学院教授彼得·圣吉出版了享誉世界的代表作《第五项修炼：学习型组织的艺术与实务》。该书于1992年荣获世界企业学会最高荣誉的开拓者奖，圣吉本人也于同年被美国《商业周刊》推崇为当代最杰出的新管理大师之一。

所谓学习型组织，是指通过培养弥漫于整个组织的学习气氛，充分发挥员工的创造性思维能力而建立起来的一种有机的、高度柔性的、扁平的、符合人性的、能持续发展的组织。学习型组织具有以下几个特征。

① 组织成员拥有一个共同的愿景。组织的共同愿景，来源于员工个人的愿景而又高于个人的愿景。它是组织中所有员工愿景的景象，是他们的共同理想。它能使不同个性的人凝聚在一起，朝着组织共同的目标前进。

② 组织由多个创造性个体组成。在学习型组织中，团体是最基本的学习单位，团体本身应理解为彼此需要他人配合的一群人。组织的所有目标都是直接或间接地通过团体的努力来达到的。

③ 善于不断学习。这是学习型组织的本质特征。所谓"善于不断学习"，主要有四点含义：终身学习、全员学习、全过程学习和团体学习。学习型组织通过保持学习的能力，及时铲除发展道路上的障碍，不断突破组织成长的极限，从而保持持续发展的态势。

④ "地方为主"的扁平式结构。传统的企业组织通常是金字塔式的，学习型组织结构是扁平的，即从最上面的决策层到最下面的操作层，中间相隔层次极少。它尽最大可能将决策权向组织结构的下层移动，让最下层单位拥有充分的自主权，并对产生的结果负责，从而形成以"地方为主"的扁平化组织结构。只有这样，企业内部才能形成互相理解、互相学习、整体互动思考、协调合作的群体，才能产生巨大的、持久的创造力。

⑤ 自主管理。学习型组织理论认为，自主管理是一种能使组织成员边工作边学习，使工作和学习紧密结合的方法。通过自主管理，可由组织成员自己发现工作中的问题，自己选择伙伴组成团队，自己选定改革进取的目标，自己进行现状调查，自己分析原因，自己制定对策，自己组织实施，自己检查效果，自己评定总结。团队成员在自主管理的过程中，能形成共同愿景，能以开放求实的心态互相切磋，不断学习新知识，不断进行创新，从而增加组织快速应变，创造未来的能量。

⑥ 组织的边界将被重新界定。学习型组织的边界的界定，建立在组织要素与外部环境互动关系的基础上，超越了传统的根据职能或部门划分的"法定"边界。例如，把销售商的反馈信息作为市场营销决策的固定组成部分，而不是像以前那样只是作为参考。

⑦ 员工家庭与事业平衡。学习型组织努力使员工丰富的家庭生活与充实的工作生活相得益彰。学习型组织对员工承诺支持每位员工充分的自我发展，而员工也以承诺对组织的发展尽心尽力作为回报。这样，个人与组织的界限将变得模糊，工作与家庭之间的界限也将逐渐消失，两者之间的冲突也必将大为减少，从而提高员工家庭生活的质量（满意的家庭关系、良好的子女教育和健全的天伦之乐），达到家庭与事业之间的平衡。

⑧ 领导者的新角色。在学习型组织中，领导者是设计师、仆人和教师。领导者的设计工作是一个对组织要素进行整合的过程，他不仅是设计组织的结构和组织政策、策略，更重要的是设计组织发展的基本理念。领导者的仆人角色表现在他对实现愿景的使命感，他自觉地接受愿景的召唤。领导者作为教师的首要任务是界定真实情况，协助人们对真实情况进行正确、深刻的把握，提高他们对组织系统的了解能力，促进每个人的学习。

小资料

在一项"构建学习型企业"的调查中，55%以上的受访人认为华为是最符合"学习型组织"的企业。创立于1987年的华为，历经30多年的成长，一跃成为有竞争实力的世界级公司,掌握的技术专利数量在行业内处于领先位置,这正是组织学习与创新学习的结果。

《华为基本法》有一条是"人力资本增值的目标优先于财务资本增值的目标",而让人力资本增值的一条途径就是培训,并通过任职资格制度、导师制、岗位轮换和授权等方法促进员工学习和成长。

学习型组织有着它不同凡响的作用和意义。它的真谛在于:一方面,学习是为了保证企业的生存,使企业组织具备不断改进的能力,提高企业组织的竞争力;另一方面,学习更是为了实现个人与工作的真正融合,使人们在工作中活出生命的意义。

3. 企业再造

企业再造也译为公司再造或再造工程。按照哈默和钱皮的定义,企业再造是指为了飞越性地改善成本、质量、服务、速度等重大的现代企业的经营基准,对工作流程进行根本性重新思考并彻底改革,也就是说,从头改变,重新设计。

小资料

> 1993 年,迈克·哈默与詹姆斯·钱皮出版了《再造企业》一书,书中认为:"20 年来,没有一个管理思潮能将美国的竞争力倒转过来,如目标管理、多样化、Z 理论、零基础预算、价值分析、分权、质量圈、追求卓越、结构重整、文件管理、走动管理、矩阵管理、内部创新及一分钟决策等。"1995 年,钱皮又出版了《再造管理》一书。哈默与钱皮提出,应在新的企业运行空间条件下,改造原来的工作流程,以使企业更适应未来的发展空间。

企业再造就是重新设计和安排企业的整个生产、服务和经营过程,使之合理化。其具体实施程序是:首先,对原有流程进行全面的功能和效率分析,发现其存在的问题;其次,设计新的流程改进方案,并进行评估;再次,制定与流程改进方案相配套的组织结构、人力资源配置和业务规范等方面的改进规划,形成系统的企业再造方案;最后,组织实施与持续改善。

企业再造方案的实施并不意味着企业再造的终结。在社会发展日益加快的时代,企业总是不断面临新的挑战,这就需要对企业再造方案不断地进行改进,以适应新形势的需要。

任务 2.3　企业管理的内容与基本原则

2.3.1　企业管理的研究内容

企业管理是指由企业管理人员或管理机构对企业的生产经营活动进行计划、组织、领导和控制,以提高经济效益、实现盈利为目的的活动的总称。企业管理的研究内容主要包括以下几项。

1. 组织和人事管理

组织和人事管理是企业管理的基础和保障。它主要包括：构建合理的治理结构和高效的管理机构，建立健全各种规章制度，做好干部的选拔、培训和考评，切实做好劳动分工和职工队伍的建设等。

2. 经营决策管理

根据社会发展和市场需求状况确定经营目标，制订经营计划，组织力量实施经营计划，并把商品销售到社会、市场、消费者中。具体内容包括：经营管理的外部环境分析，企业内部条件分析，经营的预测与决策，经营的计划工作，产品计划与决策，销售决策与计划，财务决策与计划等。

3. 生产管理

生产管理主要是对工业企业的生产活动进行管理。通过计划、组织、指挥与控制等，保证企业按既定的目标——产品品种、数量、质量、期限、成本生产产品。生产管理具体内容包括：生产技术经济准备，生产过程组织，劳动组织与劳动定额，生产计划与控制，生产调度，物资管理，安全与文明生产等。

4. 技术与质量管理

企业的科学技术与质量管理，是为了保证生产经营活动有效地进行而开展的。技术与质量管理包括：新产品的开发，老产品的改造；生产技术准备工作，技术革新、技术改进、技术经济分析与价值工程的应用；设备更新、维护与修理，安全与环保；质量管理与可靠性分析等。

5. 成本财务管理

成本财务管理包括：成本管理、价格管理、利润管理、固定资金和流动资金管理，财务收支计划和企业内部经济核算的组织等。

2.3.2 企业管理的基本原则

1. 经济效益原则

讲求经济效益是社会主义市场经济规律的客观要求，是一切经济组织和经济工作都应遵循的一项基本原则。提高企业经济效益，就是要以尽量少的劳动和物质消耗，生产出更多适合社会需要的产品，为国家提供更多的税收，为企业的自我发展提供更多的资金积累，为企业的员工提供更多的报酬。这是衡量一个企业经营管理水平高低、经济行为是否正确的一个重要标准。

企业管理要贯彻经济效益的原则，就是要从以往片面追求产量、产值的指导思想，转到以提高经济效益为中心的轨道上。企业要努力做到以市场为导向，合理配置企业的资源，搞好经营决策，从品种、质量、服务、信誉上求效益，从技术进步中求效益，从加速资金周转中求效益，从增收节支中求效益，从降低劳动消耗中求效益。

2．系统性原则

所谓系统，是指由若干相互联系、相互制约、相互影响的因素而组成的一个有机整体。在企业管理中，系统性原则是指将企业作为一个有机整体，把各项管理业务看成相互联系的网络的一种管理思想。

为了贯彻系统性原则，第一，要树立综合观念。企业是一个由人、财、物、技术、信息组成的综合体，他们之间相互影响和相互作用。经理（管理）人员需要力求保持各部分之间的动态平衡、相对稳定和一定的连续性，以便适应环境的变化。第二，要树立开放的观念，不能把企业看成一个封闭的系统，而应把企业看成一个与外界环境密切联系的开放系统。企业本身是一个系统，它存在于更大的系统中。第三，要树立投入—产出观念，把企业看成一个投入—产出的系统，投入的是物资、资金、劳动力和各种信息，产出的是各种产品（服务）和盈利（或亏损）。

3．民主管理原则

现代企业管理，必须实行民主管理，即保障职工参与企业重大事项管理的权利，依靠他们当家作主，共同管理好企业，这是社会主义企业管理的本质特征，也是由现代企业的性质所决定的。

民主管理对调动员工的主人翁意识和工作积极性，改善管理，提高决策的科学性和有效性有着重要的现实意义。

> **小资料**
>
> 海尔集团张瑞敏提出了源头论。如果把企业比作一条河，每名员工都应是这条大河的源头，员工的积极性应该像喷泉一样喷涌而出，而不是靠压出或抽出来。小河是市场、用户。员工有活力，必然会生产出高质量的产品，提供优质的服务，用户必然愿意买企业的产品，涓涓小河必然汇入大河。计划经济下的"大河有水小河满"，助长了员工吃大锅饭的思想。在市场经济下，必须改为源头喷涌大河满，把每个员工的积极性调动起来，成为喷涌的源头。

4．责、权、能、利相结合原则

责、权、能、利相结合的原则，是企业管理的一个基本原则。这就要求在管理过程中，始终将责、权、能、利紧密地结合在一起，以职责为核心，以职权为保证，以能力素质为基础，以经济利益为动力。

企业管理遵循责、权、能、利相结合的原则，主要应做好两个方面的工作：一是在企业内部普遍推行各种形式的岗位责任制、经济责任制；二是要平衡企业内部的各种权和利。

5. 权威性原则

所谓管理的权威性原则，简单地说，是指在企业管理中，讲纪律、讲秩序、讲统一。这是现代化大生产的客观要求。

在企业管理工作中贯彻权威性原则时应注意：第一，要正确认识和处理企业领导者权威同劳动者的主人翁地位的统一关系，在实行集中领导和严格纪律的同时，确保职工民主管理的权利；第二，要有一个得力的领导班子，建立有权威的生产经营指挥系统和各项严格的责任制度和规章制度，把权威建立在严密的组织和严明的纪律上，以保证企业的各项工作有序开展；第三，要使管理具有权威性，保证指挥正确，管理者自身素质必须高，要能在群众中赢得威信。这样的权威在企业管理中才能得以持久。

6. 物质文明与精神文明建设相统一原则

我国是社会主义国家，在企业管理活动中，必须坚持物质文明和精神文明一起抓，这是由企业的社会主义性质所决定的。

物质文明建设和精神文明建设是一个统一体，不可分割。物质文明是基础，精神文明是思想道德准则，是保障。单纯抓物质文明建设，忽视精神文明建设，容易导致偏离企业经营方向和形成不良风气，也会使企业的物质文明建设受到破坏。反之，忽视物质文明建设，精神文明建设将没有牢靠的基础，会显得软弱乏力。

7. 塑造企业精神原则

国家昌盛，需要奋发向上的国民精神，民族振兴需要勇于进取的民族精神。同样，一个企业的兴旺与发达，必须有独具特色的企业精神。企业精神，一般是指企业在生产经营管理活动中，为谋求自身的生存与发展，长期形成并为职工群众所认可的一种群体意识。

企业精神是企业文化的一部分，塑造企业精神必须与企业文化建设紧密联系起来，并将之作为企业文化建设的重点内容。

项目小结

管理是指通过计划、组织、领导、控制职能，整合和分配资源，以实现组织特定目标的活动和过程。基于此概念，管理包括计划、组织、领导和控制这四项基本职能。

管理理论产生于19世纪末20世纪初，其间在美国出现了以泰勒为首的科学管理运动倡导者，形成了跨时代的"科学管理原理"；法国出现了以法约尔为代表的"一般管理理论"；德国出现了以韦伯为代表的理想的行政组织体系理论。20世纪30年代之后，以梅奥的"人际关系学说"为起点，逐步形成行为科学。第二次世界大战后，管理理论蓬勃发展，形成现代众多管理理论学派。

企业管理是指由企业管理人员或管理机构对企业的经营活动过程进行计划、组织、领导和控制，以提高经济效益、实现盈利为目的的活动的总称。其研究内容主要包括组织与人事管理、经营决策管理、生产管理、技术与质量管理、成本财务管理等。要做好企业管理工作必须遵循：经济效益原则，系统性原则，民主管理原则，责、权、能、利相结合原则，权威性原则，物质文明和精神文明建设相统一原则，以及塑造企业精神原则。

项目训练

一、单项选择题

1. 管理的两重性是指（　　）。
   A．科学性和艺术性　　　　　　　　B．自然属性和社会属性
   C．总和性和系统性　　　　　　　　D．实践性和不确切性
2. 因为提出了科学管理理论而被誉为"科学管理之父"的是（　　）。
   A．泰勒　　　　B．法约尔　　　　C．韦伯　　　　D．马斯洛
3. 属于行为科学的理论的是（　　）。
   A．科学管理理论　　　　　　　　　B．一般管理理论
   C．理想的行政组织体系理论　　　　D．人际关系学说

二、多项选择题

1. 管理的职能包括（　　）。
   A．计划　　　　B．组织　　　　C．领导　　　　D．控制
2. 企业文化的结构包括（　　）。
   A．精神层　　　B．中间层　　　C．制度层　　　D．物质层
3. 企业管理的主要内容包括组织与人事管理，以及（　　）。
   A．经营决策管理　　　　　　　　　B．生产管理
   C．技术与质量管理　　　　　　　　D．成本与财务管理

三、判断题

1. 有了人类活动就有了管理，有了管理就有了管理理论。（　　）
2. 美国麻省理工学院教授彼得·圣吉提出了企业再造理论。（　　）
3. 权威性原则要求在企业管理中要讲绝对服从，不能讲民主。（　　）

四、简答题

1. 简述管理的特性。
2. 企业管理的基本原则包括哪些？

五、论述题

结合实际论述管理的重要性。

项目实训

探秘家族式企业

1．活动目的

调查一个家族式企业，了解企业发展历程及相应的管理理念、组织结构的演变。

2．活动内容

（1）请一名家族式企业的老员工介绍企业情况。

（2）参观企业，现场调查。

3．活动组织

（1）在调查之前，学生应先了解我国家族式企业发展状况，收集相关专业研究资料。

（2）以10人左右为单位分组，每组选出组长一名，组织学生分组调查。

（3）调查结束后，老师组织一次讨论课，让学生就我国家族式企业的发展发表看法。

4．考核方式

（1）要求每组学生提交一份调研报告。

（2）老师评阅各组调研报告，并进行课堂讲评。

项目 3　企业道德和社会责任

通过本项目的学习，了解道德和企业道德的概念；理解道德功能；掌握企业道德建设的内容；理解企业社会责任的含义与具体表现；了解企业社会责任的重要作用和深远意义。

道德与责任

山姆·考特是一位销售代表，正在为其所在公司——中西五金公司筹备一场展销会，公司主要生产螺母和螺杆。考特希望能与正在圣路易斯附近的密苏里河上修建一座大桥的建筑商签订一笔大合同。中西五金公司生产的螺杆有3%的缺损率，这尽管在工业使用中还可接受，但对某些工程项目却不适合，如那些需要承受巨大压力的项目。

新桥位于马德里法尔特新干线附近，该地区曾是1811年美国历史上大地震的中心，地震给其造成严重破坏，致使密苏里河改道。震中离所在大桥仅200英里。地震专家预计，不久的将来，该地区发生里氏7级以上地震的概率是50%。然而在该地区建桥不受地震法规的制约。如果考特先生能签下这一合同，除工资以外他将获得30 000美元的奖金。但如果他把螺杆的缺损率告诉合同方，中西五金公司可能丢失生意，从而输给螺杆生产质量更好的竞争对手。因此，考特的道德问题是：是否将事实真相告诉大桥合同方，即万一发生地震，大桥很可能会因中西五金公司螺杆的质量问题而倒塌，因而造成车毁人亡的悲剧。

资料来源：O.C.费雷尔，约翰·弗雷德里克，琳达·费雷尔. 商业伦理：伦理决策与案例. 陈阳群，译.
北京：清华大学出版社，2005.

对于考特的道德问题，持不同道德观的人有不同的选择。时至今日，企业的道德和社会责任面临着来自各方面的拷问，企业及其员工应秉持怎样的道德观、社会责任观已成为一个不可回避的问题。

任务 3.1　企业道德

3.1.1　道德概述

道德是一种社会意识形态，是人们共同生活及其行为的准则与规范。道德往往代表着社会的正面价值取向，起判断行为正当与否的作用。

人类的道德观念是受到后天一定的生产关系和社会舆论的影响而逐渐形成的。不同的时代，不同的阶级往往具有不同的道德观念。在不同的文化中，所重视的道德元素及其优先性，所持的道德标准也常常有所差异。

道德由一定社会的经济基础所决定，并为一定的社会经济基础服务。道德作用的发挥有待于道德功能的全面实施。归纳起来，道德具有以下五个方面的主要功能。

① 认识功能。道德是引导人们追求至善的良师。它教导人们认识自己对家庭、对他人、对社会、对国家应负的责任和应尽的义务，教导人们正确地认识社会道德生活的规律和原则，从而正确地选择自己的行为和生活道路。

② 调节功能。道德是社会矛盾的调节器。人生活在社会中总要和自己的同类发生这样那样的关系。因此，不可避免地要发生各种矛盾，这就需要通过社会舆论、风俗习惯、内心信念等特有形式，以自己的善恶标准去调节社会上人们的行为，指导和纠正人们的行为，使人与人之间、个人与社会之间关系臻于完善与和谐。

③ 教育功能。道德是催人奋进的引路人。它培养人们良好的道德意识、道德品质和道德行为，树立正确的义务、荣誉、正义和幸福等观念，使受教育者成为道德纯洁、理想高尚的人。

④ 评价功能。道德是公正的法官。道德评价是一种巨大的社会力量和人们内在的意志力量。道德是人以评价来把握现实的一种方式，它是通过把周围社会现象判断为"善"与"恶"而实现的。

⑤ 平衡功能。道德不仅能调节人与人之间的关系，而且也能平衡人与自然之间的关系。它要求人们端正对自然的态度，调节自身的行为。环境道德是当代社会公德之一，它能教育人们应当以造福而不贻祸子孙后代的高度责任感，从社会的全局利益和长远利益出发，开发自然资源，发展社会生产，维持生态平衡，积极治理和防止对自然环境的人为性的破坏，平衡人与自然之间的正常关系。

小资料

巴厘岛阿贡火山自 2017 年 11 月 21 日首次喷发后，活跃强度不断增强并多次喷发出大量火山灰，中国政府为此发出 12 次旅游警告。巴厘岛的登巴萨机场于 11 月 27 日关闭，此时仍有约 1.7 万中国游客滞留。中国民航局立即启动应急机制，要求运营至巴厘岛航线的东航、南航、厦航等妥善做好滞留旅客安置工作，做好紧急运力调配方案。截至2017年12月3日，近1.4万名滞留的中国游客全部回国，这次救援行动共花费了3 000多万元人民币。

3.1.2 企业道德的含义

企业道德是指在企业这一特定的社会经济组织中，依靠社会舆论、传统习惯和内心信念来维持的，以善恶评价为标准的道德原则、道德规范和道德活动的综合。按照道德活动主体的不同，可分为企业的组织道德和员工个人的职业道德。

企业道德既是社会道德体系的重要组成部分，也是社会道德原则在企业中的具体体现。它是人格化了的企业，在生产经营活动中，在自然求索和社会交往中，所应遵循的旨在调节企业与国家、企业与他企业、企业与他单位、企业与竞争对象、企业与服务对象以及企业内部各方面关系的行为规范的总和。

近几年，企业道德问题成为国内新闻报道的焦点，如 2018 年"长生生物疫苗事件"等。在商业贸易中出现的假冒伪劣、环境污染、不讲诚信、非法广告赞助、贿赂及其他丑闻早已众所周知。企业领导者利用非法手段以获取竞争优势、增加利润、提高个人地位的事例也屡见不鲜。

无论是普通的管理者，还是消费者都认为高层管理者在建立较高的道德标准方面做得不够好。大部分企业领导人认为他们在企业活动中是讲企业道德的。然而，许多管理者和他们的组织正在重新检查他们的企业道德。

小资料

在一个有100名专业人士进行的调查中，在对300名企业员工和营销人员的无记名问卷中，有46%的人承认对客户和同事说过谎话。在最近一次对186名企业管理者的调查中，65%的上层管理人员认为利润比产品安全性和外界环境污染更重要。另外，只要利润和市场份额不受影响，股东们也情愿忽略含有欺骗性质的财务报告，并认为这是司空见惯的事。还有一项调查显示，企业各级、各类人员在实现企业利润的过程中，曾经有86%的人对政府和社会各级相关工作人员行使过各种形式的贿赂，而有78%的人接受了不同形式的贿赂。

3.1.3 道德环境

道德的形成不仅有社会方面的因素，也有家庭、个人的发展和美德方面的因素，而且还受企业工作环境的影响。当人们按道德标准进行选择时，似乎总是提出这样的问题：他为什么这样做，动机是好还是坏？由他负责还是由其他人负责？谁得到表扬和谁受到指责？人们常将不道德的行为归于个人的行为，其实环境也同样起着重大的影响。

我们来看科德·皮斯伯公司的案例。科德·皮斯伯公司的一个证券交易员声称给该公司创造了大约3.5亿美元的巨额利润。通过各种非法行为，他本人共获得900万美元的工资和奖金。但是，如果按合法的诚实行为去做，他只能得到200万美元或300万美元。

为什么会发生这样的丑闻呢？仅仅因为他是一个变节的交易员吗？他的顶头上司声称：他不可能检查部门 750 名交易商的全部记录。科德·皮斯伯公司的执行总裁也说，华尔街的任何地方都会发生同样的事情。还有人说：在一个像通用电气（科德·皮斯伯的母公司）这样大的公司里，总会有几个害群之马。丑闻披露之后，科德·皮斯伯公司的高层经理们根据通用电气公司杰克·韦尔奇指示，立即着手调查此案并坦率地公开案情的真相。科德·皮斯伯的经理们要么是疏忽，要么是回避其利润问题。批评家们对这么长时间才发现错误感到不解，并坚持道：如果管理制度健全，交易商不可能有机可乘。

科德·皮斯伯公司的例子说明，不道德的公司行为可能是一起不道德的个人责任，但这却能反映这个公司的道德文化不好。如果一个家庭平时多注意其成员的道德养成，如果一个企业多向员工灌输道德思想并建立完善的道德准则，如果一个国家在重视以法治国的同时也高度重视以德治国，也就是说，如果有一个好的道德环境，那么人们在道德方面就会做得更好。

3.1.4　道德培训和道德体系建设

1. 严把员工道德素质关

人在道德发展阶段、个人价值体系和个性上的差异，使管理者有可能通过严格的挑选过程，如审查个人简历和申请材料，组织笔试、面试和外调，以及采取试用期等，把道德素质低的求职者淘汰掉。事实证明，"挑选"这一控制措施是有重要作用的，但是仅凭挑选很难把善于隐瞒、道德标准有问题的求职者挡在门槛之外。所以，通常辅之以其他控制措施。挑选过程的另一作用是有助于管理者了解个人道德发展阶段、个人价值观、自我强度和控制中心。

2. 建立道德准则

在一些企业中，员工对"道德是什么"认识不清，对"怎样遵守道德规范"也不清楚，这显然对企业的发展不利。建立道德准则可以缓解这一问题。道德准则是表明组织的基本价值观和组织期望员工遵守的道德规则的正式制度规定。道德准则既要相当具体以便让员工明白以什么样的精神来从事工作，以什么样的态度来对待工作，什么事情可以做，什么事情不可以做，也要相当宽泛，以便让员工有判断的自由。

管理者对道德准则的态度（是支持还是反对）以及对违反者的处理办法和结果对道德准则的效果具有重要影响。如果管理者认为这些准则很重要，经常宣传其内容，认真抓好正反两方面的典型，那么道德准则就能为企业道德计划和道德环境的建设提供坚实的基础。

> **小资料**
>
> 美国知名智库机构道德村研究院（Ethisphere Institute）发布了 2017 年度"全球最具商业道德企业"榜单。道德村研究院是一家致力于推动商业道德、企业社会责任、反腐败和可持续发展方面的独立的研究中心。根据 Ethics Quotient（EQ）框架体系，以客观、

一致和标准化的企业绩效量化评估方式,来评选全球最具商业道德企业。"全球最具商业道德企业"称号旨在表彰那些致力于将道德标准应用于日常实践,努力将诚信纳入公司核心文化,并能够成为未来最佳实践典范,从而树立今后行业标准的企业。根据道德村研究院官网显示,2017年这份榜单涵盖了全球五大洲的19个国家,52个工业部门的124家获奖企业。

资料来源:中国经济网

3. 企业领导者要做道德楷模

高层管理人员在道德方面的领导作用主要体现在以下两个方面。

① 高层管理人员在言行方面是员工的表率。他们所做的比所说的更为重要,他们作为企业的领导者要在道德方面起模范带头作用。如果高层管理人员把公司财物据为己有、虚报支出项目或优待好友,那么这无疑向员工暗示,这些行为都是可接受的。

② 高层管理人员可以通过奖惩机制来影响员工的道德行为。选择什么人和什么事作为提薪和晋升的对象,会向员工传递强有力的信息。管理者通过不道德手段让人感到其成果惊人,从而获得晋升,这种行为本身向所有人表明,采取不道德手段是可接受的。鉴于此,管理人员在发现错误行为时,不仅要严惩当事人,而且要把事实公布于众,让企业中所有人都认清后果。这就传递了这样的信息:"做错事要付出代价,行为不道德也将损害自己的利益。"

4. 制定切实可行的工作目标

明确和现实的工作目标可以减少不道德行为的发生,并能激励员工努力工作和创造。如果工作目标对员工来说不切实际,即使工作目标是明确的,也会产生道德问题。在不现实的工作目标的压力下,即使道德素质较高的员工也会感到迷惑,很难在道德和目标之间做出选择,故而有时为了达到目标而不得不牺牲道德。

5. 加强员工思想道德教育

越来越多的企业意识到对员工进行思想道德教育的重要性,并积极采取各种方式,如举办培训班、开设研修班、组织专题讨论会和思想道德知识竞赛等来提高员工的道德素质。个人价值体系是在早年建立起来的,但一些研究已发现价值准则可以在童年后建立。

小资料

一些证据表明:第一,向员工进行思想道德教育,可以显著改变其道德行为;第二,这种教育提升了个人的道德发展阶段;第三,道德教育至少可以增强有关人员对企业和商业伦理问题的认识;第四,通过不断的学习和教育可以提高和统一员工的思想认识。

6. 对绩效进行全面评价

如果仅以经济成果来衡量绩效,人们为了取得结果,就会不择手段,从而有可能产生不道德行为。如果企业想让其管理者坚持高的道德标准,那在评价过程中就必须把道德方面的要求包括进去。例如,在对管理者的年度评价中,不仅要考查其决策带来的经济成果,还要考查其决策带来的道德成果。

7. 进行独立的道德审计

有不道德行为的人都有害怕被人抓住的心理,被抓住的可能性越大,产生不道德行为的可能性就越小。根据企业的道德准则对决策和管理行为进行独立审计,会使不道德行为被发现的可能性大大提高。

审计可以是例行的,如同财务审计,也可以是随机的,并不事先通知。有效的道德审计计划应该同时包括这两种形式的审计。审计员应该对公司(企业)的董事会负责,并把审计结果直接交给董事会,以确保客观、公正。

> **小资料**
>
> 社会责任标准"SA 8000",是 Social Accountability 8000 International standard 的英文简称,是全球首个道德规范国际标准。其宗旨是确保供应商所供应的产品皆符合社会责任标准的要求。SA 8000 标准适用于世界各地任何行业、不同规模的公司。其依据与 ISO 9000 质量管理体系及 ISO 14000 环境管理体系一样,皆为一套可被第三方认证机构审核的国际标准。主要关注九大要素:童工、强迫性劳工、健康与安全、组织工会的自由与集体谈判的权利、歧视、惩戒性措施、工作时间、工资、管理体系。SAI(Social Accountability International,社会责任国际组织)组织在 2001 年 12 月 12 日发布第一次修订版 SA 8000:2001,后在 2008 年 5 月发布 SA 8000:2008,2014 年 7 月 SAI 组织正式颁布了新标准 SA 8000:2014。

二维码材料:3-1　SA 8000 Standard 2014

8. 建立道德机构

建立道德委员会或道德办公室(也可以与文明办公室合并),企业可以任命道德顾问,当员工面临道德困境时,可以从道德顾问那里得到指导。道德顾问首先要成为那些遇到道德问题的人的诉说对象,倾听他们陈述道德问题、产生这一问题的原因,以及自己的解决方法。在各种解决方法变得清晰之后,道德顾问应该积极引导员工选择正确的方法。另外,企业也可以建立专门的渠道,使员工能放心地举报践踏道德准则的人。

综上所述,企业高层管理人员可以采取多种措施来提高员工的道德素质。在这些措施中,单个措施的作用是极其有限的,但若把它们中的多数或全部结合起来,就很可能收到预期的好效果。

任务 3.2　企业社会责任

3.2.1　企业社会责任概述

随着社会的进步,企业的社会责任问题已引起人们的普遍关注。如果企业在承担法律上和经济上的义务（法律上的义务是指企业要遵守有关法律，经济上的义务是指企业要追求经济利益）的前提下，还承担追求对社会有利的长期目标的义务，那么，我们就说该企业是有社会责任的。

企业社会责任（Corporate Social Responsibility，CSR）是指企业在创造利润，对股东承担法律责任的同时，还要承担对员工、消费者、社区和环境的责任。企业的社会责任要求企业必须超越把利润作为唯一目标的传统理念，强调要在生产过程中对人的价值的关注，强调对消费者、对环境、对社会的贡献。

为了更好地理解"社会责任"这一概念，有必要将其与另外两个概念进行比较，这两个概念是社会义务和社会反应。

社会义务是企业参与社会活动的基础。如果一个企业仅仅履行了经济上和法律上的义务，我们就说该企业履行了它的社会义务，或者达到了法律上的最低要求。履行社会义务的企业只是追求那些对其经济目标有利的社会目标。

与社会义务相比，社会责任和社会反应超出了基本的经济和法律标准。有社会责任的企业受道德力量的驱动，去做对社会有利的事而不去做对社会不利的事。社会反应则是指企业适应不断变化的社会环境的能力和表现。

有社会责任的企业会尽量发挥其对社会的正面影响，并尽量减小其对社会的负面影响。企业社会责任的金字塔如图 3.1 所示。其中，企业的经济责任是指以能使投资者满意并维持企业运行的产品价格，按社会需求生产物品和提供服务。法律责任是指至少服从国家、省（或自治区）、市的法律、法规、规章和相关的国际法。道德责任包括满足社会的其他期望，并没有写在法律中。因此，道德是社会责任的一个方面。义务责任是指企业按规定的价值观和社会的希望而采取的额外行动，如支持社区项目、支持希望工程、保护环境和其他慈善事业等。

为了分清这些责任，可将经济与法律责任视为社会对企业的要求，将道德责任视为社会对企业的期望，将义务责任视为社会对企业的向往。任何问题都有可能涉及这些社会责任。

由于这些社会准则和道德标准在不同的单位、地区或国家各有不同，因此一直有人努力建立全球或通用的社会责任和道德原则。例如，所有的人在道德上都应遵守一些原则已得到广泛认可，如避免伤害他人、尊重别人的尊严、诚实守信等。

小资料

为了推动企业公益的可持续发展，《公益时报》从 2010 年开始着手企业社会责任优秀案例库的建设工作，并于 2011 年 12 月成功举办了首届企业社会责任优秀案例发布会，收集优秀案例 173 件。2012 年 12 月，举办了第二届企业社会责任优秀案例发布，收集优秀案例 219 件，同时出版了《责任之道——企业社会责任优秀案例集》。2014 年 12 月，第三届企业社会责任优秀案例活动升级为中国企业社会责任卓越奖，并提出了"助力企业社会责任项目从优秀到卓越"的使命，优秀社会责任案例库也积累案例超过 600 件，成为中国最大、最系统的企业社会责任案例库之一。

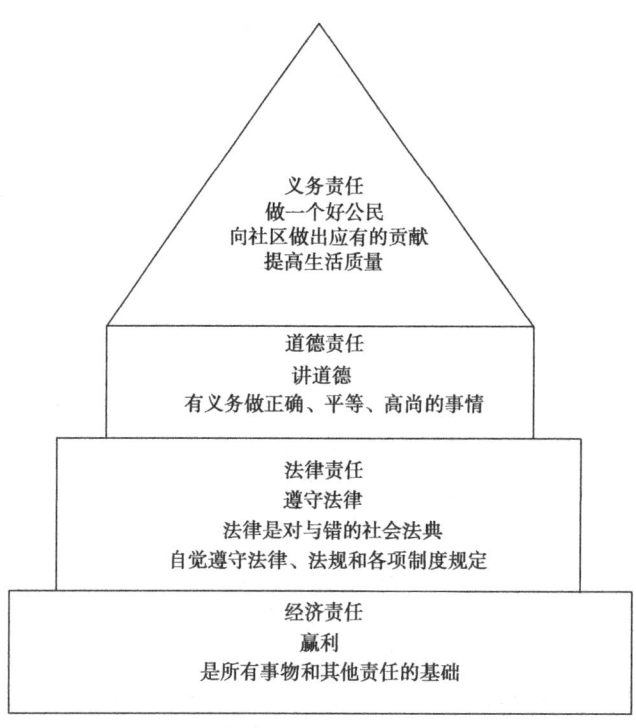

图 3.1 企业社会责任的金字塔

3.2.2 企业社会责任的具体体现

1. 企业对环境的责任

企业既受环境的影响又影响着环境。从自身的生存和发展角度看，企业有承担保护环境的责任。企业对环境的责任主要体现在以下几个方面。

① 企业要在保护环境方面发挥主导、示范作用。有社会责任的企业有着强烈的环境保护意识，它们积极采用生态生产技术。生态生产技术主要是指利用生态系统的物质循环和能量流动原理，以闭路循环的形式，在生态过程中实现资源合理而充分的利用，使整个生产过程保持高效的生态效率和环境的零污染。企业要紧密跟踪生态生产技术的研究进展，在条件许可的情况下，将最新的生态生产技术应用到生产中，使研究出来的生态生产技术能尽快转化为生产力，造福于人类。在这样做的过程中，企业自身的发展得到了有力的保证。

② 企业要以"绿色产品"作为研究和开发的主要对象。企业研制并生产绿色产品既体现了企业的社会责任，又推动了"绿色市场"的发育，也推动着环保宣传教育，可提高整个社会的生态意识。

③ 企业要治理环境。污染环境的企业要采取切实有效的措施来治理环境，"谁污染谁治理"，不能推诿扯皮，更不能采取转嫁生态危机的不道德行为。

2. 企业对员工的责任

员工是企业最宝贵的财富，也是最宝贵的资源。企业对员工的责任主要体现在以下几个方面。

① 不歧视员工。现代企业的一个显著特征是员工队伍的多元化。为了调动各方面的积极性，企业要同等对待所有员工，不搞三六九等。

② 定期或不定期培训员工。决定员工（尤其是高素质员工）去留的一个关键因素是员工能否在本企业中得到锻炼和发展的机会。有社会责任的企业不仅要根据员工的综合素质，把他安排在合适的工作岗位上，做到人尽其才，才尽其用，而且在工作过程中，还要根据情况的需要，对他进行培训，如送他到国外或到国内的学校、科研机构、兄弟单位学习深造。这样做既满足了员工自身的需要，也满足了企业的需要。因为通常情况下，经过培训后的员工能胜任更具挑战性的工作。

③ 营造一个良好的工作环境。工作环境的好坏直接影响员工的身心健康和工作效率。企业不仅要为员工营造一个安全、关系融洽、压力适中的工作环境，而且要根据本单位的实际情况为员工配备必要的设施。

④ 善待员工的其他举措。例如，推行民主管理，提高员工的物质待遇，对工作表现好的员工予以奖励等。总之，对待员工要做到事业留人、待遇留人、感情留人。

3. 企业对顾客的责任

"顾客是上帝"，忠诚顾客的数量以及顾客的忠诚程度往往决定着企业的成败得失。企业对顾客的责任主要体现在以下几个方面。

① 提供安全的产品。安全权利是顾客的一项基本权利，也是顾客的第一需要。企业不仅要让顾客得到所需要的产品，还要让他们得到安全的产品。产品的安全越来越受到企业尤其是知名企业的重视。

② 提供正确的产品信息。企业要想赢得顾客的信赖，在提供产品信息方面不能弄虚作假，不能欺骗顾客。

③ 提供顾客需要的产品。这里有一个故事可以说明问题：有一位学者，在一家名牌鞋店买皮鞋。所喜欢的皮鞋最合脚的尺码卖完了，于是他选了一双小一号的，但穿着有点紧。学者心想，反正皮鞋会越穿越松，于是要掏钱购买，可售货员拒绝卖给他，理由是顾客试穿时表情不对劲。售货员说，"对不起，我不能将您买了会后悔的鞋子卖出去。"

④ 提供优质的售后服务。企业要重视售后服务，要把售后服务看作对顾客的承诺和责任，如海尔的"红地毯"服务；要建立与顾客沟通的有效渠道，如设立意见箱、热线电话等；及时解决顾客在使用本企业产品时遇到的问题和困难，如新飞的"绿色通道"服务等。

⑤ 提供必要的产品使用指导。在产品使用前或过程中，企业要尽可能为顾客提供培训或指导，帮助他们正确地使用本企业的产品。再举一个小例子说明这一问题：在新加坡餐厅就餐，当顾客所点饭菜超过了他们的食用量时，服务员会及时善意地提醒顾客所点饭菜已经够用。在我国深圳、广州、上海等大城市的饭店里已经开始出现点菜师为顾客提供服务。

⑥ 赋予顾客自主选择的权利。在市场经济下，顾客拥有自主选择产品的权利。政府和企业都不能限制竞争，以防止垄断或限制的出现给顾客带来的不利影响。

4．企业对竞争对手的责任

在市场经济下，竞争应是一种有序竞争。企业不能压制竞争，也不能搞恶意竞争。企业要正确处理与竞争对手的关系，在竞争中合作，在合作中竞争。有社会责任的企业不会为了一时之利，通过不正当手段挤垮竞争对手。

5．企业对投资者的责任

企业首先要为投资者带来有吸引力的投资报酬。那种只想从投资者手中获取资金，却不愿或无力给投资者以合理报酬的企业是对投资者的不负责，注定会被投资者所抛弃。

此外，企业还要将其财务状况及时、准确地报告给投资者。企业错报或假报财务状况，都是对投资者的欺骗。

6．企业对所在地区的责任

企业不仅要为所在地区提供就业机会和创造财富，还要尽可能为所在地区做出更多贡献。有社会责任的企业意识到通过适当的方式把利润中的一部分回报给所在地区是其应尽的义务。它们积极寻找途径参与各种社会活动，通过此类活动，不仅回报了社会，还为企业树立了良好的公众形象。

3.2.3　企业承担社会责任的缘由

1．满足公众期望

自20世纪60年代以来，社会对企业的期望值越来越大，现在有很多人支持企业应追求经济效益和社会效益双重目标。

2．增加长期利润

有社会责任的企业能可靠地获取较多的长期利润，这在很大程度上归因于责任行为所带来的良好社区关系和企业形象。

3．承担道德义务

企业能够并且应该具有社会意识。企业承担社会责任不仅是道德上的要求，而且也符合自身的利益。

4．塑造良好的公众形象

企业在公众心目中的良好形象对企业的好处是多方面的，如使销售额上升，雇用到更多更好的员工，更容易筹集到资金等。由于公众通常认为社会效益目标是重要的，企业通过追求社会效益目标就能够塑造一个良好的公众形象。

5. 创造良好的生存和发展环境

参与社会活动有助于解决比较棘手的社会问题，有助于提高生活质量和改善所在社区的状况，这种良好的环境适合企业的生存和发展。

6. 减少政府的进一步管制

政府管制使经济成本上升并使管理者的决策缺乏一定的灵活性。企业承担社会责任可以减少政府管制。

7. 责任和权利相对称

企业在社会中拥有很多权利，根据权利和责任对等的原则，企业必须承担同样多的责任。

8. 符合股东利益

从长期看，社会责任会有利于提升企业的价值和形象。有社会责任的上市公司通常被认为是风险较低、透明度较高的企业，从而股东持有该公司的股票就会获得较高的收益。

9. 拥有资源

企业拥有财力资源、技术专家和管理才能，可以为那些需要援助的公共工程和慈善事业提供支持。

10. 未雨绸缪

预防胜于治疗，社会问题必须提早预防，不能等到问题已变得相当严重，处理起来较困难时才采取行动。

3.2.4 企业社会责任与经营业绩

在本节最后，判断一下社会责任与经营业绩之间的关系。我们认为，这种判断是有必要的，因为社会上有一些人担心企业承担社会责任会有损于其经营业绩。这种担心乍看起来似乎有点道理，因为在大多数情况下，社会责任活动确实不能补偿成本，这意味着企业要额外支付成本，从而损害了其短期利益。但在我们看来，企业在力所能及的范围内进行一些社会责任活动相当于投资。虽然短期内这种投资或许牺牲了企业的经营业绩，但从长期看，这种投资会改善企业在公众心目中的形象，吸引大量人才等，并可以增加收益，而且所增加的收益足以弥补企业当初所额外支付的成本。从这种意义上讲，企业在利他的同时也在利己。上述判断已基本上被实践和研究所证实，尽管在社会责任和经营业绩的度量方面存在一些困难。权威研究认为："大多数研究表明，在公司的社会参与与经营业绩之间有着正比的相关关系。"从而最有意义的结论是："没有确凿的证据表明，公司的社会责任活动会显著损害其长期经营业绩。"

任务 3.3　企业对道德和社会责任的反应

3.3.1　企业对社会的反应

企业对社会责任采取的不同语言和行为被称为企业的社会反应，有时用首字母缩写 CSR1 和 CSR2 来对它们进行区别。CSR1（企业的社会责任）是原则、责任、追求和信仰。CSR2（企业的社会反应）是企业选用的方法和采取的行动。如表 3.1 所示的内容是企业对社会的反应所进行的总结。

表 3.1　企业对社会的反应所进行的总结

级　　别	姿态或战略	表　　现
①反应的	否认责任	比要求的做得少
②自卫的	承认但抗拒责任	按要求的最低标准做
③一致的	接受责任	按所有的要求去做
④主动的	预测责任	做得比要求的多

无论是在学术界还是企业界，对企业的社会责任和企业的社会反应都有各自的评论。评论认为这些概念来自企业界外部，太偏重于价值，阐述不够并且含混不清。因此，对许多人来说，这些概念还不如利益相关者有用。对管理者来说，他们不是要和社会保持关系，而是要和股东保持关系。

利益相关者考虑的是关键的利益和关系到其利益的具体问题。对每一个管理者来说，利益相关者包括公司、雇员、持股人、顾客、供应方和公共利益相关者。公司的问题包括经济绩效、组织使命和目标、竞争环境和公司的规范。雇员的问题包括补偿和奖励、健康与援助项目、请假、开除与上诉、终止合同与解聘、歧视、家庭住房、安全、职业规划等。股东的问题包括股东权益、沟通、抱怨、产品安全、服务等。供应商的问题包括相关权利、待遇等。公共问题包括健康与安全、节能、公共政策、环境问题、参与公共政策、社会捐助和社区关系等。

3.3.2　企业对社区的反应

企业管理层在社区服务方面，传统上只是为社区进行一些义务投资和花一些时间参加有关活动，这些活动能带来政治交流、信誉和市场利益。一般情况下，最大的慈善捐助者是那些在当地最有名的企业，如银行、零售商、保险公司等。一位银行行长说道："社区服务有助于我们培养顾客来源，只有在社区充满活力时，我们才会有顾客。"

今天的企业在从事社区活动中更加积极、更加主动、更加注重追求影响。一位知名企业领导者讲道："我们要与众不同，而不是只承担一个角色。我们过去做得太杂，而且水平太低，起不了什么作用，现在我们要调整投资。"还有许多企业家尽力去做有分量的事，支持那些既赚钱又利于其企业发展的事业，让人们认识到他们的贡献。

例如，有一家图书出版商开展读书识字赞助活动，为一个儿童医院图书馆捐书、捐钱。美国莲花公司用信息技术项目帮助黑人社区，当进入南非软件市场时，向列在培训计划中的黑人提供实习机会。

社区服务也在不断地提高企业的利益。在企业慈善事业活动中，企业领导者时常能够得到表现的机会。他们的社区也能获利并为拥有这样的企业而感到自豪。

3.3.3 企业对政治环境的反应

企业管理者会利用公共政策、政治法律、政治社会新形势来配合他们的社会责任。他们也会认识到有必要影响那些构成公共政策的法律和制度规定。因此，这些企业组织企图影响政治环境，以在道德和责任的前提下达到自己的主要目标。

许多先进的企业意识到：政府是企业或整个行业竞争优势的来源。例如，政府可对一些即将失败的企业给予补贴或政策扶持，也可以向一些企业提供税收优惠。国家专利局可以保护创新的产品或生产加工技术，可以通过立法支持某行业的定价以保证其利润和维持生存，政府政策还可以表现出对国家某一地区的企业发展有利。

> **小资料**
>
> 2018年5月19日，郑州市政府办公厅发布《郑州市开展企业成长促进行动实施方案》（以下简称《方案》），明确3年内将通过政策和资金支持培育壮大各类企业群体。《方案》规定，郑州市要以县（市）区为单位，建立新转小微企业重点培育清单，支持个体工商户新转为小微企业，重点在税费无负担过渡、权证无成本变更、转后跟踪服务等方面给予政策支持；建立新升规上企业重点培育清单，引导企业依法纳入规上企业统计，全面落实小微企业各项税收优惠政策，鼓励各地在专项资金扶持、融资服务、财政奖补等方面完善配套政策，加大对小微企业的扶持力度；建立新晋上市挂牌企业重点培育清单，将符合条件的企业优先推荐纳入市定上市后备企业名录，重点在降低股份制改造成本、引进培育高水平中介机构、实施精准辅导培训等方面完善支持政策。与此同时，建立新设独立法人机构重点培育清单，鼓励引导在当地开展业务的基金类、融资租赁类、小额贷款类、典当交易类金融市场主体，区域分拨和城市配送快递企业，中小型电子商务企业，企业或科研院所内设研发机构，以及房地产开发项目单位、PPP项目市（境）外社会投资方等市（境）外市场经营主体在郑州市设立独立法人机构，重点在资金补助、业务承揽、项目招标、园区入驻等方面强化政策扶持。
>
> 资料来源：中国中小企业信息网

企业参与公共事业可以增强企业的合法性。公司只有在其目标、目的和手段上都与社会的目标、目的、手段保持一致才能够有效和合法。因为广阔的社会体系才是企业实现所追求目标的舞台。企业必须对社会的价值观和期望非常敏感。这些期望以社会标准、法律、条例的形式控制着企业的行为。经常忽视或违背这些期望将导致企业失去支持并被限制发展。

3.3.4 企业对自然环境的反应

当前,企业领导者在管理中所面临的一个新的、急切必须履行的责任,就是要在企业活动和我们生存的自然环境之间建立起一种新的关系,停止对环境的破坏并改变过去行为的影响。

环境问题所涉及的面很广,影响也很巨大。要想有效地管理环境,需要重视效率、效果及长期目标。考虑环境问题必须把技术、道德、社会责任和竞争等问题结合起来。

目前,对人类影响最普遍的是工业污染,其中包括空气污染、烟雾、全球变暖、臭氧层稀薄、酸雨、有毒的废弃物垃圾、工业事件和危险产品等。据记载,仅在美国就有 30 000 多个有毒废弃物垃圾场未得到控制,且其数量以每年 2 500 个左右的速度增加,这种情况在我国及世界其他很多地方更为糟糕。

环境问题归根于人口急剧的增长和经济的快速发展。这些问题不是单一企业所能左右的,超出了其能力管辖范围。但是企业拥有丰富的资源,如技术、人才和全球性营销网络,是一种可以帮助创造可持续发展的世界的组织。拥有共同生态观点的企业网络可以联合企业的力量,采取力量强、影响大的行动。许多公司联合行动不仅有能力解决环境问题,而且有可能发现新的商机。现在许多行业在将其注意力转向保护环境的同时,也在寻找商业史上最大的机会。

小资料

自 2007 年以来,明盛公司在废水处理措施未经环境影响评估,未经申报登记、验收的情况下,擅自在厂区外东侧腾格里沙漠采用"石灰中和法"处置工业废水。明盛公司于 2011 年 5 月 11 日取得排放污染物许可证,有效期限至 2014 年 4 月 30 日。明盛公司在排放污染物许可证到期后,仍继续非法排污。至 2014 年 9 月被责令关闭停产时,该公司厂区外东侧腾格里沙漠渗坑内存有大量工业废水。经宁夏环境监测中心站对现场废水取样检测认定,废水中多项监测因子超过国家排放标准。宁夏回族自治区中卫市沙坡头区人民法院一审认为,明盛公司违反国家有关环境保护的规定,非法排放、处置有毒物质,严重污染环境,明盛公司及其负责人的行为均已触犯刑律,构成污染环境罪。

资料来源:《天津日报》

项目小结

企业道德和社会责任是现代企业管理中不可回避的重要问题。企业道德是指企业界的行为道德准则和标准。影响企业人员道德素质的因素有很多种,提高员工道德素质的途径也有很多种。

企业的社会责任是指企业在追求自身利益时,应考虑社会的整体利益和他人的利益,并承担相应的社会义务,表现为企业对社会的适应与参与。它具体体现在企业对利益相关主体的责任。不同的企业对不同的环境会做出不同的社会责任反应。

项目训练

一、单项选择题

1. 企业对社会责任采取的不同语言和行为被称为企业的（　　）。
   A．道德　　　　B．社会责任　　　　C．社会义务　　　　D．社会反应
2. 大量证据表明，企业的社会责任与其长期利润之间的关系呈现（　　）。
   A．正相关性　　B．负相关性　　　　C．没有明显关联　　D．无法判断
3. 如果企业只是承担法律和经济上的义务，这意味着该企业履行了它的（　　）。
   A．社会义务　　B．社会责任　　　　C．社会反应　　　　D．社会公德

二、多项选择题

1. 道德的功能包括（　　）。
   A．认识功能　　B．调节功能　　　　C．教育功能
   D．评价功能　　E．平衡功能
2. 企业对顾客的责任包括提供安全的产品、提供正确的产品信息以及（　　）。
   A．提供优质的售后服务　　　　　　B．提供必要的产品使用指导
   C．赋予顾客自主选择的权利　　　　D．提供顾客需要的产品

三、判断题

1. 如果有一个好的道德环境，那么人们在道德方面就会做得更好。（　　）
2. 社会责任就是社会义务。（　　）

四、简答题

1. 简述企业道德培训和道德体系建设。
2. 企业社会责任具体应包括哪几个方面？

五、论述题

赞成与反对企业承担社会责任者的争论焦点是什么？你站在哪一方？为什么？

项目实训

企业爱财，取之有"盗"

在1990年年初，罗布科·西尔斯公司并未打算欺骗其汽车服务的顾客，雇员们也未必想欺骗顾客。然而一旦公司施行高压和以不现实的指标进行刺激时，人们的判断力和道德标准就会受到影响，对不一定要做的服务与法定的义务就会出现不清楚的界定。顾

客经常受到冷遇和拖延,更有甚者,修理选择的"灰色区"被夸大,甚至被错误地陈述。公司可能无意欺骗顾客,但结果是40多个州的顾客和大法官都对公司的欺骗行为进行了指控。

请根据案例所给的内容,回答下列问题:

1. 通过案例,你认为罗布科·西尔斯公司面临的主要问题是什么?

2. 罗布科·西尔斯公司应进行怎样的组织变革?社会和政府应该采取怎样的永久措施加以防范和杜绝类似事件?

3. 请同学们进行一次社会实践,考察一下我国汽车服务企业的服务质量和道德状况,并提出解决对策。

经营管理篇

项目4 市场调查与市场预测

学习目标

通过本项目的学习，了解市场调查的内容、作用；掌握市场调查的步骤及方法；了解市场预测的基本步骤；理解德尔菲法的基本精髓；掌握简单平均法、直线趋势法和季节比率法等预测方法。

案例导读

男人长胡子，因而要刮胡子；女人不长胡子，自然也就不必刮胡子。然而，有一家公司却把"刮胡刀"推销给女人，居然大获成功。

吉列公司创建于1901年，其产品因使男人刮胡子变得方便、舒适、安全而大受欢迎，至20世纪70年代，吉列公司已成为世界著名的跨国公司。然而吉列公司并不满足，而是想方设法继续拓展市场。就在1974年，公司推出了面向妇女的专用"刮毛刀"。

这一行为看似荒谬，却是建立在坚实可靠的市场调查的基础之上的。吉列公司进行了为期一年的周密的市场调查，发现在美国30岁以上的妇女中，有65%的人为保持美好形象，要定期刮除腿毛和腋毛。这些妇女主要使用脱毛剂和各种男士刮胡刀来满足此项需要，每年花费高达7 500万美元。相比之下，美国妇女一年花在眉笔和眼影上的钱仅有6 300万美元，染发剂5 500万美元。毫无疑问，这是一个极有潜力的市场。

根据市场调查的结果，吉列公司精心设计了新产品，它的刀头部分和男士刮胡刀并无两样，但是刀架则选用了色彩鲜艳的塑料，并将握柄改为弧形以利于妇女使用，握柄上还印压了一朵雏菊图案。这样一来，新产品立即显示了女性的特点。

为使雏菊刮毛刀迅速占领市场，吉列公司还拟定了几种不同的"定位观念"到消费者之中征求意见。这些定位观念包括：突出刮毛刀的"双刀刮毛"，突出其创造性的"完全适合女性需求"，以及表明产品使用安全的"不伤玉腿"等。最终公司选择了"不伤玉腿"作为推销时突出的重点，通过广告刻意宣传。结果，雏菊刮毛刀一炮打响，迅速畅销全球。

市场调查研究是经营决策的前提，只有充分认识市场，了解市场需求，对市场做出科学的分析判断，决策才具有针对性，从而拓展市场，使企业兴旺发达。

任务 4.1　市场调查

4.1.1　市场调查的作用

调查，是指为了解某种情况而进行的考察活动，它是人们认识事物和认识社会的重要方法。市场调查，是指为了把握市场状况，支撑经营决策和计划而有计划地收集、整理和分析有关客户、合作伙伴和竞争对手等方面信息所进行的各项工作。市场调查是市场营销乃至整个经营活动的起点，具有十分重要的作用。

1. 有利于开拓新的市场

市场环境的变化，往往可以影响和改变消费者的购买动机和购买行为，给企业带来新的机会或挑战。通过市场调查，企业可以发现消费者尚未满足的需求，了解市场现有产品及营销策略的状态，从而不断开拓新市场。

2. 有利于制定正确的市场营销策略

企业制定市场营销策略的重要目的在于扩大市场，获得最佳经济效益。企业选择哪个目标市场？用什么产品？定什么价格？采用什么营销手段？这些都是企业在制定市场营销策略时所需要考虑的问题。如果企业不进行市场调查，不了解市场的变化，就难以制定出正确、切合实际的市场营销策略。

3. 有利于制定正确的经营决策

一个企业能否生存及发展，主要是看该企业的经营决策是否正确，而决策的正确与否，直接关系企业经营管理的成败，而决策的正确性又直接取决于占有信息量的多少和信息的准确程度。因此，就需要运用科学的方法，进行市场调查。

> **小资料**
>
> 毛泽东在1930年5月撰写的《反对本本主义》一文中指出："没有调查，没有发言权；调查就是解决问题；……中国革命斗争的胜利要靠中国同志了解中国情况……"
> 1931年4月2日毛泽东在《总政治部关于调查人口和土地状况的通知》中，对"没有调查，没有发言权"的论断做了补充和发展，提出"我们的口号是：一，不做调查没有发言权。二，不做正确的调查同样没有发言权。"

4.1.2 市场调查的类型与内容

1. 市场调查的类型

市场调查从不同角度来看，可以有不同的类型。所调查的性质不同、目的不同，调查方式也不同。按调查方式来分，市场调查可分为以下三种类型。

① 探测性调查。探测性调查是指当企业对市场情况不了解时，为了找出问题的症结，明确进一步调查的内容及重点所采取的试探性的调查。它主要是通过调查设法找出问题，查明原因，明确问题的关键。一般来说，由于企业对市场了解有一个从不熟悉到熟悉的过程，因此探测性调查是必不可少的。

② 描述性调查。描述性调查是指针对所需要调查的问题，采用一定的方法，如实地进行描述和反映。一般是进行实地调查，收集第一手资料，摸清问题的过去和现状，从中找出解决问题的办法和措施。

③ 因果性调查。因果性调查是指在描述性调查提出的各种相关因素的基础上，进一步研究各问题与各因素之间的因果关系及变动规律。例如，影响企业销售额的原因不仅有产品性能、价格，还有促销力度及竞争对手的市场营销策略。

> **小资料**
>
> 2008年夏天，世界上第一张用于遗传性耳聋基因检测的芯片在我国问世，通过一滴血，就能检测其是否携带耳聋基因突变位点。
>
> 耳聋居于各种残疾之首，在我国每年新生的聋儿中，有一半是由于遗传性因素导致的。在现实中，作为世界上第一张耳聋基因检测芯片，问世五年仍没有大量用于临床、没能造福给需要的患者，这又是为什么呢？
>
> 资料来源：央视网

二维码材料：4-1 耳聋基因芯片调查

2. 市场调查的内容

市场调查的内容十分广泛，在企业从决定开发某种产品，直到产品到达消费者手中的整个生产经营过程中，都需要大量的信息资料。其中，有些需要经常、连续不断地收集，有些是定期收集，有些则是需要时收集。

企业市场调查的内容主要有以下几个方面。

① 产品调查。主要包括：新产品开发（新产品的设计、开发、测试等方面的调查）；现有产品改造；产品质量（顾客对产品品种、结构、性能、造型及包装方面的需求）；新老产品的定价和调价及消费者对价格变动的反应等。

② 顾客购买行为和购买能力的调查。消费者的购买行为包括消费习惯、购买时间及购买地点等；购买能力体现于消费者收入、收入发展趋势及消费结构。

③ 销售量调查。销售量调查包括两个方面：一是潜在需求，包括需要什么、需要多少、何时需要、产品的市场潜量与销售潜量；二是市场占有率及其变化的调查。

④ 促销调查。促销调查包括三个方面：一是做好各种促销方式的选择和效果的调研；二是开展销售渠道选择及效果调查，包括运输方式、运输设备及仓储地点等；三是做好与企业形象的设计及塑造相关的调研工作。

⑤ 竞争调查。竞争调查包括两个方面：一是调查竞争对手，包括竞争对手的产量、技术力量和管理水平，竞争对手的营销策略及手段等；二是调查竞争产品，包括产品品种、数量、质量、价格、交货期等。

4.1.3 市场调查的程序

市场调查必须依照一定的科学程序有步骤地进行，通常包括五个阶段：确定调查目的、拟订调查方案、收集信息、处理和分析信息、撰写调查报告，如图 4.1 所示。

图 4.1 市场调查程序

1．确定调查目的

确定调查目的是指要明确为什么要进行市场调查。这是市场调查的第一步。市场调查的组织者必须明白市场调查要达到的目的，这有助于准确地确定调查的对象以及所需要调查的问题。如果市场调查的目的还没有搞清楚，就开始市场调查，必然会使市场调查工作成为一种浪费，给企业造成损失。

2．拟订调查方案

对市场调查工作的基本要求是：准确、全面、及时。所谓准确，是指所获得的市场信息能反映实际的情况和问题。所谓全面，是指没有遗漏调查项目，调查的个体对总体也有足够的代表性，也就是说，调查的结果不能以偏概全。全面性不是指调查获得的资料多，如果没有用的信息太多不仅会增加调查的工作量，还会淹没有用的信息，给信息的使用者造成不便。对市场调查工作的要求，还要加上一条，就是节省、节约。市场调查要提高效率，节省时间、节约调查的费用。市场调查方案的设计就是要保证实现上述要求。

调查方案是对调查工作的计划和安排，它明确规定了市场调查的目的、市场调查的对象、市场调查的项目、收集信息所要使用的表格、信息收集和整理方法、市场调查的组织领导机构、调查人员配备与培训、工作进度及费用预算等内容。

3．收集信息

收集信息是市场调查人员通过各种科学的方式获取所需信息的工作过程，根据获取资料的加工程度不同，可以分为第一手资料和第二手资料。

① 第一手资料。第一手资料又称原始资料，是指调查者直接向调查对象收集所需要的信息，然后进行必要的加工、整理和分析的资料。第一手资料有较强的针对性，可以

对获得信息的过程进行质量控制，保证信息的适用性和准确性。但收集第一手资料需要较多的费用和花费较长的时间。

因为收集第一手资料费用高，所以企业要采用合适的第一手资料的调查方法，在保证调查质量的前提下，尽量减少调查的费用。不同类型调查的特点如表 4.1 所示。

表 4.1 不同类型调查的特点

调查类型	特点						
	费用	时间跨度	采访者探询	对采访者的管理控制	总体资料质量	收集资料能力	处理复杂调查问卷能力
登门采访	高	中	是	低	高	高	高
现场采访	中	中	是	中	中	中	中
电话采访	中	快	是	高	高、中	中、低	高
信函调查	低	慢	否	不适用	中、低	低	低

② 第二手资料。第二手资料又称为文献资料，是指国家统计局、专业管理部门、行业协会、咨询管理公司或科研机构，以及个人发布在报纸、杂志、电视、网络等媒体上的关于某一个问题的调查成果。收集第二手资料具有节省经费、节约时间的优点，但第二手资料在研究的对象、时空范围、研究的主要问题、统计指标设置等方面不一定符合特定市场调查任务的要求。

使用第二手资料一定要注意资料的时效性，换句话说，就是所使用的资料要尽量新。使用第二手资料还要注明资料的出处和作者，这不仅是对资料研究者的尊重，也可反映出我们严谨、科学的态度，便于读者考究第二手资料的可信性、准确性。

小资料

许多中小企业没有设立专门的市场调查部门，企业的高级管理人员、市场营销人员、材料和设备的采购人员不仅要做好相关的业务工作，也有义务经常收集影响企业经营活动的信息，并将影响企业经营的重要信息及时报告相关领导。对于影响企业经营决策的重要信息的收集，在经费允许的条件下，企业还可以委托专业机构进行。

4．处理和分析信息

收集信息资料之后，调查人员接下来需要对收集的资料进行归纳分类和汇总，计算所需要的统计指标或建立必要的统计分析、预测模型。根据数据，分析现象的本质和原因，预测未来的发展状况。随着 IT 技术的发展，使用计算机和专业的软件来解决这一问题，可以减轻计算的工作量，提高工作的效率和调查结果的准确性。

5．撰写调查报告

信息资料分析完成以后，调查人员必须撰写调查报告，向需要调查资料的领导和市场营销管理等部门报告市场调查的结果。

> **小资料**
>
> 当市场调查和分析工作结束之后,我们应当将调查成果展示出来。市场调查报告应有明确的观点或主张,清晰的条理,充分、有力的数据分析。市场调查报告内容一般应包括市场调查目的、市场调查对象、市场调查方法、市场调查数据分析等。
>
> 调查方案和数据收集是写好调查报告的基础,而数据分析是做好市场调查的关键和市场调查报告的主要部分。数据分析将复杂的数据变成简单、清晰的图表,能非常直观地将研究成果展示出来。图表能够让人一目了然地了解数据所表达的含义。图表越复杂,传递信息的效果就越差。柱状图表、条形图表、饼形图表、线形图表是最常用的图表形式。

4.1.4 市场调查的方法

市场调查的方法,通常可按以下两种方法进行分类。

1. 按选取的调查单位不同分类

根据调查的组织形式不同,调查可以分为全面调查、典型调查、重点调查和抽样调查四种,这四种调查方式选取的调查对象以及选取调查对象的方法是不同的。

(1) 全面调查方法

全面调查方法是指对所有个体无一遗漏地进行调查,亦称普查方法。全面调查所获得的信息准确度高,但耗费人力、财力及物力,并且时间长。做市场调查时,当调查对象包括的个体数量庞大,对调查数据准确性和把握程度要求不高的情况下,可以采用抽样调查等非全面调查方法。

(2) 典型调查方法

典型调查方法是指根据调查目的,有意识地选择若干具有代表性的单位或人进行调查,以达到了解成功经验、失败教训或推算总体的数量的一种调查方法。

典型调查的关键在于如何正确选择典型。这种方法适用于调查的总量庞大,而调查人员对总体情况非常了解,能较为准确地选择具有代表性的调查个体的情况。这种调查方法的优点是:第一,可获得真实、丰富的资料;第二,所需费用较少。这种调查方法的局限性是所选择的典型必须具有代表性,否则调查的结果不具有代表性,即结论不可靠或不准确。

(3) 重点调查方法

重点调查方法是指在调查对象中选择一部分对全局具有决定性作用的重点单位进行调查,以了解总体的基本情况。例如,全国有上百个钢铁公司,只要重点调查产量排在前面的一二十家大钢铁公司,就可了解全国的钢铁生产的基本情况。重点调查方法适用于调查目的只要求掌握基本情况,调查问题比较单一,并且少数个体的数量对整体有重要影响的情况。

(4) 抽样调查方法

抽样调查方法是指从总体中按随机原则抽取一部分单位作为样本,然后根据对样本的调查结果来推断总体的数量的一种调查方法。这种方法以数理统计学为理论基础，具有节约调查费用的优点，在国外备受重视。市场调查中多数采用此方法。

抽样调查根据选取调查单位的方法不同又可以分为以下几种。

① 简单随机抽样。该方法是指按随机原则从总体中抽取样本进行调查的方法，即总体中的每个个体均有被抽取的机会。因此，样本具有很好的代表性。它适用于总体单位数不大且总体分布均匀的情况。

② 机械抽样。机械抽样也称等距抽样，即先把总体的各个个体按一定标志排列，然后按相等的间隔抽取样本。这种抽样方法不仅可以使抽样工作变得比较简单，而且在对个体按有关标志排列的情况下，还可以缩小抽样误差。

③ 类型抽样。由于总体中的各个个体差异较大，先用与所研究问题有关的标志，把被研究总体划分为性质相近的各组，然后各组内再采用简单随机抽样或机械抽样的方法。这种抽样，在样本容量一定的情况下，可以缩小抽样推断的误差。

④ 整群抽样。这种抽样方法是按个体的聚集情况，一次从总体中抽取若干个个体，而不是一个个体进行抽取。这种抽样方法可以减少抽样的工作量。

2．按收集资料的方法进行分类

（1）询问法

询问法是指按预先准备好的调查表或问题向被调查者了解情况、收集信息的方法。询问的方式主要有以下几种。

① 口头询问。口头询问即面对面询问，不仅能当面听取被调查者的意见，还可察言观色，发现新问题。它的优点是直观、灵活及回答率高。缺点是花费人力和时间较多，调查结果受询问技巧及直观因素的影响。

② 电话调查。电话调查是指调查人员通过电话向被调查者征求意见的方法。其优点是方便、迅速、省时、省力；其缺点是通话费用高，问题只能得到简短的回答。

③ 互联网调查。该方式的主要优势是能实时报告，互联网可将调查表同时发送给成千上万的潜在回应者，可明显降低成本；用互联网调查所用的时间是电话调查所用时间的一半，回应者的参与性高，某些群体如医生、高收入的专业人员及高层管理人员，既是经常需要被调查的人员，又是难以联系、难以接触的调查对象，通过互联网就比较容易接触。另外，利用手机上网进行调查也是一个新的、不错的调查方式。

（2）观察法

观察法是指调查人员到现场对调查对象的情况进行观察并记录的方法。采用这种方法进行调查时，调查人员除了直接进行观察外，还可以利用各种仪器对调查对象的活动和现场进行记录。该方法的优点是调查的结果真实可靠，有时还可收集到用询问法无法取得的信息资料；缺点是观察费时间、调查费用较高，有些要调查的内容不能观察出来，如购买动机和意向。

（3）实验法

实验法是指通过实验对比来取得市场情况第一手资料的调查方法。采用此法可在给定的条件下，对市场营销活动的某些规律及其变化，加以实际验证、分析，从而获得直接资料。实验法应用范围广，像产品试销、变换产品包装、调整产品价格及商品陈列变动等，均可采用该方法来测试其效果。

在市场调查中，企业可根据调查问题的性质，决定采用哪一种方法，或同时采用哪几种方法。

任务 4.2　市场预测

4.2.1　市场预测的概念及类型

1．市场预测的概念

市场预测是指根据市场调查获取的信息和事物的发展、变化的客观规律，采用科学、有效的方法，对影响市场营销决策的重要因素在未来一段时期内的数量特征或状态做出定量或定性的描述。

> **小资料**
>
> 市场预测产生的历史悠久。根据《史记》记载，公元前 6 世纪—公元前 5 世纪，范蠡在辅佐勾践灭吴复国以后，即弃官经商。19 年之中三致千金，成为天下富翁，他的商场建树取决于他懂得市场预测。例如，"论其存余不足，则知贵贱，贵上极则反贱，贱下极则反贵。"这是他根据市场上商品的供求情况来预测商品的价格变化。

2．市场预测的类型

市场预测的范围极广，从企业经营角度看，市场预测可依据不同的标准分为不同的类型。

① 按预测时间的长短可分为长期预测、中期预测和短期预测。长期预测一般指 3 年以上的预测；中期预测指 1～3 年的预测；短期预测指 1 年以内的预测。

② 按预测范围的大小可分为宏观预测和微观预测。宏观预测是指对影响企业生产经营的宏观环境、商品生产及流通等方面的综合预测；微观预测是指影响企业生产经营的市场环境及企业的市场营销等各个方面的预测，主要包括商品生产、销售、市场占有率及经营效果等情况的预测。

③ 按预测所采用的方法可分为定性预测和定量预测。定性预测是根据调查资料和主观经验，通过分析和推断，估计未来一定时期内市场营销的变化，因此又称经验预测法；定量预测，即根据市场调查的有关内容资料，运用数学和统计方法，通过建立数学模型进行推算，对未来发展做出预测。

4.2.2　市场预测步骤

市场预测的主要步骤如下。

1. 确定预测目标

由于预测对象、期限及要求预测的精度等不同，预测所采用的方法也就有所不同，因此，确立预测目标的主要工作是明确预测项目及内容，规定预测的时间，选择预测方法。

2. 收集资料

预测能否准确取决于所收集资料是否完整及准确。在广泛收集资料的过程中，应注意资料的真实性和可靠性。

3. 预测分析

根据预测的要求，对资料进行科学的分析与判断。选择合适的方法，确定定量预测中的各种必要数据，根据历史资料及有关市场变化规律，建立数学模型进行预测分析。

4. 评估

由于预测要依据历史资料，同时建立的数学模型又是简化的模型，因此预测出现误差是不可避免的。必须对预测结果进行综合分析、跟踪观察及修正预测值。

4.2.3 市场预测方法

1. 定性预测法

定性预测法主要依靠预测者个人的知识、经验和有关资料，对某一现象未来一定时期内的发展趋势、性质等做出分析判断。定性预测法简便、易掌握，因而得到广泛采用，特别是进行多因素综合分析时，效果更显著。但定性预测法缺乏数据依据，使预测的准确性受到质疑。

（1）销售人员意见法

销售人员意见法，是指通过听取企业销售人员的意见来预测市场需求的一种方法。销售人员包括企业的营业员、推销员及营销经理等。由于销售人员经常深入市场，比较了解顾客和竞争者的动向，熟悉所管理地区的情况，因此预测出来的结果比较切合实际。但由于销售人员素质的差异、营销地域不同，可能造成对市场需求过分乐观或过分悲观的估计，可综合多个销售人员的意见，使预测结果趋向合理。

例 4.1 某企业的三位经理对明年的销售额做出了预测，三位经理的预测值如表 4.2 所示，求三位经理的综合预测期望值。

表 4.2 三位经理的预测值　　　　（单位：万元）

经理	销售状况	销售额	概率	期望值
甲	最高销售额	1 600	0.3	480
	可能销售额	1 400	0.5	700
	最低销售额	1 000	0.2	200

续表

经　理	销售状况	销售额	概　率	期望值
乙	最高销售额	1 700	0.3	510
	可能销售额	1 500	0.5	750
	最低销售额	1 200	0.2	240
丙	最高销售额	1 500	0.3	450
	可能销售额	1 300	0.5	650
	最低销售额	1 000	0.2	200

解：三位经理的预测期望值分别为

$E_甲 = 1\,600 \times 0.3 + 1\,400 \times 0.5 + 1\,000 \times 0.2 = 1\,380$（万元）

$E_乙 = 1\,700 \times 0.3 + 1\,500 \times 0.5 + 1\,200 \times 0.2 = 1\,500$（万元）

$E_丙 = 1\,500 \times 0.3 + 1\,300 \times 0.5 + 1\,000 \times 0.2 = 1\,300$（万元）

假设甲、乙、丙三位经理的业务素质有差异，而给定权数分别为 3、2、1，即业务素质高的给定的权数大，反之给定的权数小，那么三位经理的综合预测期望值为

$$E = \frac{1380 \times 3 + 1500 \times 2 + 1300 \times 1}{3+2+1} = 1\,406.67 \text{（万元）}$$

若三位经理的业务素质差异不大，其综合预测值计算按相同权数综合，即

$$E = \frac{1380 + 1500 + 1300}{3} = 1\,393.33 \text{（万元）}$$

(2) 专家意见法（德尔菲法）

专家意见法是指按规定的程序，背靠背征询有关专家对企业的技术和市场问题的意见，然后进行预测的一种方法。1946 年，美国兰德公司首次采用这种方法预测应用技术。目前，这种方法应用广泛，其具体步骤如下。

① 选定预测的问题。

② 选择专家，人数可根据预测问题的大小而定。

③ 用咨询的形式向专家提出所要预测的问题，各专家反馈问题时，不与其他专家交换意见。

④ 把专家的意见进行综合整理、归纳，再匿名反馈给各位专家，使所要预测的问题渐趋一致。

专家意见法的优点如下。

① 匿名性。在进行咨询时，各专家互不知晓，不受领导、权威的约束及干扰，可以充分发表不同意见。

② 反馈性。经过反复征询意见，对预测的问题研究得比较深透、细致。

③ 广泛性。征询人数多，预测得出的结论更客观、准确。

④ 收敛性。通过逐轮咨询，专家的意见会相对集中，得到一个相对较好的预测结果。

专家意见法的缺点是：该方法耗时较多，同时受专家主观因素的影响。因此，应用此法的关键是要选择合适数量和知识结构的专家，要保持专家的独立性。

2．定量预测法

定量预测是根据已收集到的大量信息资料，应用数理统计分析方法建立数学模型并进行计算，对未来的市场发展趋势做出预测的方法。

（1）季节比率法

该预测方法主要适用于短期预测，在一年之内研究对象随着春、夏、秋、冬四季交替而呈现有规律的变化（如用电量会随着季节的变化而变化），或者在变化周期小于一年的时间内有周期性变动的情况，例如，从星期一到星期日，商场的客流量在一周之内呈现有周期性的变化；一天之内的气温高低也会呈现有周期性的变化等。我们以变化周期为一年，预测期为 1 个月为例来说明季节比率法的应用。

例 4.2 某企业 2014—2017 年在甲地区每月的销售额如表 4.3 所示，若 2018 年 7—9 月的销售额分别是 8 290 万元、8 668 万元、8 386 万元，试根据上述资料预测该地区 2018 年 10—12 月的销售额。

表 4.3 某企业 2014—2017 年在甲地区每月的销售额　　（单位：百万元）

月份 年份	1月	2月	3月	4月	5月	6月	7月	8月	9月	10月	11月	12月
2014	20	16	21	26	31	40	58	63	62	49	30	22
2015	25	22	25	29	36	45	67	70	69	50	34	26
2016	30	29	31	36	41	52	71	78	76	55	38	29
2017	34	35	36	43	48	56	79	83	80	61	42	35

我们用 i 代表第 i 年，用 j 代表月份，将该企业 2014—2017 年在该地区各月的销售额分别用 $a_{i,j}$ 表示，如 2016 年（我们收集资料的第 3 年）9 月的销售额就用 $a_{3,9}$ 表示，m 表示统计的年份数量，n 表示统计的月份数量。

这种预测需要使用以下公式。

平均每月的销售额

$$\bar{a} = \frac{\sum_{i=1}^{m}\sum_{j=1}^{n} a_{i,j}}{m \times n} \tag{4-1}$$

第 j 月的同月平均销售额

$$\bar{a}_j = \frac{\sum_{i=1}^{m} a_{i,j}}{m} \tag{4-2}$$

第 j 月的季节比率

$$s_j = \frac{\bar{a}_j}{\bar{a}} \times 100\% \tag{4-3}$$

预测年度每月平均销售额的估计值

$$\hat{a} = \frac{\sum_{j=k}^{l} a_j}{\sum_{j=k}^{l} s_j} \tag{4-4}$$

第 j 月的预测值

$$\hat{a}_j = \hat{a} \times s_j \tag{4-5}$$

解：首先计算各月的季节比率。

$$\bar{a} = \frac{\sum_{i=1}^{m}\sum_{j=1}^{n} a_{i,j}}{m \times n} = \frac{20+16+21+\cdots+61+42+35}{4 \times 12} = \frac{2134}{48} \approx 44.46 \text{（百万元）}$$

$$\bar{a}_j = \frac{\sum_{i=1}^{m} a_{i,j}}{m} = \frac{20+25+30+34}{4} = \frac{109}{4} = 27.25 \text{（百万元）}$$

$$s_1 = \frac{\bar{a}_1}{\bar{a}} \times 100\% = \frac{27.25}{44.46} \times 100\% \approx 61.29\%$$

同理，可以求出 $s_2, \cdots, s_{12}$ 的值分别为 57.36%、63.54%、75.35%、87.72%、108.53%、154.64%、165.32%、161.39%、120.9%、80.98%、62.98%。某企业 2014—2017 年季节比率计算表如表 4.4 所示。

表 4.4　某企业 2014—2017 年季节比率计算表　　（单位：百万元）

年份\月份	1月	2月	3月	4月	5月	6月	7月	8月	9月	10月	11月	12月	合计
2014	20	16	21	26	31	40	58	63	62	49	30	22	438
2015	25	22	25	29	36	45	67	70	69	50	34	26	498
2016	30	29	31	36	41	52	71	78	76	55	38	29	566
2017	34	35	36	43	48	56	79	83	80	61	42	35	632
合计	109	102	113	134	156	193	275	294	287	215	144	112	2134
同月平均	27.25	25.5	28.25	33.5	39	48.25	68.75	73.5	71.75	53.75	36	28	44.46
季节比率	61.29	57.36	63.54	75.35	87.72	108.53	154.64	165.32	161.39	120.9	80.98	62.98	—

计算预测年度（2018 年）每月平均销售额的预测值

$$\hat{a} = \frac{\sum_{j=k}^{l} a_j}{\sum_{j=k}^{l} s_j} = \frac{8290+8668+8386}{154.64+165.32+161.39} \approx 52.65 \text{（百万元）}$$

2018 年 10 月的销售额的预测值 $\hat{a}_{10}$ 为

$$\hat{a}_{10} = \hat{a} \times s_{10} = 52.65 \times 120.9\% \approx 63.65 \text{（百万元）}$$

同样地，11月、12月销售额的预测值 $\hat{a}_{11}$、$\hat{a}_{12}$ 分别为 42.64 百万元和 33.16 百万元。

（2）直线趋势法

直线趋势法是指假定预测现象在预测期内，随时间变化而呈直线增长或下降趋势，根据过去几期的数据，运用最小平方法确定现象随时间变化的直线趋势模型参数，然后根据模型进行外推的预测方法。直线趋势法所使用的模型的基本形式为

$$\hat{y} = a + bx \tag{4-6}$$

式中：$\hat{y}$ ——预测变量；x——时间序号；a，b——待定系数。

确定待定系数 a，b 的方法是：使过去现象的实际值 y 与预测值的误差平方和 $\sum(y-\hat{y})^2 = \sum(y-a-bx)^2$ 为最小值，其计算公式为

$$a = \frac{\sum y - b\sum x}{n}, \quad b = \frac{n\sum xy - \sum x \cdot \sum y}{n\sum x^2 - (\sum x)^2} \tag{4-7}$$

为了使计算简化，在设置时间序号时，可使 $\sum x = 0$。使 $\sum x = 0$ 的具体方法是：若实际观察期 n 为奇数，则取 x 的间隔为 1，将 $x=0$ 置于所有观察期的中间，其余上下的间隔为 1；若实际观察期 n 为偶数，则取 x 的间隔为 2，即将 $x=1$ 和 $x=-1$ 置于所有观察期的当中上、下两期，其余上下的间隔为 2。则有

$$a = \frac{\sum y}{n}, \quad b = \frac{\sum xy}{\sum x^2} \tag{4-8}$$

例 4.3 某企业 2013—2017 年的销售额分别为 500 万元、530 万元、570 万元、540 万元、550 万元，如表 4.5 所示，现需要预测 2018 年的销售额。

表 4.5　某企业历史销售数据表　　　　　　　　　（单位：万元）

年　份	x	y	xy	x^2
2013	-2	500	-1 000	4
2014	-1	530	-530	1
2015	0	570	0	0
2016	1	540	540	1
2017	2	550	1 100	4
$n=5$	$\sum x=0$	$\sum y=2\,690$	$\sum xy=110$	$\sum x^2=10$

解：根据式（4-7）～式（4-8）和表 4.5 中的数据，有

$$a = \frac{\sum y}{n} = \frac{2\,690}{5} = 538（万元）$$

$$b = \frac{\sum xy}{\sum x^2} = \frac{110}{10} = 11（万元）$$

根据计算结果可以看出：2015 年的销售额预测值为 538 万元，每年大约增长 11 万元。因此，销售额与时间的关系式为：$\hat{y} = 538 + 11x$。

2018 年，x 取值为 3，因此，2018 年销售额预测值为

$$\hat{y} = 538 + 11 \times 3 = 571（万元）$$

> **小资料**
>
> 1965年,戈登·摩尔(Gordon Moore)准备一个关于计算机存储器发展趋势的报告。他整理了一份观察资料,在开始绘制数据时,发现了一个惊人的趋势:每个新芯片大体上包含其前一个芯片两倍的容量,每个芯片的产生都是在前一个芯片产生后的 18~24 个月内。如果这个趋势继续的话,计算能力相对于时间周期将呈指数式上升。摩尔的发现,就是现在所谓的摩尔定律,所阐述的趋势一直延续至今,且仍不同寻常地准确。

(3)相关与回归分析法

相关与回归分析法就是选择与对预测变量有明显影响的相关关系的变量作自变量,建立合适的回归方程或模型,根据历史资料确定模型参数,利用回归模型进行预测的方法。这种方法与直线趋势法在预测时,尽管都要建立回归方程或模型,但直线趋势法所使用的唯一自变量是时间。而相关与回归分析法是依据影响现象的因素来预测的。

例如,影响产品的销售量的因素主要有人口数量、人均收入水平、促销费用等。我们假定销售量与这些因素呈线性关系,三因素线性回归模型的基本形式为

$$\hat{y} = b_0 + b_1 x_1 + b_2 x_2 + b_3 x_3 \tag{4-9}$$

式中,b_0、b_1、b_2、b_3 是待定参数。x_1、x_2、x_3 分别代表影响销售量的人口数量、人均收入水平、促销费用,收集若干年的销售量、人口数量、人均收入水平、企业的促销费用的历史数据,采用最小平方法确定回归方程的参数 b_0、b_1、b_2、b_3 并经过有效性检验之后,可以作为预测销售量的工具。

需要特别指出的是:尽管影响现象的变量很多,我们也只能选择少数的关键的变量作为预测模型的自变量,这样不仅可以减少资料收集的数量,减少计算工作量,还可以减少因自变量之间相互不独立给模型带来的不利影响。

项目小结

市场调查和预测是企业获得市场信息、把握未来的重要途径,是企业经营决策必须重视的基础工作。

市场调查的内容包括宏观环境调查、市场需求调查、市场供给和市场竞争对手的调查和市场营销因素调查。市场调查的方法有多种,但应注意合理选用。市场调查的步骤包括确定调查目的、拟订调查方案、收集信息、处理和分析信息、撰写调查报告。

市场预测一般是基于市场调查获取的信息和情报,其主要步骤包括确定预测目标、收集资料、预测分析和评估。市场预测的方法有两类:定性预测法有销售人员意见法和专家意见法;定量预测法有季节比率法、直线趋势法、相关与回归分析法。

项目训练

一、单项选择题

1. 观察法的优点是（　　）。
   A．节省时间　　　B．节省费用　　　C．结果真实可靠　　　D．信息全面
2. 在询问法中，哪种方法获得信息量最大？（　　）
   A．口头询问　　　B．邮寄调查　　　C．电话调查　　　D．互联网调查
3. 直线趋势法预测模型中的自变量有（　　）。
   A．一个　　　B．两个　　　C．三个　　　D．不确定
4. 采用因果关系进行定量预测的方法是（　　）。
   A．销售人员意见法　　　　　　B．简单平均法
   C．直线趋势法　　　　　　　　D．回归分析法

二、多项选择题

1. 市场调查的作用包括（　　）。
   A．有利于进行科学的经营决策
   B．有利于制定科学的市场营销策略
   C．有利于发现和把握市场机会，规避风险
   D．为准确预测市场提供基本资料
2. 在确定了调查目的之后，市场调查需要进行的工作还有（　　）。
   A．拟订调查方案　　　　　　B．收集信息
   C．处理和分析信息　　　　　D．撰写调查报告
3. 对市场调查工作的要求包括（　　）。
   A．准确　　　B．全面　　　C．及时　　　D．节省
4. 德尔菲法预测的关键环节有（　　）。
   A．组织严密　　　　　　　　B．选择合适数量和知识结构的专家
   C．咨询的次数多少　　　　　D．专家的独立性
5. 根据现象的过去和发展规律进行预测的定量预测方法主要有（　　）。
   A．简单平均法　　　　　　　B．直线趋势法
   C．季节比率法　　　　　　　D．销售人员意见法

三、判断题

1. 电话调查具有节约时间和费用的优点。（　　）
2. 市场调查是由专门的调查机构进行的。（　　）
3. 市场调查要收集的资料就是客户的信息。（　　）
4. 定量预测的结果比定性预测的结果要准确得多。（　　）

5. 直线趋势法预测的结果因为是采用数学模型，经过复杂的计算得出的，因此预测结果一定比较可靠。（   ）

6. 回归分析法预测的关键是确定影响的变量和选择合适的回归模型。（   ）

四、简答题

1. 市场调查的调查对象和调查的问题如何确定？
2. 市场调查的内容大致可以分为哪些方面？
3. 市场调查中收集资料的方法主要有哪些？
4. 市场预测主要有哪些方法？各有什么优缺点？

五、论述题

1. 为什么在市场调查之前需要制订调查方案？
2. 第二手资料有什么优缺点？运用第二手资料需要注意哪些问题？

项目实训

调查中国联通的市场占有率

假设你接受中国联通和中国移动公司的委托，在校园内调查学生中中国联通、中国移动和中国电信的市场占有率各是多少。通过调查，制定中国联通针对大学生的营销策略。

要求：

1. 事前设计调查方案，包括调查的项目、调查对象、调查方法、费用预算。
2. 事后写出调查报告。

项目 5　企业经营决策与计划

学习目标

通过本项目的学习，了解经营决策的程序；理解经营决策的概念、类型和原则；掌握经营决策的方法；理解经营战略的概念与特征；了解经营战略的类型、制定和实施；理解经营计划的作用；了解经营计划的内容与控制；初步掌握计划的方法。

案例导读

2018年9月18日，阿里巴巴公布"传承计划"之后的首次投资者大会进入第二天。下午4点，马云的压轴登场，一开场就谈到"传承计划"，"这是一次准备了10年的交接计划。""在马云离开之后，阿里巴巴是什么样，不要担心，我100%相信阿里巴巴，并对阿里巴巴的未来充满信心。"马云说，如今阿里巴巴许多年轻管理者可以独当一面，"良将如潮"保证了阿里巴巴可以在未来延续自己的使命、愿景和价值观。

"就像下围棋一样，高手想的不只是下一步棋，而是接下来14、15步棋，我们管这叫'布局'。"马云用中国哲学向来自全球的投资者介绍，阿里巴巴就是下一盘大围棋，为未来布局。马云表示，阿里巴巴的短期愿景是到成立20周年的时候，拥有1万亿美元的GMV，"这个数字可不是今年定的，这个数字是6年之前就已经确定了"。在2036年，阿里巴巴将服务20亿消费者，让1 000万家企业盈利，帮助全球的中小企业和消费者实现全球卖、全球买、全球付、全球运、全球游。阿里巴巴今天在各个领域的投资和布局，不是为了今天，而是着眼未来。阿里巴巴近年发力新零售，接下来将持续推进新制造、新技术、新金融还有新能源，"五新"战略将保证未来10年阿里巴巴可以蓬勃发展。同时，全球化和农村战略也是阿里巴巴坚定不移的战略。

资料来源：http://www.news.cn——新华网财经频道，2018年9月18日.

《管子·七法》有言:"故凡攻伐之为道也,计必先定于内,然后兵出乎境。计未定于内而兵出乎境,是则战之自败,攻之自毁也。"可见,谋定而动是中国古人就有的大智慧。重视规划企业的未来是企业成熟的标志,也是走向更大成功的开始。

任务5.1 企业经营决策

5.1.1 企业经营决策的概念和类型

1. 经营决策概念

著名管理学家西蒙指出:"决策是管理的心脏,管理是由一系列决策组成的,管理就是决策。"无论是确定经营目标,还是制订经营战略与计划,企业的管理者都需要做出决策。事实上,决策贯穿整个企业的管理过程。

所谓经营决策,是指企业为了达到某一个生产经营目标,从两个以上可行方案中选择一个满意方案的分析判断过程。经营决策具有以下几个特征。

(1)目标性。决策目标是决策所需要解决的问题。只有面对必须解决的问题,管理者才需要决策。无目标的决策,或目标不明确的决策往往会导致决策无效,甚至失误。

(2)选择性。决策必须在两个或两个以上备选方案中,通过比较进行选择。若只有一个方案或没有制订方案,也就不存在决策。

(3)可行性。所有备选方案都应是可行的,包括法律上、技术上、经济上都是能够实施的,具有可操作性。

(4)满意性。由于受到人力、物力、财力及时间等客观条件的限制,致使人们掌握的信息总是不全面、不准确和不及时的,决策只能根据有限的信息从备选方案中选择比较满意的方案,而不是最优方案。从事后来看,决策选择的很可能不是最优方案,决策需要承担风险。期望选择最优方案的人总是犹豫不决,错过机会。

> **小资料**
>
> 在西蒙的研究中有一个著名的有关"蚂蚁"的比喻。一只蚂蚁在沙滩上爬行,蚂蚁爬行所留下的曲折的轨迹不表示蚂蚁认知能力的复杂性,只是说明海岸的复杂。它们知道蚁巢的大概方向,但具体走路的路线却是无法预料的,而且它们的视野也是有限的。
>
> 其实人和蚂蚁是一样的,对外界的认识能力是有限的,对于外界的很多事情无法做到全面的了解。

2. 经营决策类型

(1)按决策的重要程度进行分类

按决策的重要程度不同,经营决策可分为以下三种。

① 战略决策,是指企业为谋求自身长期的生存和稳定的发展,在对外部环境和内部条件进行分析研究的基础上,对影响企业生产经营活动的全局性问题所做出的长远的、

系统的总体谋划。企业经营思想和经营目标的确立、重大投资和新产品开发计划、组织结构改革等属于此类决策。

② 战术决策，又称管理决策，是指为了实现战略目标而做出的带有局部性的具体决策。例如，企业采购、企业生产计划、企业促销等决策。

③ 业务决策，又称日常管理决策，是指属于日常活动中有关提高效率及效益、合理组织业务活动等方面的决策。例如，生产作业决策、库存决策等。

（2）按决策的重复程度进行分类

按决策的重复程度不同，经营决策可分为以下两种。

① 程序化决策，又称常规决策，是指经常重复发生，能按原已规定的程序、处理方法和标准进行的决策。程序化决策可按程序进行，如订货与采购、任务的日常安排等，均属于此类。在企业管理工作中，大多数决策属于程序化决策。

② 非程序化决策，又称非常规决策，是指对不经常出现的新问题、新情况，具有偶然性、随机性的事件所进行的决策。这种决策没有固定的处理程序，也无固定的标准，只能依赖决策者的知识、洞察力、逻辑思维及丰富的实践经验来进行。例如，新产品开发、新市场开拓等，均属于这种决策。

（3）按决策的可靠程度进行分类

按决策的可靠程度不同，经营决策可分为以下三种。

① 确定型决策，是指各种可行方案的条件都是已经完全确定情况下的决策。这类决策属于易于分析、比较和抉择的决策。

② 风险型决策，又称随机型决策，是指每一备选方案的执行，都会出现几种不同的结果，各种结果的出现都有一定的概率，抉择时要承担风险，所以称为风险型决策。

③ 不确定型决策，是指每一备选方案的执行，都会出现不同的结果，但各种结果的出现的概率是未知的，要完全凭个人的经验和判断做出决策。

5.1.2 企业经营决策的原则和程序

1. 经营决策的原则

为了保证企业经营决策的科学性、准确性，必须遵循以下原则。

① 满意原则。满意原则是针对"最优化"原则提出来的。最优化的决策从理论上来讲是不存在的，因此，"满意"决策就是能够满足合理目标要求的决策；"满意"决策就是对可实现决策目标的方案进行权衡，做到"两利相权取其重，两弊相权取其轻"。

② 分级原则。决策应在企业内部分级进行，是企业业务活动的客观要求。企业需要的决策一般都非常广泛、复杂，是高层管理者难以全部胜任的。实现分级决策，把部分重复进行的、程序化的决策权下放给下属，既有利于高层决策者集中精力抓好战略决策、非程序化决策，又可增强下属的主动性和责任心，有利于分权管理。

③ 民主原则。要有效地进行决策，必须做到科学化和民主化，实事求是，按客观规律办事。决策方案要在民主的基础上制订和执行，这是提高决策质量的保证。

> **小资料**
>
> 2010年7月,中共中央办公厅、国务院办公厅印发了《关于进一步推进国有企业贯彻落实"三重一大"决策制度的意见》,指出:"凡属重大决策、重要人事任免、重大项目安排和大额度资金运作(简称'三重一大')事项必须由领导班子集体做出决定。"

④ 定性分析和定量分析相结合的原则。定性分析和定量分析各具优缺点,科学的决策要求把以经验判断为主的定性决策与以现代科学方法为主的定量论证结合起来。

2. 经营决策的程序

决策者要做出正确的决策,除了要掌握决策原则外,还必须遵循正确的决策程序。一般来说,决策程序可分为以下五个步骤。

① 调查研究经营状况及环境。这是经营决策的基础性工作。科学的决策,要求对企业的外部环境和内部条件进行调研,掌握相关的信息资料,分析企业面临的发展机会或威胁,以及企业的优势和劣势。

② 确定经营决策目标。目标是决策的起点和落脚点,目标明确,方能科学决策。经营目标要建立在需要与可能的基础上,要分清必须达到的目标和希望达到的目标、主要目标和次要目标。目标要明确、具体、定量化,要尽量减少目标的数量。

③ 拟订可行方案。决策目标确定之后,就应拟订达到目标的各种可行性方案。由于拟订各种可行性方案是为了实现相同的目标,因此它们之间必然存在一定程度的互补性,存在有利于或不利于目标实现的因素。在拟订可行性方案的过程中,应听取各方面人员的建议,对方案进行取长补短,最终形成两个或两个以上的可行性方案。

④ 评价与选择方案。评价与选择方案阶段的工作就是对不同方案进行比较、分析、评价和选择。它是经营决策的关键。方案的评价一般从技术的先进性、经济效益及社会效益、方案实现的可能性及风险性等方面进行。对选中的方案应组织人员对其进一步补充与完善,包括吸取落选方案中的某些优点。

⑤ 实施方案。决策的正确与否及其效果如何,要以执行结果来验证。决策方案的实施,一般应抓好四个环节。一是认真分析,估计方案实施过程中将会遇到的问题,制订好执行方案的措施计划;二是跟踪方案执行情况,及时发现和纠正偏差;三是协调有关各方的相互关系,明确责任、权力和利益;四是注意方案执行中的信息反馈,以便采取措施,保证决策目标的实现。

5.1.3 企业经营决策的方法

1. 定性决策方法

定性决策方法是决策者根据所掌握的信息,通过对事物运动规律的分析,在把握事物内在本质联系的基础上,运用知识、经验和能力进行决策的方法。定性决策方法有很多,常用的有以下几种。

(1) 头脑风暴法

头脑风暴法又称智力激励法、自由思考法。美国人奥斯本于1939年首次提出该方法。用该法进行决策时，与会人员一般为10～25人，要求与会者严格遵循以下原则。

① 不许评论和反驳他人的意见。
② 创造自由发表意见而不受约束的气氛。
③ 鼓励大家对已提出的方案进行补充及完善。
④ 提建议多多益善。

该方法可有效地调动人们的参与热情，提出更多、更具创新性的方案或措施。

小资料

有一年，美国北方格外严寒，大雪纷飞，电线上积满冰雪，大跨度的电线常被积雪压断，严重影响通信。电信公司经理应用奥斯本发明的头脑风暴法，尝试解决这一难题。他召开了一种能让头脑卷起风暴的座谈会，参加会议的是不同专业的技术人员，要求他们必须遵守以下原则：自由思考，延迟评判，以量求质，结合改善。

不到1小时，与会的10名技术人员共提出90多条新设想。会后，公司组织专家对设想进行分类论证。专家们认为设计专用清雪机，采用电热或电磁振荡等方法清除电线上的积雪，在技术上虽然可行，但研制费用大，周期长，一时难以见效。那个因"坐飞机扫雪"而激发出来的一种设想——"用直升机扇雪"，经验证效果很好。就这样，一个久悬未决的难题，终于在头脑风暴会中得到了巧妙的解决。

(2) 哥顿法

哥顿法是美国人哥顿20世纪60年代提出的一种方法。它的做法是先由会议主持人把所研究的问题向与会成员进行笼统的介绍，即问题要适当抽象，以利于专家开拓思想，提出较多的富有成效的方案，当会议进行到适当时机，再将决策具体问题展示给专家们，使讨论进一步深化，以便从更大范围提出解决问题的方案。

(3) 特性列举法

特性列举法根据所要解决的问题先确定重点内容与问题，通过问题提出"希望""缺点""要求"等特性，去激发决策者思考，然后征询各位参加决策人员的意见，从中归纳和整理出决策的方案。

定性决策法的优点是简便灵活，节省费用与时间，对错综复杂的非程序化决策、战略性决策及难以定量分析的决策，可收到良好的效果。它的缺点是主观成分多，严格论证少，相对比较保守。

2. 定量决策方法

定量决策方法主要是通过建立数学模型进行优选决策方案的方法。定量决策方法一般可分为确定型、风险型和不确定型三类。

(1) 确定型决策方法

① 盈亏平衡分析法。盈亏平衡分析法是根据产品的销售量、成本和利润三者之间的关系，建立数学模型，分析企业的赢利或亏损状况，据此评价选择方案。

生产成本依据成本习性可分为固定成本和变动成本两部分。固定成本是指在一定相关范围内,不受业务量变化影响的成本,但单位产品的固定成本与业务量的增减成反比。例如,固定资产折旧、设备租金等。

变动成本是指成本总额与业务量的变化呈正比例变动的成本,单位产品的变动成本则不随业务量的增减而变动,是固定不变的。例如,直接材料、直接人工等。

利用金额(收入或成本)与业务量(销售量或产量)的坐标系,可绘出盈亏平衡图,如图 5.1 所示,Q^* 是方案盈亏平衡点的销售量,若低于此销售量,方案就要亏损。因此,盈亏平衡点越低,方案盈利的机会就越大,方案的风险就越小。反之,风险就大。

设:C——总成本费用;F——固定成本;C_V——单位产品变动成本;S——销售收入;P——单位产品销售单价;Q——销售量或产量;I——利润。

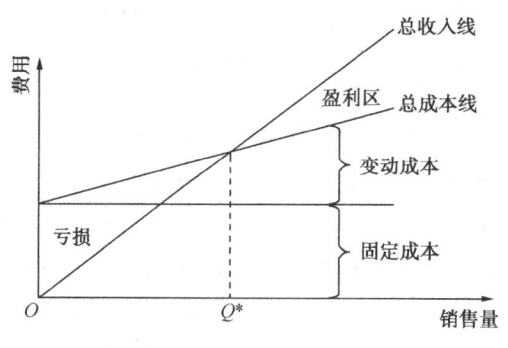

图 5.1 盈亏平衡图

由于销售收入等于总成本加利润,而总成本等于固定成本与变动成本之和,故销售收入可用公式表示为

$$S=C+I$$

或
$$P \cdot Q = F + C_V \cdot Q + I \tag{5-1}$$

进行盈亏平衡分析关键是找出盈亏平衡点,并进行分析。当盈亏平衡时,即收入与总成本相等,即利润为零时,则有

$$P \cdot Q^* = F + C_V \cdot Q^*$$
$$Q^* = \frac{F}{P - C_V} \tag{5-2}$$

式中:Q^*——盈亏平衡点的销售量。

同样可知盈亏平衡时的销售额为

$$S_0 = P \cdot Q^* = \frac{F}{1 - C_V/P}$$

式中:S_0——盈亏平衡时的销售额。

若目标利润为约束条件,即目标利润为 I 时,目标销售量为

$$Q = \frac{F + I}{P - C_V} \tag{5-3}$$

通过盈亏平衡分析,一是可以判断企业目前的销售量对企业盈利或亏损的影响;二

是可以确定企业的经营安全率。经营安全率的计算公式为：

$$\eta = \frac{Q - Q^*}{Q} \times 100\% \tag{5-4}$$

式中：η——经营安全率。

经营安全率是反映企业经营状况的一个指标，η值越大，说明企业经营安全状况越好；反之，说明企业经营安全状况越差，亏损的风险也就越大，如表 5.1 所示。

表 5.1 经营安全状况表

经营安全状况	安　　全	较 安 全	一　　般	应 警 惕	危　　险
经营安全率/%	30 以上	25～30	25～15	15～10	10 以下

例 5.1　某企业固定成本为 80 万元，单位产品售价为 2 000 元，单位产品变动成本为 1 200 元。计算：

① 盈亏平衡点的销售量。

② 目标利润为 40 万元时的销售额。

③ 经营安全率在 30% 以上时的销售额。

解：

① $Q^* = \dfrac{F}{P - C_V} = \dfrac{800\,000}{2\,000 - 1\,200} = 1\,000$（台）

② $Q = \dfrac{F + I}{P - C_V} = \dfrac{800\,000 + 400\,000}{2\,000 - 1\,200} = 1\,500$（台）

$S = P \cdot Q = 2\,000 \times 1\,500 = 3\,000\,000$（元）$= 300$（万元）

③ 由 $\eta = \dfrac{Q - 1\,000}{Q} \times 100\% = 30\%$，得

$Q \approx 1\,429$（台）

$S = P \cdot Q = 2\,000 \times 1\,429 = 2\,858\,000$（元）$= 285.8$（万元）

可见，该企业的盈亏平衡点销售量为 1 000 台；目标利润为 40 万元时的销售额为 300 万元；当销售额超过 285.8 万元时，经营安全率在 30% 以上。

② 线性规划法。线性规划法是一种研究在线性约束条件下，使一个线性目标函数最优化的理论和方法。线性规划法在经营决策中常用于解决利润最大、成本最低、时间最省、资源配置最合理等问题。

小资料

第二次世界大战期间，战争的需要刺激了运筹学的发展并产生了许多解决实际军事问题的定量方法。第二次世界大战后，这些方法相继在工业、农业、经济、社会等各领域得以广泛应用，运筹学也有了飞速发展。到 20 纪 60 年代，已形成了运筹学的许多分支，如线性规划、非线性规划、整数规划、目标规划、动态规划、图论与网络、排队论、存储论、对策论等。

例 5.2　某工厂在计划期内要安排甲、乙两种产品，这两种产品分别需要在 A、B、

C、D 四种不同的设备上加工。按工艺规定，产品甲和产品乙在各设备上加工所需的台时数如表 5.2 所示。已知各设备在计划期内有效台时数分别为 120、80、160 和 120，而该工厂每生产一件甲产品可获利 20 元，每生产一件乙产品可获利 30 元。问如何安排生产可获得的利润最大？

表 5.2　甲、乙产品加工台时数　　　　　　　　　　（单位：小时）

设备 产品	A	B	C	D
甲产品	2	1	4	0
乙产品	2	2	0	4

解：线性规划求解步骤如下。

第一步：设置决策变量，x_1、x_2 分别为产品甲、产品乙的计划产量，z 为利润。

第二步：建立目标函数，即

$$f(z)_{\max} = 20x_1 + 30x_2$$

第三步：列约束方程，即

$$\begin{cases} 2x_1 + 2x_2 \leq 120 \\ x_1 + 2x_2 \leq 80 \\ 4x_1 \leq 160 \\ 4x_2 \leq 120 \\ x_1 \geq 0, x_2 \geq 0 \end{cases}$$

第四步：求解，本例可用图解法进行求解，如图 5.2 所示。变量多于 2 个时，可用单纯形法进行求解。计算过程略，解得：

$$x_1 = 40, \quad x_2 = 20$$

代入目标函数求得最大值为：

$$f(z)_{\max} = 20 \times 40 + 30 \times 20 = 1\,400 \text{（元）}$$

即生产产品甲 40 件、产品乙 20 件时，工厂获得的利润最大，为 1 400 元。

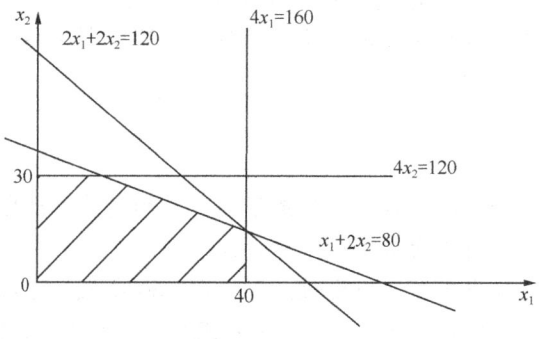

图 5.2　图解法

（2）风险型决策方法

风险型决策是在明确目标的情况下，依据通过预测得到的几种不同自然状态下的经济效果及其出现的概率进行决策，其决策准则一般是期望值原则。这类决策方法主要应用于具有远期目标的战略决策或随机因素较多的非程序化决策，例如，投资决策、技术改造决策等。

风险型决策的常用方法之一是决策树法。决策树法是一种利用图解方式，将决策方案的相关因素分解开来，确定并逐项计算其发生的概率和期望值，并进行比选的方法。

① 决策树的结构要素。包括决策点、自然状态节点、方案枝和概率枝。

决策点用方框"□"表示，代表一个决策问题。若需要做出多个相关决策，决策树则出现相应数量的方框。

状态结点用圆圈"○"表示，表明一个备选方案可能出现的多种不同自然状态。

方案枝和概率枝用直线"—"表示，当直线由方框自左向右引出时，称为方案枝；当直线由圆圈自左向右引出时，称为概率枝，概率枝上通常标出状态概率。

② 决策树法的决策程序。

第一步：绘制决策树。图形自左向右层层展开，根据已知条件排列出各方案及其各种自然状态。

第二步：将各状态概率及损益值标注在概率枝上。

第三步：计算各方案的期望值并将其标注在该方案对应的状态节点上。

第四步：剪枝决策。比较各方案期望值，剪掉期望值小的方案，期望值最大的方案即为最佳方案。

例 5.3 某企业为开发新产品，提出建设新车间或改造老车间两种方案。建设新车间需投资 200 万元，销路好时年获利 100 万元，销路差时年亏损 20 万元；改造老车间需投资 120 万元，销路好时年获利 60 万元，销路差时年亏损 10 万元。两种方案销路好的概率均为 0.6，销路差的概率均为 0.4，方案的使用期均为 5 年，试问企业应选择哪种方案？

解：绘制决策树，如图 5.3 所示。

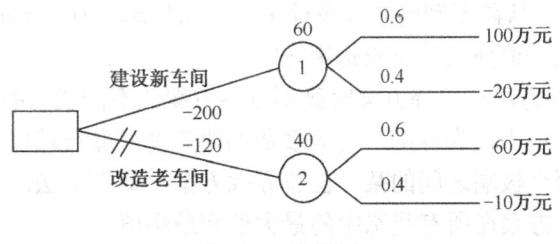

图 5.3 决策树

计算各方案的期望值：
建设新车间的期望值 = 100×0.6×5+（−20×0.4×5）−200 = 60（万元）
改造老车间的期望值 = 60×0.6×5+（−10×0.4×5）−120 = 40（万元）
按利润的期望值大者优，剪枝抉择，建设新车间为最佳方案。

（3）不确定型决策方法

在风险型决策中，概率是计算期望值的必要条件，因而也是按期望值标准选择方案的必要条件。但是在现实经济活动中，有时很难确定某种状态发生的客观概率，因而也无法根据期望值标准进行方案选择。这时的决策主要取决于决策者的经验、智能和思维判断。由于面临的自然状态是完全不确定的，因此决策结果也是完全不确定的。不确定型决策的方法有以下几种。

① 冒险法（大中取大法）。冒险法是指承担风险的决策者在方案取舍时，以各方案在各种状态下的最大损益值为标准，从最好的客观状态出发，从各方案中选择损益值最大者所对应的方案。

例 5.4 某企业拟开发新产品，有甲、乙、丙三种方案可供选择，方案不同，所投资费用也不同，在不同的市场状态下，损益值也不同，资料如表 5.3 所示。

表5.3 资料 （单位：万元）

市场状态 方案	畅销	一般	滞销	最大收益值
甲	50	40	10	50
乙	80	50	0	80
丙	90	30	-20	90

解：利用冒险法，选择方案的过程如下：

第一步，在各方案的损益值中找出最大者；

第二步，在所有方案的损益值中找出最大者。

所以，利用冒险法选择丙方案。

② 保守法（小中取大法）。这种决策方法与冒险法正好相反，保守法的决策者在进行方案的取舍时，以每个方案在各种状态下的最小值为标准，再从各方案的最小值中取最大者所对应的方案。

采用这种方法的原因是决策者担心决策失误易造成较大的经济损失，因此在决策分析时，比较小心谨慎，从最不利的客观条件出发考虑问题，力求使损失最小。仍以表 5.3 为例，若采用保守法，选择的结果应是甲方案。

③ 折中法。这种方法在选择方案时既不以各方案的不同状态的最大值为标准，也不以各方案不同状态的最小值为标准，因为多数的决策者既非极端冒险者，也非完全的保守者，而是在介于两个极端之间的某一位置寻找方案，即折中法，其决策步骤如下。

第一步，找出各方案在所有状态中的最大值和最小值。

第二步，决策者根据经验及风险程度决定最大系数，即乐观系数 α（$0<\alpha<1$）。

第三步，利用给定的乐观系数 α 和对应的各方案最大、最小损益值计算各方案的加权平均值。

第四步，取加权平均值最大的损益值所对应的方案为所选方案。

仍以表 5.3 所给数据资料为例，若给定最大值系数 α 为 0.8，则最小值系数为"$1-\alpha$"，即为 0.2，各方案的加权平均值为：

甲方案　10×0.2+50×0.8 = 42
乙方案　0×0.2+80×0.8 = 64
丙方案　（-20）×0.2+90×0.8 = 68
按折中法选择方案，应为丙方案。
若给定最大值系数 α 为 0.6，最小值系数为 0.4，各方案的加权平均值为：
甲方案　10×0.4+50×0.6 = 34
乙方案　0×0.4+80×0.6 = 48
丙方案　（-20）×0.4+90×0.6 = 46
这时就应选择加权平均值最大的乙方案。
不难看出，决策者风险偏好程度决定乐观系数大小，进而影响决策结论。

④ 后悔值法。后悔值是指在某种状态下，因选择某种方案而未选取该状态下的最佳方案而少得的收益值。采用后悔值法选择方案的步骤如下。

第一步，算出各方案在各种自然状态下的后悔值。

第二步，选出每个方案的最大后悔值。

第三步，从已选出的最大后悔值中选取最小者所对应的方案。

仍然以表 5.3 所给数据资料为例，按后悔值法计算，应采用乙方案。

上述四种不确定型决策方法，选择优选方案的标准虽有不同的依据，但都取决于决策者的知识、经验、理念及分析判断力。因此，在实践工作中，企业管理者应常用不同标准测算结果，以权衡确定优选方案。

任务 5.2　企业经营战略

5.2.1　企业经营战略的概念及特征

1. 企业经营战略的概念

"战略"一词来源于军事术语，它是相对于"战术"而言的，是基于战争全局的计划与谋略。后来，"战略"一词被广泛应用于政治、经济、科技及社会等各个领域，20 世纪 60 年代初开始应用于企业管理，形成了经营战略。

所谓企业经营战略，是指企业面对激烈变化、严峻挑战的环境，为求得长期生存和不断发展而进行的总体性谋划。

2. 企业经营战略的特征

企业经营战略要求现代企业把握未来的发展及命运，它具有以下几个特征。

① 全局性。企业的经营战略是对企业的未来经营方向和目标等具有全局性的重大问题所做的总体谋划，是一项对企业生产经营活动的所有方面都具有权威性的指导意义的纲领性决策。

② 长期性。企业经营战略的目的，不是着眼于解决企业眼前的问题，而是着眼于创

造企业的未来,立足于企业的长期利益。因此,作为企业领导者要具有战略头脑和超前意识,根据形势的发展高瞻远瞩,站在战略的高度来谋求企业长期的发展目标和对策。

③ 系统性。企业经营战略本身是一个系统,企业可以从具体条件出发选择不同的战略,应将企业各方面的活动作为一个有机整体,从整体功能及相互关系中,揭示整体的特征和运动规律,发挥战略的整体优化效应,达到预期的目标。

④ 应变性。企业经营战略是市场经济的产物,没有激烈的市场竞争,战略思想就不可能在企业管理中产生和运用。优胜劣汰、适者生存的市场竞争法则,提示企业必须设计面对环境变化的策略,必须制定对抗竞争者的策略。

⑤ 风险性。企业的生产经营活动受制于外部环境并要适应外部环境,而企业的外部环境总在不断地变化,具有较大的不确定性,加上人们判断、预测在时空上的局限性,这就很难保证制定的经营战略百分之百的正确,战略实施的结果与其预期目标之间总会存在一定的差异,这就是风险。制定了战略,虽然并不能保证一定会成功,但却增加了成功的可能性;没有战略,也不一定失败,但它在变幻莫测的环境中却只是一种偶然。

小资料

比尔·盖茨,公认的商业奇才,但微软并不是其直觉和简单激情的产物,因为他清楚地知道微软将去何方,而且为其征途铺下了正确的战略之路。比尔·盖茨当初遵循以下6个战略,使其最终获得了软件市场的统治地位。

1. 将你的精力集中于攻占一个有潜力且竞争对手不多的市场。
2. 尽量以较大的规模提早进入看好的市场。
3. 建立自己的领地。
4. 从每一个可能的方面和途径入手来建造保护自己领地的堡垒。
5. 针对年度总利润制定你的商业战略。
6. 使消费者无法拒绝使用你的产品。

5.2.2 企业经营战略的内容及类型

1. 企业经营战略的内容

企业经营战略包括三项最基本的内容:经营战略目标、经营战略方针和经营战略规划。

① 经营战略目标。经营战略目标的重点包括:产品开发、市场开发、企业规模及竞争优势的增长等。它既是制定经营战略的出发点,也是归宿点,在经营战略体系中占据主导地位。

② 经营战略方针。经营战略方针是企业为了实现战略目标所制定的行为规范和政策性决策。没有正确的战略方针,任何战略目标都难以实现。因此,战略方针在经营战略体系中占据核心地位,对企业战略目标的实现起保证作用。

③ 经营战略规划。经营战略规划是企业经营战略的实施计划和执行纲领,其作用是

把企业的战略目标具体化,把企业的战略方针措施化,并制定各个阶段实施战略目标的具体步骤。战略规划制定得是否完善和可靠,直接影响企业战略目标的实现。因此,它又是企业经营战略实施的纲领性文件。

2. 企业经营战略的类型

(1) 按经营战略的态势划分

按经营战略的不同态势,可将企业经营战略分为以下三种。

① 发展战略。发展战略也称攻势战略,即努力开辟新市场,扩大生产规模的一种战略。拥有产品、技术、市场等资源优势的企业,处于有利发展环境中的企业,都应采用这种战略。发展战略的重点是市场战略和产品战略。

② 维持战略。维持战略是指在一定时期内对产品、市场等维持现状所采取的一种战略。它表现为:企业既不准备进入新领域,也不准备扩大生产经营规模,注重企业现有生产条件下的经济效益。它主要适用于以下情况:外部环境相对稳定,既无大的威胁也没有过多的机会;市场地位稳定,企业注重内部整合时期;企业的经营思想以保持企业经营稳定为目标等。企业采取这种战略,是为了积极培育资源优势,积蓄力量,创造发展的条件,一旦时机成熟,则会采取发展战略。

③ 收缩战略。收缩战略也称退却战略,是指企业经营环境严重恶化,企业处境十分艰难时所采取的缩小经营规模、压缩产品品种、减少产品产量的一种战略。这种战略一般适用于企业处于严重不利地位的情况;企业的目标市场萎缩,市场需求大幅度下降;企业经营的产品已从成熟期迈入衰退期,在市场竞争中,企业前进乏力等。

(2) 按经营战略的具体内容划分

按经营战略的具体内容,可将企业经营战略分为以下三种。

① 产品战略,是指根据市场需求要求,对产品发展所做出的谋划,是企业经营战略的核心部分。具体包括新产品开发战略、产品组合战略及产品更新改造战略等。

② 市场战略,是指为了实现企业经营目标,对有关市场开发方向、开发重点及发展途径等的总体谋划。它是制定市场战略的基本依据。具体包括市场渗透策略、市场开拓策略、新产品市场战略、产品生命周期市场战略等。

③ 投资战略,是指企业为维持和扩大其生产经营规模,对资源分配的总体谋划。企业投资既是企业生存和发展的基本保证,又是企业经营战略的重要手段。具体包括产品投资战略、市场投资战略、科技发展战略、企业联合与兼并投资战略及资源战略等。

小资料

2010年,浙江吉利控股集团有限公司以18亿美元的价格从美国福特汽车公司手中收购了沃尔沃汽车公司100%的股权。当时许多人都以为这绝对是小蛇吞大象,活不了几年。

浙江吉利控股集团有限公司收购沃尔沃以后开启了自己崛起的道路。吉利给沃尔沃注入了活力和资金,帮助沃尔沃进一步把握中国的消费市场需求,在巩固与加强沃尔沃在欧美传统市场地位的同时,不断开拓包括中国在内的新兴国家市场。沃尔沃为吉利提供技术上的支持,让更多的供应商愿意与吉利加深合作,现在的吉利不仅在国内道路上随处可见,而且走出了国门,走向了世界。

2017年,沃尔沃汽车销量57.16万辆,同比增长7%,年销售额为256亿美元,营业利润为17亿美元,沃尔沃汽车公司的市场估值达到140亿美元以上。

5.2.3 企业经营战略的制定

企业经营战略的制定是一项具有创造性的活动,它决定着企业未来的发展方向。因此,要想把有限的资源集中在企业最关注的领域,并能科学地预见未来,就必须进行科学的战略选择。制定经营战略必须遵循一定的程序,具体步骤如下。

1. 战略构想

首先,应明确企业的经营宗旨。对任何企业来说,市场不是现成的,企业要想生存和发展,必须明确企业在相当长的时期内要服务于哪些顾客或市场,包括企业的经营目标、服务对象、经营范围等。

其次,对环境进行预测,分析可能出现的机会与威胁。通过对企业外部环境的调研,把握市场机会,评估风险大小,并对企业内部条件的优势和不足进行充分的研究,以确定企业的发展方向是否正确。

最后,对主要竞争对手进行研究。有关竞争对手的未来状况及其可能的行动,都有可能影响企业的经营目标。因此,企业要注意从多个方面收集竞争对手的信息资料,以便完善企业的经营战略。

2. 分析企业的外部环境和内部条件

制定经营战略一定要做到"知己知彼",才能百战百胜。分析企业的外部环境就是做到知彼,看到可能出现的机会或遇到的威胁;分析企业内部条件,就是知己,明确自己的优势和劣势,制定战略一定要扬长避短,充分发挥优势。

3. 制定战略目标及规划

制定企业的战略目标,就是规定企业在完成其任务时所要达到的目标。企业战略目标涉及的时间跨度较长,应把总体战略目标分解成一个个阶段性的短期目标。阶段性目标必须是具体的、定量的、有时间限制的。制定各阶段分目标时要注意前后阶段之间的衔接,以及同一阶段不同目标之间的平衡。通过各阶段分目标的实现,使企业逐步实现总目标。

战略规划包括许多企业的具体行动计划,它是为了实现企业战略目标而进行的一系列耗费资源的活动。它包括投资、缩减或其他为执行企业战略的一系列具体计划。人们不可能将未来各种情况都十分准确地预测出来,所以企业必须使各项规划保留一定的弹性,以避免因事先估计不足,对企业造成损失。

4. 资源配置与预算

企业为了实现战略目标，必须有资源作为保证。这些资源包括资金、设备、人力及信息等，战略规划应指明行动计划所需资源的来源及分配方案，并明确资源配置的优先程度。

要制定财务预算，进行可行性论证。对实现战略目标的各个方案必须进行技术经济分析，以确保经济效益目标的实现。

> **小资料**
>
> 上海吉祥航空股份有限公司是国内著名民营企业均瑶集团成立的以上海为基地的新兴民营航空公司，于2005年6月经中国民用航空局和上海市政府批准筹建。吉祥航空秉持"安全、正点，精致服务"的经营理念，2007年11月推出常旅客奖励计划，2014年的平均客座率为87%，2015年5月在A股上市，2018年在"中国优秀空乘团队"排行榜中位居第一。
> 但是吉祥航空成立之初，许多人并不看好，王均金的蓝天梦为何能够梦想成真？
> 资料来源：央视网视频

二维码材料：5-1 均瑶集团董事长 王均金的蓝天梦

5.2.4 企业经营战略的实施

企业经营战略是否正确必须通过实施才能得到评价和验证。所以，为贯彻已选定的战略，还需要做好以下几个方面的工作。

1. 制订详细的实施计划

根据企业经营战略所规定的各项目标，制订出较为详细的战略项目和行动计划、资金的筹措计划、市场开拓计划等，以便有重点地推进企业战略。

2. 改变人们的行为

要适应企业战略目标的要求，改变企业内部各方面人们的传统行为，建立起适合新战略所需要的行为规范、工作方法、价值观念和精神风貌。

3. 建立与新战略一致的组织机构

根据战略目标和所选择的战略决策、规划，选择符合战略实施所需要的组织机构，并且明确相应的责任和权力以及企业将采用的各种方法和手段。

4. 合理地选择负责人

对不同的战略，要选择不同的负责人，使其承担的任务与其能力、专长及责任心等因素一致，并且应根据责任的大小、完成任务的好坏，及时地予以适当的奖励与惩罚。

5. 正确地分配资源

在战略实施过程中，企业的资源应按照战略规划中所需要的数量、时间进行合理的分配，才能保证企业战略的顺利执行。

6. 有效地进行战略控制

依据企业预订的战略目标，经过与反馈回来的战略实施中的实际业绩的比较，检测差异的程度，然后进行纠正。战略控制的三个要素：制定一套有效的战略评价标准；反映战略执行过程中的实际业绩；绩效评价。

任务 5.3　企业经营计划

5.3.1　企业经营计划的作用

企业经营计划是指按照经营决策所确定的方案，对企业生产经营活动及其所需的各种资源在时间和空间上所做的具体安排。它是企业经营思想、经营目标、经营方针及经营策略的具体化，是统率企业全部经济活动的总纲。企业经营计划具有以下作用。

1. 经营计划是提高企业管理水平的需要

现代企业的劳动分工十分精细，劳动协作无论是在人员方面，还是在时间、空间方面，都要求安排得十分周密。没有计划，企业的生产经营活动就组织不起来，除考虑直接的生产经营过程外，还要考虑资金运动、信息流动、物资技术等一系列经济技术活动。这样就要求有一个统一的、严格的、科学的经营计划，以便保证企业系统各方面活动平衡、协调地向前发展。

2. 科学的经营计划是企业提高工作效率和经济效益的重要保证

科学的经营计划是经过严格的计算和平衡各项资源与要求的结果，它追求以最经济的方式实现企业目标，即要选择资源消耗最低、占用最少、需要时间最短的方案来实现企业的目标。经营计划为企业各项活动指明了方向使其达到预期的目标，并应该采取的措施。经营计划综合考虑了企业的经营目标、企业所处的环境，还考虑了企业各项资源的使用情况。因此，一个有效的经营计划，不仅能提高企业的工作效率，还可以提高企业的经济效益。

> **小资料**
>
> 手表定律（Watch Law），又称为两只手表定律、矛盾选择定律，是指一个人有一只表时，可以知道现在是几点钟，当他同时拥有两只手表时，却无法确定。两只手表并不能告诉一个人更准确的时间，反而会让看表的人对准确时间失去信心。

5.3.2 企业经营计划的内容

企业经营计划的组成，没有一个标准模式，其内容可根据企业的具体要求及计划期限、形式而增减。企业经营计划的主要内容如图 5.4 所示。

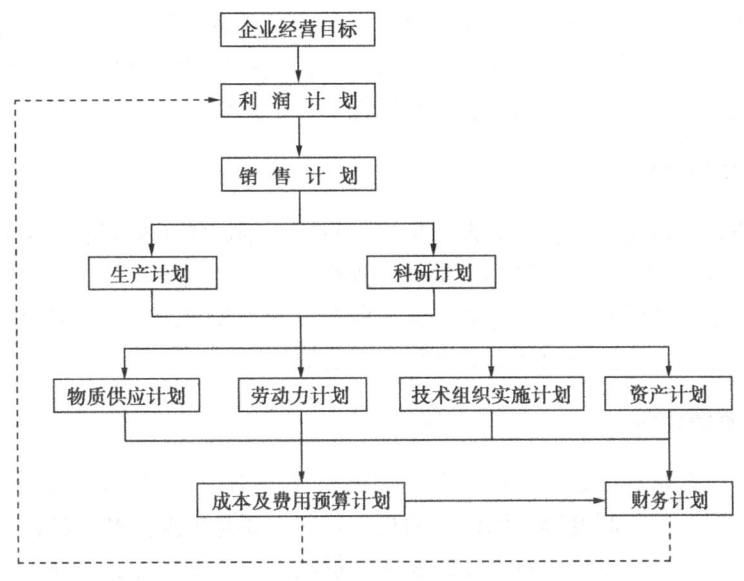

图 5.4　企业经营计划的主要内容

1．企业经营目标

企业生产经营的发展计划是企业的长期计划，是企业生产经营的发展方向。它包括企业规模发展计划，如生产规模、投资规模发展规划、企业技术改造发展计划及企业员工工资福利提高规划等。

2．利润计划

利润是企业经营活动中最重要的综合性指标，它反映企业的经营效益。经营计划的编制应以利润计划为核心。利润计划规定企业在计划期内的利税目标及利润的分配和使用。

3．销售计划

销售计划规定企业在计划期内应销售产品的品种、质量、数量及其他销售收入。依据利润计划、市场订货合同及市场的预测来编制销售计划，并尽可能充分利用生产能力来增加赢利，确保利润计划的实现。

4．科研计划

科研计划是企业经营计划的主要内容之一，关系到企业技术的发展速度及产品的科技含量，直接影响企业的生存与发展。因此，该计划与产品的品种计划、质量计划等密切相关，应包括新产品发展、老产品改造，新技术、新工艺、新材料的发展及综合利用等内容。

5. 生产计划

生产计划规定企业在计划期内生产的产品品种、质量、数量、生产进度及生产能力利用程度等。生产计划是依据销售计划而编制的，生产计划能否按期限完成直接决定销售计划完成的好与坏，它是完成销售计划的保证，也是以销定产的重要依据。

6. 物资供应计划

物质供应计划规定企业在计划期内生产、科研、维修等所需要的各种物资，包括原材料、燃料、动力和工具等的品种、数量、规模、质量及供应时间等。编制物质供应计划的主要依据是生产计划和科研计划，在企业合理利用和节约物资、减少资金占用及降低产品成本等方面，物质供应计划具有十分重要的作用。

7. 人力资源计划

人力资源计划是对计划期内企业生产、经营、管理各方面所需要的各类人员的招聘、培训、绩效考评、薪酬制度等方面做出的规定。它主要是依据生产、经营计划编制的。人力资源计划对合理确定企业对人才的需求，保证人力资源供应、节约人力资源成本、提高劳动生产率和企业的竞争力具有重要的作用。

8. 技术组织实施计划

技术组织实施计划是落实各项计划特别是落实科研计划、生产计划的必要手段。它包含为完成新产品开发的生产任务所制订的职工培训计划、产品设备的技术改造计划及组织调整计划。

9. 资产计划

资产计划是落实生产计划的物质手段之一。它包括流动资产计划和固定资产计划。编制资产计划的依据主要是生产计划。一个有效的资产计划，有利于提高企业资金利用率，减少资金占用，降低经营风险，提高经济效益。

10. 成本及费用预算计划

成本及费用预算计划规定企业在计划期内生产产品所需要的全部费用、各种产品的单位计划成本的降低水平及节约生产费用、降低成本的措施。生产计划、劳动力计划、技术组织实施计划和资产计划是编制成本及费用预算计划的依据。它对企业目标成本的控制和增加赢利，具有重要的保证作用。

11. 财务计划

财务计划的编制是为了约束和控制企业的财务行为。财务计划是在生产、销售、物资供应、劳动工资、设备维修、技术组织等计划的基础上编制的,以货币形式预计计划期内资金的取得与运用和各项经营收支及财务成果的书面文件。财务计划可使企业目标具体化,可以作为企业控制的标准和工作业绩考核的依据。通常财务计划包括确定财务目标、制定财务战略与财务规划和编制财务预算。它需要预测企业的财务结构和措施。财务计划主要通过编制现金预算表来体现。

5.3.3 企业经营计划的编制方法

1. 滚动计划法

滚动计划法是指根据计划执行的情况和条件的变化,调整和修正未来的计划,并逐期向前移动,将近期计划与远期计划相结合的一种计划。长期计划一般按年度滚动,短期计划可按季度或月度滚动,即每季或每月编制一次计划,每次向前滚动一季或一月,如此不断滚动,不断延伸,如图 5.5 所示。

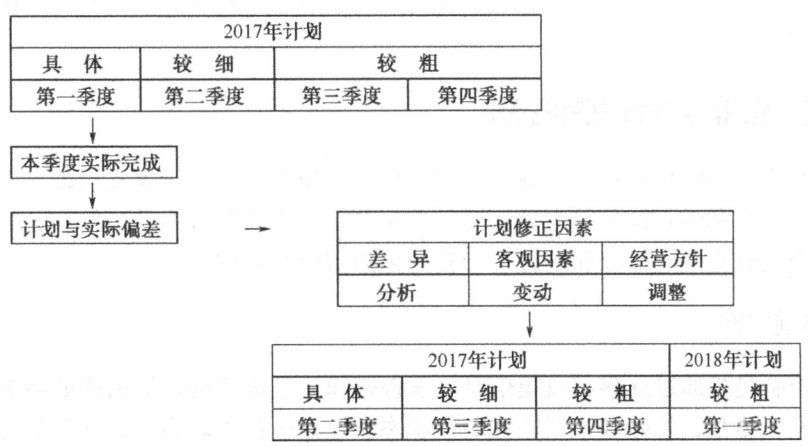

图 5.5 滚动计划法示意图

经营计划都是根据市场调查和预测制订的,制订的计划不可能百分之百地符合未来的发展情况。因此,在计划执行过程中,有时会出现意外的事情,而在发生重大问题时,计划就必须做出相应的调整或修正,只有这样,企业才能减少未来可能出现的问题所带来的损失。

计划所设想的未来结果离现实越远,其确定性就越小;计划越长,不确定的因素就越多,计划的准确性就会变得不太有把握。因此,计划不但需要周密、细致地进行预测,而且需要制定相应的补救措施并随时检查计划执行中所遇到的情况,以便在遇到重大问题时为保证所要达到的目标而及时重新制订计划措施。

2. 网络计划技术

网络计划技术是指用于工程项目的计划与控制的一项管理技术，其原理是：首先，应用网络图的形式来表达一项计划中各项工作（任务、项目、工序等）的先后顺序及相互关系；其次，通过计算找出计划中关键的工序和关键路线；最后，通过不断改进网络图选择最佳方案，并在计划执行过程中进行有效的控制和监督，以便取得满意的评价效益。

> **小资料**
>
> 网络计划技术是20世纪50年代末发展起来的，有关键路径法（CPM）与计划评审法（PERT）之分。1956年，美国杜邦公司在制定企业不同业务部门的系统规划时，制订了第一套网络计划。这种计划借助于网络图表示各项工作与所需要的时间，以及各项工作的相互关系。通过网络分析研究工程费用与工期的相互关系，并找出在编制计划及计划执行过程中的关键路线。这种方法称为关键路径法（CPM）。1958年美国海军武器部在制订研制"北极星"导弹计划时，同样应用了网络分析方法与网络计划，但它注重于对各项工作安排的评价和审查，这种方法称为计划评审法（PERT）。鉴于两者的差别，CPM主要应用于以往在类似工程中已取得一定经验的承包工程，PERT更多地应用于研究与开发项目。60年代初期，中国科学家华罗庚研究和推广了这两种方法，并把它们定名为统筹法。

5.3.4 企业经营计划的控制

企业经营计划的控制是指企业在动态变化的环境中，为了确保实现既定的目标而进行的检查、监督和纠正偏差等管理活动。控制是实现当前阶段企业目标和计划的有力保证，也是企业修正发展目标和制订下一轮计划的前提和基础。

1. 事前控制

事前控制是指通过观察和收集信息，掌握规律，预测趋势，提前采取措施，将可能发生的问题（事故、偏差等）消除在萌芽状态，这是一种"防患于未然"的控制，是控制的最高境界。

2. 事中控制

事中控制是指在某项活动或者生产经营过程中，管理者采用纠正措施，以保证目标或计划的顺利实现。它主要通过管理人员深入现场进行有效的控制。

3. 事后控制

事后控制主要是分析工作的执行结果，将它与控制标准相比较，发现差异并找出原因，拟定纠正措施以防止偏差继续存在。例如，财务分析报告、产品销售状况分析报告及销售人员业绩评定报告等。

项目小结

决策是管理的心脏。科学的决策必须遵循正确的原则和严谨的程序。决策原则有满意原则、分级原则、民主原则、定性分析和定量分析相结合的原则等。决策的程序是调研经营状况及环境、确定经营决策目标、拟订可行方案、评价与选择方案和实施方案。为了提高经营决策的科学性,还要选用合适的决策方法,定性的或定量的方法,或两者结合使用。其中,定量分析方法主要有盈亏平衡分析法、线性规划法、决策树法等。

制定经营战略从长期性、全局性、系统性、应变性及风险性等方面考虑,有助于降低经营的风险,提高经营成功的可能性。按经营战略的不同势态可分为发展战略、维持战略和收缩战略,按具体内容分为产品战略、市场战略和投资战略。

企业经营计划是一项非常复杂的工程,包括企业经营目标、利润计划、销售计划、科研计划、生产计划、物资供应计划、人力资源计划、技术组织实施计划、资产计划、成本及费用预算计划和财务计划。计划工作必须有科学的方法和严谨的控制。滚动计划是逐期向前移动的一种计划,它具有动态性,提高了计划的适应性及准确性。

项目训练

一、单项选择题

1. 将经营决策分为战略决策、战术决策和业务决策的依据是(   )。
    A. 决策者   B. 重要程度   C. 重复程度   D. 可靠程度
2. 企业经营战略的三项最基本内容不包括(   )。
    A. 战略目标   B. 战略方针   C. 战略规划   D. 战略实施
3. 按照经营决策所确定的方案,对企业生产经营活动及其所需的各种资源在时间和空间上所做的具体安排,称为(   )。
    A. 经营计划   B. 经营目标   C. 经营方针   D. 经营战略
4. 分析工作的执行结果,将它与控制标准相比较,发现差异并找出原因,拟定纠正措施以防止偏差继续存在,称为(   )。
    A. 事前控制   B. 事中控制   C. 事后控制   D. 现场控制
5. 风险型决策的准则是(   )。
    A. 收益值   B. 损益值   C. 损益期望值   D. 损益概率

二、多项选择题

1. 经营决策的特征包括(   )。
    A. 目标性   B. 选择性   C. 可行性   D. 满意性
2. 不确定型决策的决策方法有(   )。
    A. 冒险法   B. 保守法   C. 折中法   D. 后悔值法

3．按经营战略的不同态势，可将企业经营战略分为（　　）。
   A．发展战略　　　B．维持战略　　　C．收缩战略　　　D．投资战略
4．企业经营计划的编制方法包括（　　）。
   A．头脑风暴法　　B．决策树法　　　C．滚动计划法　　D．网络计划技术

三、判断题

1．经营决策是由企业最高管理者做出的。（　　）
2．单位产品的变动成本随业务量的增减而变动。（　　）
3．细节决定成败，因而企业有无经营战略对其生存和发展影响甚微。（　　）
4．科学的经营计划是企业提高效率及经济效益的重要保证。（　　）
5．经营计划都是根据市场调查和预测制订的，制订的计划不可能百分之百地符合未来的发展情况。（　　）

四、简答题

1．简述决策的程序。
2．举例说明什么是固定成本和变动成本。
3．什么是企业经营战略？它有什么特点？

五、论述题

1．结合实际，试述如何实现科学决策。
2．举出你曾做出的一些有风险的决策，为什么承担风险？是如何处理的？从中学到了什么？

六、计算题

某企业的年固定成本为1 000万元，单位产品售价为2 000元，单位产品变动成本为1 000元。计算：
（1）盈亏平衡点的销售量。
（2）目标利润为500万元时的销售额。
（3）经营安全率在30%以上时的销售量。

项目实训

策划活动不简单

请你制订一个文艺晚会（或一次旅游）的实施方案。
要求：
1．首先请你设定这个活动的具体目标（如玩得痛快、增进友谊），说明设定目标的原因。

2．指出本次活动你可以动用或使用的资源有哪些，哪些是制约你做好本次活动的关键资源。

3．你需要为举行本次活动做一个调查吗？

4．本方案中需要做哪些决策？需要制订哪些计划？

5．这次文艺晚会（或旅游）由哪些活动构成？哪些活动是关键？

项目6 市场营销管理

通过本项目的学习，了解市场营销的概念及重要性；理解市场营销管理哲学；了解市场细分的概念及细分原则；掌握目标市场的策略；了解产品的含义及对消费品的分类；理解产品生命周期的营销策略；熟悉定价目标；了解定价技巧；了解分销渠道的功能及类型；理解促销组合；掌握促销的常见工具以及媒体的特征和媒体选择技巧。

新四大发明

一位制鞋商想要知道某个遥远的南太平洋小岛是否有鞋类的市场。他派遣一名订单处理人员到小岛上，在粗略看了一下环境之后，此人回电说："这里的人都不穿鞋子，故无市场可言。"这名商人半信半疑，另派遣一名销售人员到当地，结果此销售人员回电："这里的人都不穿鞋子，市场简直大得不可限量。"这名商人又担心销售人员对于这个潜在鞋子市场过于乐观，于是他又派遣第三位人员前往，这次是一位营销人员。在经过和部落酋长及几位原住民的见面之后，最后他回电："此地的人没穿鞋子，然而他们都有脚疾。我已告诉酋长鞋子对于预防脚疾的功效，他十分感兴趣。根据酋长的估计，如果每双鞋售价10美元，大约70%的人会购买鞋子。因此，我们在第一年大约可售出5 000双鞋子。把这些鞋子运到当地，再加上销售的渠道，平均每双鞋子的成本大约为6美元。扣除成本之后，我们第一年可获利20 000美元；若以投资的金额来看，我们的投资报酬率可达到20%，比我们一般的投资报酬率15%还高！更别提我们进入市场后可能带来的高收益。我建议我们可以进军这一市场了。"

资料来源：科特勒. 科特勒谈营销. 杭州：浙江人民出版社，2002.

任务 6.1 市场营销概述

6.1.1 市场营销的概念

市场营销的含义是随着企业市场营销实践的发展而发展的。在经济发展的不同阶段，营销学家从不同角度对市场营销这一概念进行界定。最有代表性的是美国市场营销学会分别于 1960 年和 1985 年所定下的经典概念。

概念Ⅰ（1960 年）："市场营销是将货物和劳务从生产者转到消费者过程中的一切企业活动。"这一界定将市场营销定为商品流通中的企业活动，即营销等同于销售。现代市场营销包括市场营销研究、市场需求预测、产品开发、定价、分销广告、人员推销、营业推广及售后服务等，而销售环节只是市场营销活动的一部分。

概念Ⅱ（1985 年）："市场营销是指通过对货物、劳务和计谋的构想、定价、分销、促销等方面的计划和实践，以实现人和组织的预期目标的交换过程。"根据这一界定，市场营销已超越了流通过程，是一个包括了分析、计划、执行和控制等活动的管理过程。

一般认为，比较权威的概念是市场营销学派的代表人——美国营销大师菲利普·科特勒，在 1994 年对市场营销的解释："市场营销是个人和集体通过创造，提供出售，并同别人交换产品和价值，以获得其所需所欲之物的一种管理过程。"这一权威定义包含以下三层含义。

① 市场营销的最终目标是"满足需求和欲望"。
② 市场营销的核心是交换。
③ 营销者创造的产品和价值能否与顾客需求一致，决定交换过程能否顺利进行。

> **小资料**
>
> 市场营销学于 20 世纪初期产生于美国，是系统地研究市场营销活动及其规律的一门科学。如今市场营销学已成为同企业管理相结合，并同经济学、行为科学、人类学、数学等学科相结合的应用边缘管理学科。市场营销学的产生与发展同商品经济的发展、企业经营哲学的演变是密切相关的。有很多经典理论值得学者或从事市场营销的人们使用和研究。

二维码材料：6-1 市场营销中十九个经典理论

6.1.2 市场营销管理哲学

营销是一种经营职能，又是一种哲学。所谓市场营销管理哲学，是指企业对其营销活动及管理的基本指导思想。它是一种观念、一种态度，或一种企业思维方式。正确处理企业、顾客和社会三者之间的利益关系是市场营销管理哲学的核心。

随着生产和交换日益向纵深发展，市场营销管理哲学的演进，经历了由以产品生产或销售为中心的产品导向营销观向以满足市场需求为中心的顾客导向营销观的转变，两者的差异如表 6.1 所示。

表 6.1　产品导向营销观与顾客导向营销观的差异

营销观	出发点	中心	方法	目标
产品导向	企业	产品	推销	扩大销量获得利润
顾客导向	目标市场	顾客	整体营销	满足顾客需求获得利润

1．产品导向的营销观

产品导向的营销观念主要包括生产观念、产品观念及推销观念。

（1）生产观念

生产观念是一种最古老的营销管理观念。持有生产观念的经营者认为，消费者喜欢那些可以随处买得到而且价格低廉的产品，企业应努力提高生产效率和分销效率，扩大生产并降低成本以扩展市场。以这种观念指导营销活动的企业，称为生产导向企业。生产观念是一种"以产定销"的观念，具有重生产、轻营销的特征，其主要特点如下。

① 以企业为中心，以企业利益为根本取向。
② 企业将主要精力放在产品生产上，注重规模、高效率及低成本。
③ 不注重市场的愿望及需求。
④ 企业管理中以生产部门作为主要部门。

生产观念并不是注定会使企业失败的原因，尤其在短期内更是这样。在物资贫乏、商品供不应求时，消费者最关心的是能否买到商品。以生产观念为指导的企业能不断提高生产效率，保证供给，从客观上满足了市场需求，所以取得了比较好的营销效果。

在竞争不激烈或需求大于供给的时候，生产导向的企业可能会生存下来，甚至发展壮大。随着经济的发展，市场竞争的加剧，生产观念被越来越多的企业所抛弃。

（2）产品观念

产品观念是以提高产品的质量和功能为重点的营销观念，它产生于市场产品供求平衡或供不应求局面缓解形势之下。持产品观念的经营者认为，消费者喜欢那些质量优良、功能齐全、具有特色的产品。因此，企业注重内部管理。通过抓管理、提高人员素质、抓质量，企业致力于努力提高产品质量及性能，认为只要产品好，不愁没销路。产品观念的企业也是产品导向的企业，管理者只注意现有产品，不注重市场需求的新变化，看不到新产品取代旧产品的发展趋势，总以为本企业的产品是最好的，是有销路的。

产品观念与生产观念一样，也是典型的"以产定销"观念，表现为重视产品质量，轻视顾客需求，其主要特点如下。

① 以企业为中心，以企业利益为根本取向。
② 企业主要精力放在产品改进及生产上，追求高质量、多功能。
③ 轻视市场的愿望及需求。
④ 在企业管理中仍以生产部门为主要部门，但加强了质量控制。

产品观念相对生产观念来讲，有了一定的进步。在大批伪劣产品充斥市场的情况下，持产品观念的企业能生产出较高质量的产品，就可获得更高的销售额，这对改善企业形象起到了一定的作用。然而，不顾市场需要一味提高产品质量，增加产品功能，无论是对消费者和企业，还是对社会都是十分不利的。

小资料

美国匹兹堡玻璃板公司技术人员在20世纪80年代花费大量时间、金钱和精力，开发了一种既能透过阳光又能阻挡热量的浅蓝色挡风玻璃。公司认为这种产品比现有的挡风玻璃要好得多。但是，当1991年这种产品推向市场时，汽车生产商却拒绝购买。因为他们不喜欢这种颜色，也不喜欢这个价格。该公司负责科技的副总裁说："我们开发了一种非常好的老鼠夹，但是却没有老鼠。"

（3）推销观念

推销观念也称为销售观念，它基于这样的思想：企业努力提高销售技巧，加大推销力度，人们便会购买更多的商品和服务，而高销售带来高利润。执行推销观念的企业，称为推销导向企业，其表现为：我们卖什么，就让人们买什么。

推销观念仍然是一种"以产定销"的营销观念，其主要特点如下。

① 仍然以企业为中心，以企业获利为根本取向。
② 加强推销，注重产品的销售，研究和运用推销及促销方法和技巧。
③ 重视推销，仍然忽视市场的愿望及需求。
④ 销售部门的力量得到加强，但仍处于从属地位。

推销观念的根本问题与生产观念及产品观念一样，企业营销的立足点不变，即一切考虑均从企业本身出发，而不是从消费者的角度出发。它仍然不注重对市场需求的了解，不注重消费者的利益和社会利益，甚至一些企业为了提高销售额，肆意夸大产品的性能及功能，隐瞒产品的重大缺陷，严重损害了消费者的利益。推销观念作为企业营销的一种指导思想，已不适应社会发展的需要。因此，现代企业的市场营销必须摒弃产品导向的营销观念，树立以消费者需求为导向的现代市场营销观念。

小资料

依靠强大的广告和人员推销而辉煌一时的三株集团，创始于1992年，是从事药品、保健品、化妆品生产和销售的民营企业。从1994年至1996年的短短三年间，三株销售额从1个多亿跃至80亿元；从30万元的注册资金到1997年年底48亿元的公司净资产。三株在全国所有大城市、省会城市和绝大部分地级市注册了600家子公司，在县、乡、镇有2 000个办事处，吸纳了15万销售人员。迅速崛起的三株不仅达到了自身发展的顶峰时刻，更创造了中国保健品行业史上的纪录，其年销售额80亿元的业绩至今在业内仍然无人可及。但三株的结局就像知了一样，喧嚣几天过后，被顾客无情地抛弃了。

上述三种产品导向营销观的比较情况如表6.2所示。

表6.2 产品导向营销观比较

营销观	主要观点	营销重点	营销任务	适用条件
生产观念	企业生产什么，就销售什么	产品生产	提高效率	产品供不应求
产品观念	产品质量高，不愁销路	产品改进	提高质量	产品供求平衡
推销观念	加大推销力度就能销售更多产品	产品推销	加强推销	产品供过于求

2. 顾客导向营销观

顾客导向的营销观念是以顾客需求为中心的一种营销观念，它包括市场营销观念和社会市场营销观念。

（1）市场营销观念

市场营销观念是指以市场需求为中心，以研究如何满足市场需求为重点的营销观念。市场营销观念的确立，标志着企业的营销观念发生了根本性的变化，由传统的封闭式的生产管理型企业转变为开放式的生产经营型企业。

市场营销观念形成于20世纪50年代，市场营销观念认为，实现企业各项目标的关键，在于正确确定目标市场的需要和欲望，并且比竞争者更有效地传送目标市场所期望的产品和服务，进而能比竞争者更有效地满足目标市场的需求和欲望。

实施市场营销观念的企业被称为市场导向型企业。以市场为导向意味着为了满足需求并提供更高的价值，需要企业高层管理人员具体领导营销工作，以顾客为中心，了解竞争对手的信息，使部门之间相互协调，同时还要求与顾客建立并维持互利的关系。

市场营销观念的主要特点如下。

① 以消费者为中心，以满足顾客需求为根本取向。
② 把包括生产在内的组织中的所有活动结合起来以满足这些需求。
③ 通过满足顾客的需要实现企业的长期目标。

市场营销观念认为，顾客之所以购买某企业提供的产品，是因为这些产品在一定程度上能够比竞争对手的产品更好地满足需求。现在的顾客比以往有更高的期望、更多的选择，这意味着企业的管理者更要比以往明察秋毫，要能够预测需求，提供优质的服务。

> **小资料**
>
> 《天线宝宝》之所以成功，在于它挖掘了"最年轻的电视观众"这一市场。1995年，维塞尔曼创办依斯碧斯娱乐公司时，他独具慧眼地发现，没有任何一家公司专注于生产婴幼儿的娱乐产品。于是他们创作了《天线宝宝》，其出发点不是成心"想要教孩子什么"，而是让孩子们感到认同和好玩。这是一个低幼龄儿童节目，主要的收视对象是1～5岁的孩子。

（2）社会市场营销观念

这种观念认为，一个企业的存在不仅要满足顾客需要及实现企业自身的目标，而且要保持或提高个人和社会的长期最佳利益。

从20世纪70年代起，随着全球环境变坏、资源短缺、人口"爆炸"及忽视社会服务等问题的日益严重，要求企业顾及消费者整体利益及长远的社会利益的呼声越来越高。西方学者提出了一系列新的观念，如人类观念、生态准则观念及绿色营销观念等。这些观念的共同特点是市场营销不仅要考虑消费者的需要，而且还要考虑消费者与社会的长远利益，这些观念统称为社会市场营销观念。因此，企业在市场营销中要将顾客需求、企业优势和社会效益三者结合起来，来确定企业的经营方向和经营重点，如图6.1所示。

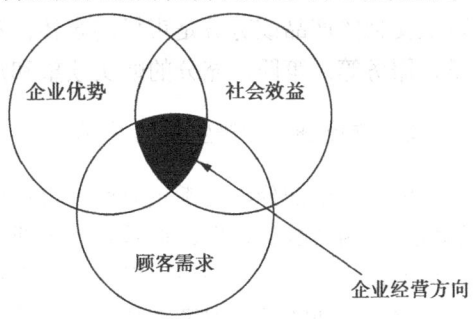

图 6.1　社会市场营销观念图

社会市场营销是对市场营销观念的进一步修正和发展，它强调企业营销不仅要以消费者为中心，更重要的是要以社会为中心，重视社会效益。执行及实施社会营销观念的企业，其营销观念有了很大的提升。

小资料

2005年，印度政府为了更好地发挥印度企业家的作用，特意请知名人力资源管理咨询公司Hay（合益）集团对印度30多位卓越企业领导人进行了研究。通过对这些领导人过去成功与受挫经验的深入访谈，Hay集团的研究者们在长达18个月的调查研究之后给出了《印度卓越企业领导力素质报告》，确立了以下四个使印度的CEO有别于其他国家卓越企业领导人的关键因素：执着地专注于成长和创新、高度利他主义的经商哲学、高度的坚韧力和诚信度、更为正式和职业化的人际关系取向。

任务6.2　市场细分和目标市场

6.2.1　市场细分

1. 市场及其构成要素

在日常生活中，人们习惯将市场看作是买卖的场所，如集市、商场、超级市场、劳动力市场等，这是一个时空（时间与空间）市场概念。

市场是商品经济的产物，有了商品交换才产生了市场。市场是一个广泛的名词，从不同的角度可以有不同的理解和解释。例如，有的强调交换的场所，如某某市场；有的强调顾客的购买欲望、购买能力和购买数量，如市场兴旺、市场疲软；有的强调交换对象的性质，如钢材市场、汽车市场；有的强调谁在交换中占主导地位，如买方市场、卖方市场等。这些解释都有一定的片面性，按经济学家的解释，"市场是商品交换关系的总和"比较全面，它包含了交换场所、交换地点、交换数量的多少、买卖双方的地位等全部内容。从营销学的角度看，营销学家菲利普·科特勒的定义"市场是由一切具有特定欲望和需求并且愿意和能够以交换来满足这些需求的潜在顾客所组成的"是比较完整的。

由此可见，构成市场必须包括以下四个要素：第一，买卖双方是市场的主体；第二，可供交换的产品或劳务是市场的客体；第三，买卖双方所认可的一定条件，如价格、质量、服务等；第四，充分的购买欲望和购买能力。

2. 市场细分的产生及其发展

所谓市场细分，是指企业通过市场调研，根据顾客对产品的不同需要和欲望、不同的购买行为与购买习惯，把具有一个或多个相同特征的顾客，按不同需求分割成若干子市场的过程。任何一个子市场都是一个有相似需求的顾客群体。

需要强调的是：市场细分不是通过产品本身的分类来细分市场，而是根据产品或劳务需求的不同的顾客群来细分市场。

20世纪50年代以前，几乎没有企业进行市场细分。直到20世纪50年代中期，美国市场营销学家温德尔·斯密才首先提出了市场细分概念。市场细分的产生及发展经历了以下三大阶段。

（1）大量市场营销阶段

在20世纪20年代以前，当时西方国家经济的发展追求速度和规模，企业市场营销的模式是大量营销，企业强调通过大批量生产降低生产成本来占领市场，获取大量利润。

（2）产品差异营销阶段

在20世纪20年代末到50年代前，由于社会生产力和科技水平有了很大的提高，市场已由卖方市场向买方市场转移。市场竞争加剧，迫使企业转变市场经营理念，营销模式从大量营销向产品差异营销转变。企业通过推出与竞争者不同质量、性能、服务的产品来获得市场优势，取得利润。

（3）目标市场营销阶段

20世纪50年代以后，生产力大幅度提高，市场竞争进一步加剧，市场迫使企业彻底转变经营观念和经营方式，开始实行目标市场营销，即企业通过市场细分，选择其中最具有吸引力的细分市场作为目标市场，制定相应的市场营销组合，以满足目标市场需求。

3. 市场细分的原因与作用

将一个大市场分为若干子市场的主要原因是顾客需求的差异性和企业资源的有限性。任何一个企业都不可能，也没有必要去满足全世界所有顾客的需求，而只能满足其中某些顾客的某些需求，因此需要市场细分。

市场细分在所有成功企业的营销策略中都起着关键的作用。市场细分的作用主要有以下三点。

（1）有助于更准确地确定顾客的需求和需要

若不进行市场细分，企业选择目标市场时必定是盲目的，不认真地鉴别多个细分市场的需求，就不能进行有针对性的市场营销。

（2）有助于更准确地制定市场营销策略

一般来说，企业为未细分的整体市场提供单一的市场营销组合，做起来比较容易，但是整体市场需求差异和需求变化的信息难以掌握。而在细分市场的情况下，企业较易察觉某一细分市场需求的变化及竞争者的市场营销策略变化，能够有针对性地调整其市场营销策略，不断提高目标顾客的满意程度。

（3）有助于更合理地分配市场营销资源

在未细分市场上，企业的有限资源（人、财、物、信息）在整体市场上均匀分布，使得十分有限的资源被大量浪费，而市场细分后可使企业了解到细分市场的规模及潜力的差异，可以将企业的有限资源配置在不同的子市场上，从而起到事半功倍的营销效益。

小资料

联想的产品细分策略是基于产品的明确区分进行的。联想打破了传统的"一揽子"促销方案，围绕"锋行""天骄""家悦"三个品牌面向的不同用户群需求，推出不同的"细分"促销方案。选择"天骄"的用户，可以优惠购买让数据随身移动的魔盘、可精彩打印数码照片的 3110 打印机、SOHO 好伴侣的 M700 多功能机，以及让人尽享数码音乐的 MP3；选择"锋行"的用户，可以优惠购买"数据特区"双启动魔盘、性格鲜明的打印机及"新歌任我选"MP3 播放器；钟情于"家悦"的用户，则可以优惠购买"电子小书包"魔盘、完成学习打印的打印机、名师导学的网校卡，以及成就电脑高手的 XP 电脑教程。

4．市场细分的原则及标准

（1）市场细分的原则

市场细分要行之有效，必须遵守以下几个原则。

① 可衡量性，是指细分市场必须是可识别和可衡量的。在某个地理区域内，人口的数量、不同年龄段人口的数量以及其他社会的和人口统计学的特征经常是容易获得的，利用它们可以具体地测出细分市场的大小。

② 可进入性，是指企业的资源条件与市场营销能力足以进入所选择的子市场，并能有所作为，而非可望而不可即。

③ 数量性，是指细分市场必须达到一定程度以确保能够制定和维持一个特定的营销组合。从一个极端例子来看，世界上的每个人和每个组织都可以定义为一个细分市场，因为每个人或每个组织都是不同的。但是，企业不可能把一个人的子市场作为目标市场，否则企业就要亏损，更谈不上赢利。因此，有效的市场细分必须有足够的需求规模与市场潜量，以保证企业获利。

（2）市场细分的标准

市场细分时，消费者市场和生产者市场所考虑因素的差别如下。

① 消费者市场细分标准包括地理因素、人文因素、心理因素和行为因素。这些因素有些相对稳定，多数则处于动态变化中。

a．地理因素，是指消费者所处的地理位置和自然环境，具体变量包括国家、地区、城市规模及气候条件等。例如，雨雪用具、衣服、空调及供暖设备都是受气候影响很大的产品。

b. 人文因素，是指各种人口统计变量，具体包括年龄、性别、收入水平、职业、民族及家庭生命周期等。例如，以家庭生命周期细分为例，仅以年龄、性别及收入水平通常不能解释为什么消费者的购买行为差异很大。相同年龄和性别的消费者在消费方式上的差异是由他们处于家庭生命周期的不同阶段引起的。影响家庭生命周期的还有年龄、婚姻状况和有无子女等多种因素。

c. 心理因素，是指消费者所具有的心理特征，如个性、价值观、生活方式及社会阶层等。

d. 行为因素，是指消费者所具有的购买行为，其中包括消费者进入市场的程度、使用频率、偏好程度等。

② 生产者市场细分标准。在消费者市场细分标准中，有些同样适合用于生产者市场，如地理因素、追求利益因素等；但还有一些因素与消费者市场细分因素不同，如最终用户因素、用户规模因素、产业因素等。生产者市场细分常用标准有用户规模、产品的最终用途及生产者购买状况等。

6.2.2 目标市场

市场细分的目的在于有效地选择目标市场。目标市场是企业经过比较和选择，决定作为服务对象的相应子市场。目标市场可以包含一个子市场、多个子市场或全部子市场。

1. 选择目标市场的模式

可供企业选择目标市场的模式有五种，如图 6.2 所示，其中 P 代表产品，M 代表市场。

① 市场集中化模式。市场集中化模式是指企业只选取一个细分市场，为其提供一种适销对路产品，如图 6.2（a）所示。

② 产品专业化模式。产品专业化模式是指企业为所有细分市场提供一种能满足其共同需求的产品，如图 6.2（b）所示。

③ 市场专业化模式。市场专业化模式是指企业专门经营满足某一顾客群体所需要的多种产品，如图 6.2（c）所示。

④ 选择专业化模式。选择专业化模式是指企业选择少数细分市场作为目标市场，分别提供各自所需要的产品，如图 6.2（d）所示。

⑤ 市场全面化模式。市场全面化模式是指企业进入众多的细分市场，生产众多产品来满足多种顾客群体的需要，如图 6.2（e）所示。

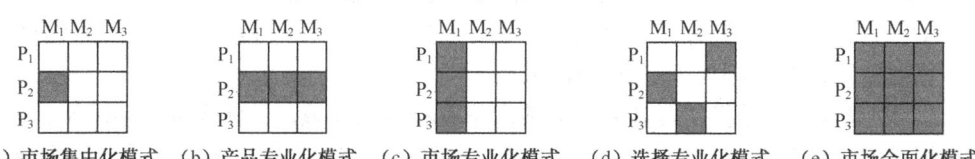

图 6.2 目标市场选择的五种模式

2. 目标市场策略的选择

通常，企业可选择的目标市场策略有以下三种。

① 无差异市场营销策略。无差异市场营销是指企业在市场细分之后，只考虑各子市场中相似的需求，对各子市场的需求差异不予考虑，即企业认为每个顾客都有类似的需求，并且可以使用统一的营销组合来满足这种需求。一个行业中的第一家企业有时会采用无差异营销策略选择目标市场。亨利·福特对 T 型车有一句名言："尽管人们想要各种颜色的车，但福特公司只生产黑色的。"这是一个典型的使用无差异市场营销策略选择目标市场的例子。

无差异市场营销策略的最大优点是经济性，因为只生产一种产品，公司可以达到大规模生产的规模经济；其次，采用无差异促销，营销费用也可以降低；最后，由于是单一的市场营销组合，便于企业统一地进行计划、组织与控制，也减少了管理的复杂性，便于操作。

无差异市场营销策略在实施中也暴露出一些缺陷：它对市场上大多数产品是不适宜的，它只适用于具有同质性的产品，而忽视了多个子市场的差异。

② 差异市场营销策略。采用此策略的企业通过细分市场之后，有目的地选择几个子市场作为目标市场，以不同产品来满足这几个子市场的需求。

采用差异市场营销策略的最大好处是可以获得更高的利润、更大的市场份额和销售额，然而它需要更多的产品设计、生产、促销、存货以及管理成本。另外，这种策略要受到企业人、财、物及信息等资源条件的限制，中、小型企业难以采取此策略。

③ 集中市场营销策略。采用此策略的企业，将它的营销努力集中在某一个细分市场（即目标市场）上，期望获得更大利益。因为，一些中、小型企业发现集中资源以及更好地满足范围较窄的细分市场的需求，比将资源分散到许多不同的细分市场更容易获利。

集中市场营销策略的最大好处是：由于目标集中，可以大大节约生产、营销费用并增加赢利；又因为生产、销售的专业化，有助于该企业在特定市场中取得竞争优势。

该策略的不足之处是风险较大。"不要把所有的鸡蛋放在一个篮子里"这句格言警示人们，如果所选择的细分市场太小或由于环境变化而缩小，企业将承担可怕的后果。例如，当宝洁公司强力推出"海飞丝"，迅速攻占一半的市场份额时，致使几家一直集中在"去屑"洗发水这个细分市场上的小企业在一年之内就破产了。

对于上述三种目标市场策略优点和缺点的比较如表 6.3 所示。

表 6.3 三种目标市场策略优点和缺点的比较

目标市场策略	优　　点	缺　　点
无差异市场营销策略	• 节约生产、营销成本 • 企业对竞争更加敏感	• 所提供的产品乏味、单调
差异市场营销策略	• 更多的销售额、更高的利润 • 生产及销售为中规模经济	• 高成本 • 细分市场之间发生竞争
集中市场营销策略	• 资源集中 • 使小企业能更好地与大企业竞争 • 能更好地满足细分市场需求	• 细分市场太小 • 经营风险较大

3. 选择目标市场营销策略应考虑的问题

① 企业能力。如果企业实力雄厚，营销能力强，可选择差异市场营销策略或无差异市场营销策略。资源有限的企业，则适合选择集中市场营销策略。

② 产品的同质性。对于能满足顾客需要而无多大差异的同质产品，如钢铁、煤炭、食盐等，适宜采用无差异市场营销策略；而对服装、食品、家用电器等，则宜采用差异市场营销策略或集中市场营销策略。

③ 市场的类同性。如果顾客需求与偏好相似，对市场营销刺激的反应差异不大，企业可采用无差异市场营销策略；否则，应采用差异市场营销策略或集中市场营销策略。

④ 产品所处的生命周期阶段。当产品处于投入期，企业采用无差异市场营销策略或集中市场营销策略最有效；当产品进入成长期和成熟期时，再采用无差异市场营销策略就难以奏效，所以在产品处于成长期时采用差异市场营销策略，就显得非常重要。

⑤ 竞争对手的目标市场策略。如果竞争对手采用无差异市场营销策略，企业采取差异市场营销策略或集中市场营销策略有利于开拓市场；若竞争对手已采用差异市场营销策略，企业则可采用更深层次的细分或集中市场营销策略。

任务 6.3 市场营销策略

市场营销策略是企业以顾客需要为出发点，根据获得的有关顾客和市场的情报信息，有计划地组织各项经营活动，通过相互协调一致的产品策略、价格策略、渠道策略和促销策略，为顾客提供满意的商品和服务并实现企业目标的过程。

6.3.1 市场营销组合

1. 市场营销组合的概念

市场营销组合是企业综合运用并优化组合多种营销因素，以实现预期营销目标的活动的总称。在营销管理中，可以自主选择且可控制的因素，称为营销因素。1960 年，美国学者麦卡锡将这些因素分为四大类，即市场营销组合的 4P 策略。

① 产品策略。产品策略（Product）包括产品性能、质量、外观、式样、材料、包装、服务及保证等。

② 价格策略。价格策略（Price）包括目录价格、折扣、折让、支付方式、付款期限和信用条件等。

③ 分销策略。分销策略（Place）包括渠道、地点、仓储及运输等。

④ 促销策略。促销策略（Promotion）包括广告、人员推销、营业推广及公共关系等。

四大因素之间不是彼此分离的关系，而是相互依存、相互影响和相互制约的关系。在市场营销过程中，企业要满足顾客的需要，实现经营目标，不能孤立地只考虑某一因素或手段，必须从目标市场需求和市场营销环境出发，根据企业的资源条件，综合运用各种市场营销手段，形成最佳组合，争取最佳经济效果。

2. 市场营销组合的特点

市场营销组合具有以下特点。

① 可控性。可控性是指企业可以自主地选择营销因素及其组合方案。例如，企业根据目标市场情况，能够自主决定生产什么产品，制定什么价格，选择什么销售渠道，采用什么促销方式。市场营销手段的这一特点，决定了市场营销组合的可能性。市场营销管理的核心，正是企业巧妙运用其可控因素，在动态适应市场营销中的不可控因素的过程中，实现预期目标的。

② 可变性。市场营销组合不是固定不变的组合，而是一种可变的组合。由于企业的内部条件和外部环境经常发生变化，市场营销组合就必须能动地做出相应的反应。

③ 复合性。复合性又称层次性。构成市场营销组合的四大因素，各自又包含了多个次一级或更次一级的因素，市场营销组合不仅需要四种因素的协调配合，而且每种组合的组成因素之间，每个组成因素的更次一级组成单位之间，都必须协调配合。

④ 整体性。市场营销组合的各种手段及组成因素，不是简单地相加或拼凑集合，而应成为一个有机的整体。在营销活动中，要综合应用及优化组合各种因素，使它们与企业的营销目标相协调，与环境的变化相吻合，以求得大于局部功能之和的整体效应。

6.3.2 产品策略

1. 产品概念

人们通常理解的产品是指具有某种特定物质形状和用途的物品，是看得见、摸得着的东西。这是一种狭义的定义。而市场营销学认为，广义的产品是指人们通过购买而获得的能够满足某种需求和欲望的物品的总和，它既包括具有物质形态的产品实体，又包括非物质形态的利益，这就是"产品的整体概念"。产品整体概念包含核心产品、形式产品、期望产品、延伸产品和潜在产品五个层次，如图6.3所示。

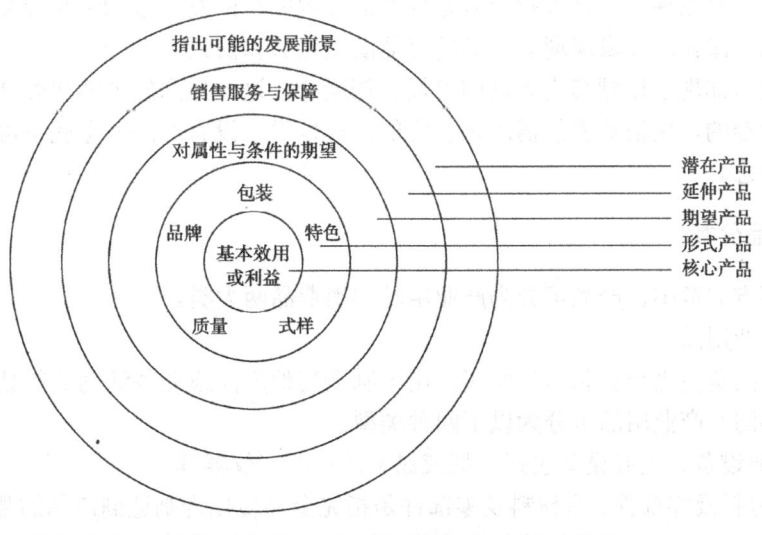

图6.3 产品概念的五个层次

(1) 核心产品

核心产品是指向顾客提供产品的基本效用或利益。从根本上说，每一种产品实质上都是为解决问题而提供的功效，是顾客真正要买的东西，因而在产品概念中也是最基本、最主要的部分。例如，人们购买洗衣机是为了洗涤衣服。

(2) 形式产品

形式产品，也称有形产品，是指核心产品借以实现的形式，即向市场提供的实体和服务的外观。形式产品有五个基本特征，即质量、特色、式样、品牌和包装。产品的基本效用，即核心产品，必须通过有形产品的形式才能得以实现。因此，企业的管理者应首先着眼于顾客购买产品时所追求的核心产品，再加上更加完善的外在形式以满足顾客的需要。

(3) 期望产品

期望产品是指购买者在购买产品时期望的一整套属性和条件。例如，旅客在乘飞机旅行时，都期望安全及准点，由于绝大多数航空公司均能满足旅客这一基本的期望，因此旅客在选择航空公司时，一般会选择票价最便宜和最方便的航空公司。例如，2005年春，春秋航空公司开航，公司根据旅客的期望，实施"红眼航班"，机上砍掉一切免费的零食及饮料，仅为每位旅客提供一瓶矿泉水，通过减少成本和降低票价，提升价值，满足旅客需求，结果效益不错。

(4) 延伸产品

延伸产品是指顾客购买形式产品时，附带获得的各种利益的总和，包括产品说明书、保修卡、安装、维修、送货及培训等。延伸产品的概念来源于对市场需求的深入认识，因为购买者的目的是为了满足某种需要，所以他们希望得到与满足该需要有关的一切。目前，不少企业的竞争主要表现在产品的服务、包装及品牌等有价值的延伸产品上。延伸产品工作做得好的企业，通常具有竞争优势。

(5) 潜在产品

潜在产品是指现有产品包括所有延伸产品在内的可能发展成为未来最终产品的潜在状态的产品。潜在产品表现现有产品的可能演变趋势和前景。

产品概念体现了以顾客为导向的市场营销观念，这一概念的内涵和外延都是以消费者需求为标准的，由消费者的需求来决定的。可以说，没有产品概念就不可能真正贯彻现代营销观念。

2. 产品分类

根据买方的意图，产品可分为产业用品和消费品两大类。

(1) 产业用品

产业用品是指由企业和单位购买，用于制造其他产品或业务活动的货品和服务。根据用途的不同，产业用品可分为以下四种类型。

① 主要设备。主要设备包括大型或昂贵的机器、仪器等。

② 原材料及零部件。原材料及零部件是指完全要转化为制造商产品的那类产品，其中包括未加工或已加工尚需继续加工才能成为生产成品的原材料及零部件。

③ 消耗品。消耗品是指消耗掉的，不构成最终产品的一部分物品，如润滑剂、铅笔、纸张等。这类市场竞争十分激烈。

④ 产业服务。产业服务是不构成最终产品的一部分的费用支出。例如，广告策划、管理咨询、营销调研、电脑维修等。

（2）消费品

按购买者购买消费品所消耗的精力程度，消费品可分为以下四种类型。

① 便利品。便利品是指消费者不需要耗费采购精力就能买到的、比较便宜的商品。消费者经常购买便利品，一般不做任何计划。尽管如此，由于消费者对便利品的品牌、价格和质量等都比较熟悉，因此企业需要对便利品进行广泛的分销，以方便消费者购买。

小资料

糖果、饮料、小商品、毛巾、感冒药品等都属于消费品中便利品的范畴。便利品可进一步分为常用品、冲动品及救急品。常用品是指消费者经常购买的商品；冲动品是指消费者没有经过计划和比较而购买的商品，如小饰品和巧克力等；救急品是指消费者在需求十分迫切时购买的商品。

② 选购品。选购品是指消费者在选购过程中，对适用性、质量、价格和式样等基本方面要进行认真权衡比较的产品。消费者愿意在这一过程中花费一些精力以取得期望的利益。

选购品分为两种：同质品和异质品。购买者认为同质品相似，如冰箱、电视机、电饭锅等，但价格却明显不同，有必要通过比较和选择以便买到价格最低而且具有所期望特征的品牌商品；相反，消费者认为异质品的质量是根本不同的，如服装、家具与大学。因此，购买者在比较异质品的价格、质量及特色等方面时，通常会认为产品的质量特色比价格更重要。

③ 特殊品。当消费者广泛地寻求某一独特的商品而又不愿意为此接受替代品时，这种商品即为特殊品。精美的手表、美食餐馆、高度专业化的医疗护理都被认为是特殊品。对这类商品，消费者一般都愿意花时间和精力，去购买认定的品牌或服务。

经营特殊品的经销商应经常运用突出地位感的精选广告保持其商品的独有形象，分销也应限定在某一地域内的一个或几个销售商店里。对于特殊品，品牌和服务质量十分重要。

④ 非渴求品。非渴求品是指不为消费者所了解或者虽然知道却没有兴趣购买的物品。新产品在通过广告和分销增加其知名度之前都属于非渴求物品。保险、葬礼策划、百科全书等均属于传统的非渴求品。由于消费者大多不会主动地去寻找这类产品，因此企业必须通过销售人员和有说服力的广告接触潜在的购买者，来扩展业务。

3．产品生命周期

（1）产品生命周期的基本理论

产品生命周期是指某产品从进入市场到被市场淘汰退出市场所经历的全部时间。产品生命周期一般可分为导入、成长、成熟和衰退四个阶段或时期，如图6.4所示。

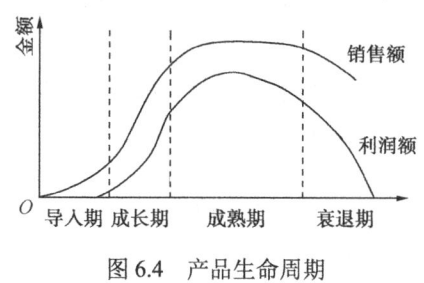

图 6.4 产品生命周期

产品导入阶段代表新产品向市场的全面推广，销售额及利润通常增长缓慢；在产品成长阶段，销售额迅速增加，利润增长很快；在产品成熟阶段，市场销量达到顶峰，市场的增长率较低，利润在后期开始下降；产品衰退阶段是指产品的销售量及利润显著下降，产品将退出市场。

不同的产品经过生命周期中的每个阶段的时间会有很大差异。有些产品，如时尚产品，可能几个星期就经历了整个生命周期；而另一些，如汽车和电视机，则几十年都会停留在成熟阶段，如图 6.5 所示。

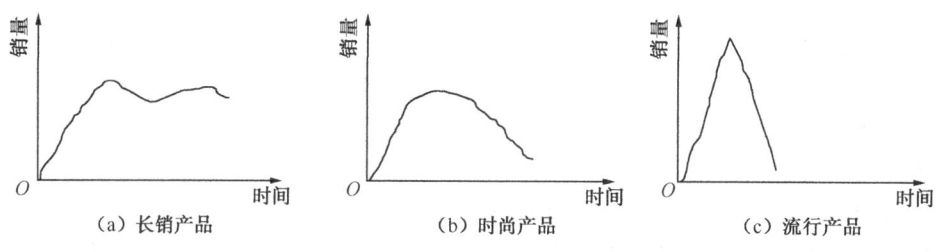

图 6.5 三种不同产品的生命周期

理解产品生命周期的概念，并不能告诉企业管理者一种产品的生命周期及每个阶段的停留时间有多长，它也不能指明产品战略，它只是一种帮助营销人员预测未来事件的工具，并可建议营销人员采取适当的战略。

（2）产品生命周期各阶段的营销策略

① 导入阶段的营销策略。导入阶段是产品首次投入市场的销售时期，其主要特点是：消费者还不太了解产品、产品销量低、利润往往为负值；由于需要对消费者进行有关新产品的宣传，因此广告及促销费用大。促销策略应以发展产品的认知度和提醒消费者产品类别的潜在利益为重心；分销商应采用密集的人员销售。因此，企业应综合考虑产品、价格、分销及促销等因素，做好产品的整体营销策划。

导入阶段一般有四种营销策略可供选择，如图 6.6 所示。

		促 销 水 平	
		高	低
价格水平	高	快速掠取策略	缓慢掠取策略
	低	快速渗透策略	缓慢渗透策略

图 6.6 四种市场策略

② 成长阶段的营销策略。成长阶段的主要特点是：销售额及利润增长很快；市场竞

争加剧；由于销售量增加及分销的成功，市场价格趋于下降。

企业应采用的策略是：提高产品质量与性能；扩大经销商的数量，积极建立与经销商的长期关系；促销目标从建立产品知名度转移到树立产品形象及品牌偏好；选择时机调整价格，以争取更多的顾客。

③ 成熟阶段的营销策略。该阶段的主要特点是：销售额开始下降，市场趋于饱和，它是产品生命周期中较长的一个阶段。当价格及利润下降时，一些竞争者开始退出市场。

成熟阶段企业的营销任务是：集中一切力量，努力延长产品成熟期，为企业带来更多的利益，积累更多的资金。

成熟阶段的营销策略是：开发现有产品的新用途或改变促销方式来开发新市场；吸引新用户，以增加产品的使用量；改进市场营销组合，以促进销货量。

④ 衰退阶段的营销策略。该阶段的主要特点是：产品的销售额急剧下降，企业甚至出现亏损；大批的竞争者退出市场；消费者的需求发生新的变化。

衰退阶段的营销策略是：取消无利可图的产品和品牌；逐步停止所有的促销活动；对还有少量市场需求的产品采取维持策略。

4．品牌与包装策略

品牌与包装都是产品的整体概念下"形式产品"的重要组成部分。

（1）品牌

品牌是经营者给自己的产品规定的商业名称，通常由文字、标记、符号、图案等组成。品牌实质上代表着卖方对交付给买方的产品特征、利益和服务的一贯性的承诺。品牌策略包括：无牌商品和品牌商品；生产商品牌和经销商品牌；单独品牌和家族品牌。

（2）包装

包装的营销作用主要有保护商品，便于商品储运，促进销售及有利于再循环使用。

> **小资料**
>
> 当今世界的三大饮料中，可乐品牌有可口可乐、百事可乐，咖啡品牌有雀巢、麦斯威尔，而茶叶品牌则首推英国立顿。中国作为茶叶的发源地，在国际上却没有知名的茶品牌。由于缺乏品牌效应，中国茶始终难以摆脱"一流品质、二流包装、三流价格"的怪圈，七万家中国茶厂在总体实力上竟难敌一家英国立顿，立顿茶业年产值相当于中国茶业年产值的七成。

6.3.3 价格策略

价格是唯一能产生收益的营销组合变量，它直接关系着市场对产品的接受程度，影响着企业利润的多少，是营销组合因素中一个最难以控制的营销因素。由于定价涉及生产者、经营者及消费者等多个方面，因此企业必须重视价格策略的选择和使用。

1. 影响定价的因素

（1）产品成本

产品成本是价格构成的基本因素和制定价格的基础，也是确定产品价格的最低界限。产品的销售价格高于产品成本，企业才能用销售收入来补偿生产经营中的消耗，获得利润。否则企业就无法维持正常的生产经营，也将影响企业的生存与发展。

（2）市场需求

产品价格是由市场需求决定的。需求受产品价格，消费者的购买力、消费观念、生活方式等因素影响。一般来说，市场需求量随价格的升高而下降，随价格的降低而增加，两者之间是一种负相关关系。当市场需求大，市场上无替代品时；当购买者对价格不敏感时；当购买者改变购买习惯较慢、不积极寻找较便宜商品时；当购买者认为商品质量有所提高或采用新技术、新工艺时；以及当通货膨胀时，定价较高是正常的。

（3）竞争状况

产品价格能定多高，取决于竞争者同种产品的价格水平。企业必须采用适当方式，收集竞争者同类产品的质量及价格等方面的信息资料，以便更准确地制定本企业产品价格。

另外，价格策略不仅依赖消费者的反应，而且依赖竞争者的反应。竞争者的行为依据不同市场结构中的竞争激烈程度和竞争优势的变化而变化。根据市场上企业数量多少、产品差异化程度及新企业进入市场的可能性等特征，市场可分为完全竞争、垄断竞争、寡头垄断和完全垄断四种结构类型。企业处在不同的市场，定价的方式也就不同。

2. 定价目标

为了在竞争激烈的市场中求得生存与发展，企业的定价目标必须是具体的、可实现的、可衡量的。一般而言，定价目标可分为三类：利润导向型、销售导向型和竞争导向型。

（1）利润导向型定价目标

利润导向型定价目标有以下三种。

① 以利润最大化作为定价目标，是指以确定的价格使总收入尽可能高于总成本。利润最大化并不意味着不合理的高价。

② 以满意利润（即合理的利润水平）作为定价目标，是指企业管理者和股东都可获得比较满意的利润，这也是一种与企业面对风险水平相一致的利润。追求满意利润水平，要结合企业的内部条件及外部环境等因素，才能实现目标。

③ 以投资收益率作为定价目标。它是对使用资产创造利润的总体管理有效性进行衡量的。企业管理者应该从竞争环境、行业风险以及经济状况等几个方面进行评估，以确定适宜的投资收益率。

（2）销售导向型定价目标

销售导向型定价目标有以下两种。

① 以销售收入最大化作为定价目标。销售收入最大化目标不考虑利润、竞争及营销

环境，只重视销售收入的增加。当企业发生短期的资金短缺或面临不确定的前景时，就可采用这类目标。另外，它也是临时性地处理存货过多的有效方法。例如，圣诞节之后，美国企业不少商品以 50%～70%的折扣出售。企业不可将销售收入最大化作为长期目标，因为销售收入最大化可能意味着微薄的利润甚至没有利润。

② 以市场占有率作为定价目标，即以一个企业的产品销售量占该行业总销量的百分比作为定价目标。较大的市场份额可以产生更大的规模经济、市场力量及优质管理的补偿能力，也意味着更高的利润。

小资料

> 格兰仕创建于 1978 年，前身是一家乡镇羽绒制品厂。1992 年，带着让中国品牌在微波炉行业扬眉吐气，让微波炉进入中国百姓家庭的雄心壮志，格兰仕大胆闯入家电业。大约 10 年间，格兰仕微波炉从零开始，迅速从中国品牌发展到世界品牌。其发展诀窍是：实施"做专、做大、做强"的低价策略，微波炉的市场占有率始终保持领先地位。

（3）竞争导向型定价目标

竞争导向型定价目标是指保持现行价格或根据竞争者的价格进行定价。这种定价目标的主要优点是较少需要计划，基本上是一种被动策略。

3．定价方法

（1）成本导向定价法

成本导向定价方法有两种：成本加成定价法和目标定价法。

① 成本加成定价是指按照单位成本加上一定百分比的加成来制定销售价格。成本加成定价是批发商和零售商进行销售定价最常用的方法。这种方法的最大优点是简便易行，但它忽略了需求，可能导致商品定价过高或过低。

② 目标定价，也称为盈亏平衡定价，是一种根据估价的销售总收入和估计销量来确定价格的方法。这种方法有其局限性，如固定成本与变动成本的区分，产品的价格是常数等。

（2）需求导向定价法

需求导向定价方法有三种：认知价值定价、反向定价和差别定价。

① 认知价值定价是指企业根据购买者对产品的认知价值来制定价格的一种方法。消费者往往会根据自己对产品的感受、购物经验及对市场行情等情况的了解来对价格做出评价。因此，此法的关键在于准确地计算产品所提供的全部市场认知价值。

② 反向定价，也称零售价格定价。它是指企业根据消费者的购买能力，确定最终销售价格，逆向推算出产品的批发价和出厂价。它的优点是：价格能反映市场需求，定价比较灵活。经销商以及新开发的产品多采用这种定价方法。

③ 差别定价是指将同一产品对于不同的细分市场采取不同的价格。例如，可按顾客差异、时间差异及空间差异采用不同的价格。这种定价与成本无关，只与顾客的需求相联系，是一种比较灵活的定价方法。

（3）竞争导向定价法

竞争导向定价方法有两种：随行就市定价和投标竞争定价。

① 随行就市定价是指企业按行业的平均现行价格水平来进行定价。这种定价法适用于完全垄断以外的其他类型的市场结构，尤其是同质产品市场的惯用定价方法。

② 投标竞争定价是指通过投标竞争的方式确定商品价格的方法。例如，政府采购、艺术品的拍卖、工程项目的招标等。此法的优点是：通过公平竞争，可降低企业或政府的采购成本，通常可以体现商品的真正价值。

4. 定价策略

企业根据不同的定价目标，采用不同的定价方法，只是得到产品的基本价格。在市场营销实践中，企业还要考虑并运用灵活多变的定价技巧，修正和调整产品的基本价格。

（1）新产品定价策略

企业在对新产品进行定价时，通常采用以下两种定价策略。

① 撇脂定价，即所确定的价格高于竞争产品的价格。这种定价策略主要适用于价格敏感性低、需求价格弹性小的产品，以及质量或性能远高于竞争者的产品。

② 渗透定价，即产品的价格定得相对低，以便进入大众市场。这种定价策略主要适用于价格敏感性高、需求价格弹性大的产品，以及存在明显的规模经济的产品。

（2）折扣、折让定价策略

通过折扣、折让等措施可以降低基本价格，最常用的措施有以下两类。

① 数量折扣、季节折扣、职能折扣及现金折扣。

② 价格折让，也称促销折让，是给予促销商品的经销商的报酬。

（3）心理定价策略

心理定价策略是运用营销心理学原理，利用顾客的心理因素，根据各类顾客购买商品或服务时的心理动机来制定商品价格。例如，尾数定价、声望定价、招徕定价等。

> **小资料**
>
> 在比利时的一间画廊里，一位美国画商正在和一位印度画家讨价还价，争辩得很激烈。其实，印度画家的每幅画底价仅在 10～100 美元之间。但当印度画家看出美国画商求购心切时，对其所看中的 3 幅画单价非要 250 美元不可。美国画商对印度画家敲竹杠的宰客行为很不满意，吹胡子瞪眼地要求降价成交。印度画家毫不示弱，竟将其中的一幅画点燃、烧掉了。美国画商亲眼看着自己喜爱的画被焚烧，很是惋惜，随即又问剩下的两幅画卖多少钱。印度画家仍然坚持每幅画要卖 250 元。从对方的表情中，印度画家看出美国画商还不愿意接受这个价格。这时，印度画家气愤地点燃了火柴，竟然又烧了另一幅画。至此，酷爱收藏字画的美国画商再也沉不住气了，态度和蔼多了，乞求说："请不要再烧最后这幅画了，我愿意出高价买下！"最后，竟以 800 美元的价格成交。

（4）地区定价策略

企业的产品从生产地运送到消费所在地，因距离不同，所花费的运输、仓储等费用就不同。企业可以利用几种不同的地区定价来减少对远距离消费者的影响。地区定价主要有 FOB 原产地定价、统一定价、区域定价及运费免收定价。

（5）产品组合定价策略

当消费者需要的是某一产品组合或者某产品组合的一部分时，企业就必须制定一系列价格，使整个产品组合的利润最大化。产品组合定价主要有产品线定价、选择品定价、分部定价、互补产品定价、捆绑定价（产品系列定价）。

6.3.4 分销渠道策略

1. 分销渠道的概念和功能

（1）分销渠道的概念

分销渠道是指某种产品在从生产者向消费者转移的过程中，取得这种产品的所有权或帮助所有权转移的所有企业和个人。渠道成员包括中间商、代理商、生产者及消费者，但不包括供应商和辅助商。

（2）分销渠道的功能

分销渠道的功能有以下三个方面。

① 促销功能，包括调查和融资。调查内容包括消费者是谁，他们在哪儿，他们为什么购买等问题；融资则保证渠道成员资金充足，以促进产品通过分销渠道流向最终用户。

② 交易功能，包括接洽、谈判及承担风险。通过接触潜在的顾客，促进销售产品及征求订单，使他们了解商品的特点、优点和益处。

③ 物流功能，包括产品运输、存储、分拣、分类、分配等。例如，对农产品分等级是典型的分拣整理过程，超市的分类功能则体现在把数以千计与消费者需要相匹配的不同产品集中起来。

2. 分销渠道的类型

（1）分销渠道的结构

由于工业品与消费品的差异，两者之间的营销渠道也有明显不同。

① 消费品营销渠道，即生产商把商品传递给消费者的途径。消费品营销渠道可分为四种，即直接渠道、零售渠道、批发渠道及代理商（或经纪人）渠道，如图 6.7 所示。

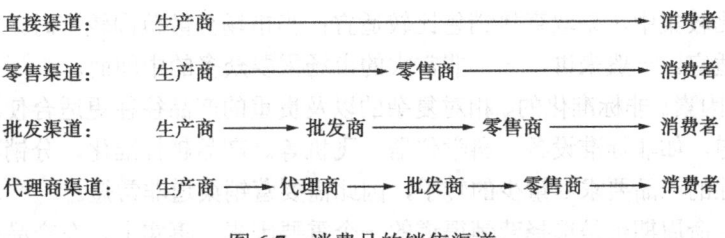

图 6.7 消费品的销售渠道

当零售商规模较大、可以大量向生产商采购时，零售渠道使用最普遍。

② 工业品营销渠道，即生产商将产品传递给工业用户或政府的途径。工业品营销渠道可分为四种，即直接渠道、工业分销渠道、代理商渠道与代理商及工业分销渠道。

通常，生产商不止是使用一种渠道来传递商品。他们经常采用几种不同的渠道，包括非传统营销渠道及战略渠道联盟。非传统营销渠道包括互联网、邮购等。例如，在美国，学生可以从许多公共的学校食堂里买到比萨、三明治、沙拉等公司的快餐。

（2）分销渠道成员的数量

分销渠道成员数量的多少与企业的分销策略密切相关。分销策略一般有以下三种。

① 密集性分销策略，是指生产商利用众多的中间商来推销其产品，其目的是追求最大的市场覆盖率。消费品中的便利品和工业品中的易耗品，通常采取这种分销策略，以便消费者和用户随时随地买到这些商品。

② 选择分销策略，是指生产商在某一地区从所有愿意经销其产品的中间商中筛选少数几个经销商来分销其产品。例如，选择合适电器分销商时，使用的筛选标准为：经销大批商品的能力（资金、场地、管理等）、服务的能力及零售商的声誉。消费品中的选购品和特殊品最适宜采取选择分销策略。

③ 独家分销策略，是指在某一地区，生产商只选择一家或几家经销商。它的使用只限于特殊品和一些工业品。该策略可使零售商免于直接竞争，经营积极性高。

小资料

戴尔电脑公司成功的秘诀是其独特的商业模式——戴尔模式：变先造后卖为先卖后造，从而实现两个消灭，即消灭库存、消灭中间商。早在20世纪80年代初，迈克尔·戴尔找到了一个与众不同且更好的方法——向客户直销，绕过了分销商这个中间环节。戴尔公司依托互联网，将自己所生产的各种零部件及其价格陈列给消费者。消费者根据自己的需要进行组合，然后将订单和定金交给戴尔公司。戴尔公司收到订单和定金后，在几天之内将产品组装好，并送到消费者手中。

3. 分销渠道策略

（1）影响分销渠道选择的因素

影响分销渠道选择的因素主要有以下三种。

① 市场因素。分销渠道的选择取决于生产商的销售对象是消费者还是工业用户。目标不同，分销渠道的选择也不同。另外，地理位置和市场容量对渠道的选择也非常重要。若目标市场比较集中，采取直接销售比较适宜；当市场分散范围较广时，使用中间商进行销售比较适宜。一般来讲，一个非常大的市场需要众多的中间商。

② 产品因素。非标准化的、相对复杂的以及贵重的产品往往更适合使用相对短且直接的营销渠道，如非标准设备、科学仪器、飞机等。产品越标准化，分销渠道就越长。易损、易腐性的产品要求尽量少的转手，因此需要营销渠道非常短。

产品的生命周期也是选择营销渠道的一个重要因素。事实上，在产品生命周期内所选择的营销渠道是可变化的。例如，复印机刚问世时，主要是营销人员直接销售；而现在营销就有多重流通渠道，如电器超市、直接邮寄等。

③ 生产者因素。在选择营销渠道时，还应重视生产商本身的因素。财力、管理及营销资源雄厚的生产商更有能力使用更多的直接渠道，也可建立自己的销售系统，向消费者提供商品及服务；而势单力薄的生产者，只能依靠中间商销售商品。

生产商为了控制产品价格或保持品牌形象，需要对销售渠道进行选择。例如，高档产品通常不出现在折扣零售商那里，只在较贵的商店里出售等。

（2）分销渠道的管理

对于分销渠道的管理主要有以下两个方面。

① 渠道的控制权。在销售渠道系统中，无论是生产商还是中间商，谁拥有渠道的控制权，谁就可以获得更大的利益。能否获得渠道的控制权，主要取决于企业的实力。例如，产品优势（新产品专利、驰名品牌）、市场优势（众多的最终用户等）、资源优势（强大的营销网络等）。企业若拥有上述三个优势中的任何一个，就容易获得渠道控制权。

② 渠道冲突控制。销售渠道中发生冲突是客观存在的。渠道冲突的出现往往是渠道成员之间存在不一致的目标。例如，零售商为顾客提供自由退换商品的措施，而批发商或生产商则认为不应自由退换，他们对退换货的观念毫无疑问地与零售商产生冲突。这些冲突包括水平冲突、垂直冲突、多渠道冲突等。

6.3.5 促销策略

促销是指企业就某种产品宣传、说服、诱导、唤醒潜在购买者，并最终促使其采取购买行为的沟通活动。促销组合是指有计划、有目的地对促销要素，如人员推销、广告宣传、营业推广、公共关系等促销工具的综合运用。

1. 人员推销

（1）人员推销的特点

人员推销是推销人员直接面向顾客推销商品及服务的一种促销方式。这是一种应用广泛、历史悠久的销售手段，其主要特点如下。

① 双向沟通。在销售人员与潜在购买者的直接接触中，可将企业和产品有关信息及时传递给顾客，还可当面听取他们的意见和要求并当场做出解释。

② 针对性强。它只向有资格的潜在购买者推销。

③ 易促成交易。由于是面对面式的推销，容易消除潜在购买者的疑虑，加快购买决策过程。

④ 亲和力强。人员推销通过面对面的人际交往，易于联络与顾客的感情，建立友谊，有助于建立长期的买卖协作关系。

（2）销售管理的任务

如果没有优秀的销售人员，众多的企业，包括著名的公司，如宝洁公司、海尔公司等都将不复存在。因此，有效的销售管理能实现企业的赢利目标，促进企业的发展。

销售管理的任务是：确定销售目标和销售过程；确定销售队伍的结构；招聘及培训销售人员；对销售人员进行激励；评估销售人员。

2. 广告宣传

(1) 商业广告的概念及类型

商业广告是由经营者以付费的方式，通过大众媒体传播企业产品信息，促进产品销售的一种宣传方式。从商业广告概念可以看出：商业广告是以非人员形式传递信息的，使用广告是必须支付费用的。

促销目标的差异决定企业采用不同的广告类型。如果促销目标是树立、改变或强化企业的形象，则应采用公益广告。相反地，若促销目标是增加商品或服务的销售，则应采用产品广告。

(2) 广告媒体种类及特征

① 报纸广告。它的优点是地理上的灵活性和时间上的及时性，市场覆盖面广；缺点是色彩能力有限，传递率低，吸引力差。

② 杂志广告。它的优点是市场针对性强，传递率高，保存时期长；缺点是发行时间长，缺乏及时性，读者较少。

③ 广播广告。它的优点是传播迅速、及时，费用低，具有灵活性；缺点是无视觉效果，不便记忆，不便存查等。

④ 电视广告。电视广告是目前最重要的广告媒体。它的优点是信息及时并有娱乐性，范围广，影响面大，相对成本低；缺点是费用高，有其他广告的干扰。

⑤ 户外广告。户外广告也称室外广告，是一种灵活的、低成本的和可采取多种形式的媒体，如招贴牌、充气球、广告标语等；缺点是影响范围有限，高"噪音"容易分散大众注意力。

⑥ 互联网广告。互联网广告是一种增长最迅速的媒体广告。它的优点在于：网络广告查询时间较短，成本适中，针对性较强，影响面增幅最大；局限性表现为：一个是上网的消费者有限，广告的曝光率依赖于点击率；另一个是相关上网者的人员信息和心理信息无法了解。

(3) 广告媒体的选择

由于不同的广告媒体具有不同的特征，因此企业在选择广告媒体时应考虑以下影响因素。

① 产品的性质。不同性质的产品应选择不同的广告媒体做宣传，只有这样才能取得较好的广告效果。例如，对工业品进行广告宣传，应多选用专业性报纸或专业性杂志；而面对婴儿食品的广告宣传，则应多选用育婴类杂志、妇女杂志或电视等。

② 媒体习惯。它是指目标市场上消费者接触媒体的习惯。例如，房地产的广告宣传，宜选用报纸作为其宣传媒体，这样的广告效果要比其他媒体效果好。

③ 费用。不同媒体的广告成本是不同的。即使同一种媒体，因传递范围和影响力的不同也有价格差别。因此，企业要根据产品的性质、目标市场的特点及企业的财力，结合各种广告媒体的优点和缺点，综合考虑，尽可能选择费用低、效果好的广告媒体。

3. 营业推广

营业推广，又称销售促进，是指短期内企业运用各种诱因为刺激消费者购买和提高经销商的效率而进行的各种营销活动。营业推广的对象是最终消费者、中间商或公司职员。

（1）营业推广的特征

营业推广具有以下两个特征。

① 促销效果显著。一般来说，只要选择合适的营业推广方式，商品和服务的销售收入都会明显上升。因此，营业推广适合在短期促销活动中使用。

② 一种辅助性促销方式。人员推销、广告宣传和公共关系等都是常规的促销方式，而多数营业推广方式则是非经常性的。

（2）营业推广的形式

营业推广的形式主要有以下几种。

① 免费赠送样品，即赠送样品、试销品或各种小物品等。

② 有奖销售，即销售某产品时设立若干奖项，顾客按规定购买一定数量的产品或达到一定金额后可获得奖券，然后抽奖，中奖者可获得一定的现金或物品。

③ 商品展销，即通过展销会等形式，进行现场表演和示范操作，以招揽顾客。

④ 推销竞赛，即企业采用激励措施，鼓励中间商和企业推销人员努力推销商品，业绩优异者给予奖励。

⑤ 包装兑现，即采用商品包装来兑换现金或物品。

⑥ 在线促销。在线促销比非在线促销更有效和节省成本。网上促销比较有效的方法有抽奖、免费送货、优惠券等。此外，还有商品陈列、降低销售价格等方式。

4. 公共关系

公共关系是企业评估公众态度、识别组织内部公众感兴趣的领域，执行意在赢得公众理解和认可的活动计划的营销职能。公共关系有助于企业与消费者、供应商、金融公司、职员、政府官员及所在社区进行沟通。正确运用公共关系，不仅可以树立企业的良好形象，还可以让公众了解企业近期目标和远期目标，了解企业的新产品以及支持企业的销售活动。

公共关系部门的职能有媒体关系、产品宣传报道、企业沟通、公共事务、游说、劳资关系、危机管理等。

公共关系的常用工具有新产品宣传报道、产品介绍、赞助及大众教育。互联网作为公共关系工具则是营销领域的一个新现象。

项目小结

市场营销学是市场经济日益发展的产物，所有营销活动的最终目标是实现双方满意的交换。持有生产观念的组织注重企业内部能力更甚于注重市场的欲望和需求；产品观念的组织认为人们愿意购买质量更好的产品；推销观念认为如果采用更主动的销售技巧，人们会购买更多的产品；持有市场营销观念的组织在实现组织目标的同时，注重满足顾客的需求；社会营销观念除了包括营销观念以外，还包括保持和提高个人和社会的长期的最佳利益。

市场是由具有购买力并愿意购买以满足其需求的个人或组织构成的。细分市场是将有相似的需求，因而具有一个或多个共同特征的个人或组织的群体。营销人员使用三种不同的策略来选择目标市场：无差别目标市场策略、差别目标市场策略和集中目标市场策略。

营销活动中的产品概念已远超过传统的有形实物的范围，包括核心产品、形式产品、期望产品、延伸产品和潜在产品五个层次。消费品可分为四种：便利品、选购品、特殊品和非渴求品。每一种产品都要经过生命周期的四个阶段：导入期、成长期、成熟期和衰退期。管理者把产品生命周期作为预测产品未来、设计有效营销策略的分析工具。

定价目标分为三种类型：利润导向型、销售导向型和竞争导向型。利润导向型定价以利润最大化、满意的利润水平或投资收益率为基础；销售导向型定价注重保持市场份额及销售最大化；竞争导向型定价是根据竞争者的价格随行就市定价。

分销渠道的基本功能有三个方面，即促销功能、交易功能和物流功能。最简单的消费品渠道是生产商直接出售产品给消费者，工业用品则直接卖给企业或政府。消费品渠道的中间商包括代理商、经纪人、批发商和零售商。

促销组合包括人员推销、广告、营业推广与公共关系等。广告媒体的主要类型有报纸、杂志、广播、电视、互联网及广告牌。

项目训练

一、单项选择题

1. 某企业认为"我们卖什么，就让人们买什么"，其营销观是（　　）。
   A．产品观念　　　B．推销观念　　　C．市场营销观念　　　D．社会营销观念
2. 品牌与包装都是营销活动中的产品概念下（　　）的重要组成部分。
   A．核心产品　　　B．形式产品　　　C．期望产品　　　D．延伸产品
3. 免费赠送样品、有奖销售等手段属于（　　）。
   A．人员推销　　　B．广告　　　C．营业推广　　　D．公共关系

二、多项选择题

1. 市场的构成要素包括（　　）。
   A．买卖双方是市场的主体
   B．可供交换的产品或劳务是市场的客体
   C．买卖双方所认可的一定条件
   D．充分的购买欲望和购买能力

2. 市场营销组合包括（   ）。
   A．产品策略　　　B．价格策略　　　C．分销策略　　　D．促销策略
3. 通常，企业可选择的目标市场策略包括（   ）。
   A．无差异市场营销策略　　　　　B．差异市场营销策略
   C．集中市场营销策略　　　　　　D．撤退策略

三、判断题

1. 市场营销的概念不是固定不变的，它随着企业市场营销实践的发展而发展。（   ）
2. 利润导向型定价以利润最大化、满意的利润水平或投资收益率为基础。（   ）
3. 易损、易腐性的产品要求尽量少的转手，因此需要营销渠道非常长。（   ）

四、简答题

1. 市场营销观念有什么主要特点？
2. 企业的定价目标有哪些？
3. 什么是促销，促销组合包括哪些工具？

五、论述题

1. 论述产品生命周期各阶段的营销策略。
2. 分成小组讨论一个全组成员均比较熟悉的产品包装，并向全班简要阐述一下这种包装的优点与缺点。

项目实训

广告创意无限

1．实训目的

通过为××产品设计广告，锻炼学生的广告策划能力，培养创新精神。

2．实训内容与组织

（1）成立若干广告策划小组，选择准备要做广告宣传的产品（可以跟有关的厂商联系，使本次训练更具有实践性）。

（2）为产品设计有创意的广告，小组间可以比拼，看看哪个组的广告有新意，哪个组能够使做了广告的产品确实提高销售额。

（3）对广告设计的反馈信息做整理，分析并总结广告的质量及其宣传力度对产品的销售有何帮助。

3．成果与检测

（1）以小组为单位设计一份广告策划书（主要内容包括市场环境分析和广告计划）。

（2）各个策划小组之间进行评价，评出优秀策划方案。

（3）教师评估。

生产管理篇

项目7　生产过程组织与劳动组织

学习目标

通过本项目的学习，了解生产过程的组成、生产类型和设施选址；理解生产过程组织的基本要求、设施布置的基本形式；掌握生产过程的时间组织和流水生产的组织；了解劳动组织的基本问题；理解工时消耗和劳动定额；了解先进的生产组织方式。

案例导读

为了抢占新技术革命的发展先机和全球制造业产业链的高端位置，2013年德国提出了"工业4.0"。工业4.0代表着一种新的生产技术和生产方式，被定义为"万物互联环境下的智能生产"，通过信息流与实物流的深度融合建立一种新的生产方式。所谓"万物互联"，即依靠物联网和传感器技术，在工业网络上建立原材料、零部件、生产设备、工厂等实物流之间的数字化集成，并连接网络上的供应商、生产商、零售商、用户等，这就在物与物、人与物、人与人之间建立了智能交互联系，形成了网络中的信息流。所谓"智能生产"就是利用信息流驱动实物流进行自主生产。工业流程采集用户需求、产品设计研发、生产、销售与售后等各阶段的信息，利用信息流和大数据分析获得产品的最佳实现方式，使实物流能够自动交换信息、触发动作和控制，实现产品生命周期的智能化。

工业4.0除了促成新技术，还将带来四个方面的"革命"。一是生产方式革命，通过信息物理系统，工业4.0将"人—机"互动上升为"机—机"互动，实现工业生产的无人化。二是效率革命，网络生产将供应链、智能工厂以及用户实时连接，追求生产线的自组织调整和"原材料—生产—销售"的同步进行，真正达到"准时"制造，极大地提高生产效率。三是成本革命，智能制造能够以极低的误差和极高的可靠性完成高质量的生产，减少资源耗费，节约成本。四是组织革命，工业4.0将改变以地理逻辑或价值链逻辑形成的链式组织结构，其按照"价值星系"逻辑将各企业进行网状连接，实现生产和价值创造的"网络化"。

与工业 4.0 的内涵相似，我国先后提出了"工业化和信息化两化深度融合""互联网+"和《中国制造 2025》，以期转变生产方式，发展战略新兴产业，迈入制造强国行列。

资料来源：高广波，侯经川. 工业 4.0 视角下的中国制造业. 经济观察，2015（11）.

改革开放以来，年均 10%以上的工业增长率使我国在 2010 年就已成为全球制造业第一大国。但是，我国制造业走了一条"粗放"之路，忽视自主创新和技术升级，导致制造业长期面临低质量、低收益、低竞争力的困境。因应新一代技术革命兴起，制造业应基于国情，切实转变生产方式，推动我国由制造大国向制造强国转变。

任务 7.1　生产过程组织

7.1.1　生产过程与生产类型

1．生产过程的组成

（1）生产过程的概念

生产是通过劳动把资源转化为能满足人们某些需求的产品的过程。生产是人类社会的最基本的活动，社会的一切财富都是通过生产活动创造出来的，不进行生产，人类就无法生存，社会的发展也就无从谈起。

工业生产过程是指从投料开始，经过一系列的加工，直至成品生产出来的全部过程。它包括劳动过程和自然过程。劳动过程是人们利用劳动工具，作用于劳动对象，按照预定的方法和步骤，改变几何形状和性质，使其成为产品的过程。自然过程是在自然力的作用下改变其物理和化学状况的过程。

> **小资料**
>
> 广义的生产是将输入转化为输出的过程。产品生产和服务运作都属于这个范畴，两者既有相同之处，也有不同。两者的最终目的是相同的，就做什么而言通常是相似的。但就如何做而言两者是不同的，产品生产是有形的产出，属于产品导向型；而服务运作是一种活动，属于活动导向型。

（2）生产过程的构成

按承担的任务不同，生产过程可分为以下四个部分。

① 生产技术准备工作，是指产品在投入生产前所进行的各种生产技术准备工作，其中包括产品设计、工艺设计、工艺装备及非标准刀具、卡具、量具的设计及制造等。

② 基本生产过程，是指对构成产品实体的劳动对象直接进行工艺加工的过程。这是整个生产过程中的核心过程，是为完成产品的生产而进行的最基本的生产劳动活动。

③ 辅助生产过程，是指为保证基本生产过程的正常进行而从事的各种辅助性生产活动，如为基本生产提供动力、工具和维修工作等。

④ 生产服务过程，是指为保证生产活动顺利进行而提供的各种服务性工作，如供应工作、运输工作、技术检验工作等。

以上四部分构成企业的整个生产过程，其核心是基本生产过程，其他各部分是围绕着基本生产过程进行的。生产过程四个部分之间的关系，如图7.1所示。

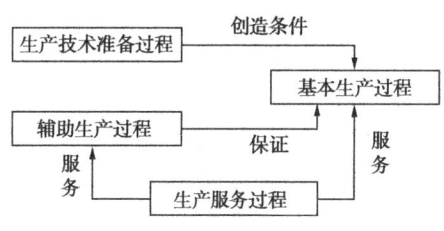

图 7.1 生产过程四个部分之间的关系

（3）生产阶段和工序

基本生产过程可进一步分为若干个生产阶段，每个生产阶段又可分为若干个相互联系的工序。

生产阶段是指按照使用的生产手段的不同和加工性质的差别而划分的局部生产过程。例如，机械制造企业的基本生产过程，一般分为三个生产阶段：准备阶段、加工阶段和装配阶段。

工序是组成生产过程的基本环节，是指在一个相对集中的工作台位上，由一个或数个操作者对一定的劳动对象所进行的特定的生产活动。一个产品的生产，根据其复杂程度的不同，可能要经过一道或几道工序才能完成。工序划分主要取决于生产技术的要求。按照工序的性质，可把工序分为基本工序和辅助工序。基本工序是直接使劳动对象发生物理或化学变化的工序。辅助工序是为基本工序的生产活动创造条件的工序。

2．生产过程组织的基本要求

生产过程组织是指要对生产系统内所有要素进行合理的安排，以最佳的方式将各种生产要素结合起来，使其形成一个协调的系统，这个系统的目标是使作业行程最短、时间最省、耗费最小，又能按市场的需要提供优质的产品和服务。

合理组织生产过程时应考虑以下基本要求。

（1）生产过程的连续性

生产过程的连续性包括生产过程在空间上的连续性和在时间上的连续性。空间上的连续性是指生产过程的各个环节在空间布置上紧凑合理，使加工对象所经历的物流线路顺畅，搬运工作量小，没有迂回往复的现象。时间上的连续性是指生产对象在加工过程中各工序的安排紧密衔接，没有不该出现的停顿和等待现象。

（2）生产过程的比例性

生产过程的比例性是指生产过程的各环节在生产能力上要保持恰当的比例，使其与生产任务所要求的能力相匹配。主要是指各生产环节的员工数、设备数、生产速率等必须相互协调。

小资料

木桶原理，又称木桶定律、短板理论，由美国管理学家彼得提出。其核心内容为：一只木桶盛水的多少，并不取决于桶壁上最高的那块木块，而恰恰取决于桶壁上最短的那块。根据这一内容，可以有两个推论：其一，只有桶壁上的所有木板都足够高，木桶才能盛满水；其二，只要这个木桶里有一块不够高度，木桶里的水就不可能是满的。

(3) 生产过程的均衡性

生产过程的均衡性是指企业及其各个生产环节在相等的时间间隔内，生产或完成大体相等或稳定递增的生产工作量，工作负荷相对稳定，避免前松后紧，计划期末突击加班，或者时松时紧使生产经常处于不正常的状态。

(4) 生产过程的柔性

柔性，又称适应性，是指用同样的设施和工人，在生产组织形式基本不变的条件下，具有适应加工不同产品的生产能力，并且能保持高生产率和良好的经济效益。

以上四项要求是相互联系、相互影响的，它们是衡量生产过程是否合理的标准，也是企业取得良好经济效果的重要条件。

> **小资料**
>
> "柔性"是相对于"刚性"而言的，传统的"刚性"自动化生产线主要实现单一品种的大批量生产。柔性制造，一方面是生产系统适应外部环境变化的能力，可用系统满足新产品要求的程度来衡量；另一方面是生产系统适应内部变化的能力，可用在有干扰（如机器出现故障）情况下系统的生产率与无干扰情况下的生产率期望值之比来衡量。柔性制造的模式其实广泛存在，比如定制，这种以消费者为导向的、以需定产的方式对应的是传统大规模量产的生产模式。在柔性制造中，考验的是生产线和供应链的反应速度。

3. 生产类型

生产类型是影响生产过程组织的主要因素。常见的分类方法有以下几种。

(1) 按接受生产任务的方式进行划分

按接受生产任务方式划分，生产类型有以下两类。

① 订货生产。这种生产类型是指在接受用户订货之后才开始组织生产，产品生产依据用户要求的规格、数量和交货期进行。这种生产类型一般适用于单件或小批量、多品种产品的生产。

② 存货生产。这种生产类型是指在对市场需求进行预测的基础上，有计划地进行生产，产品有库存，并依据库存对生产进行调节。这种生产类型适用于市场比较稳定，需求量较大的情况。

(2) 按生产工艺特征进行划分

按生产工艺特征划分，生产类型有以下两类。

① 流程（连续）生产。这种生产类型是指企业长期连续不断地生产一种或少数几种产品，使用的工艺流程和设施是固定的和标准化的，工序间环环相扣，一般没有在制品储存（如炼油厂、化工厂等）的生产类型。

② 加工装配（间断）生产。各种生产要素不是连续投入的，而是间歇性地投入的，使用的生产设施和运输装置适合多品种加工，各工序间有一定的在制品储存（如机械制造厂、飞机制造厂等）的生产类型。

（3）按生产的重复程度（产品的专业化程度）进行划分

按生产的重复程度划分，生产类型有以下三类。

① 大量生产，是指长期不断地重复一种或少数几种产品的生产。大量生产的企业中，在每个工作地固定地完成一道或少数几道工序，工作地专业化程度很高。

② 成批生产，是指在一定时期内重复轮换生产多种产品的生产。这种生产类型的各工作地专业化程度和连续性比大量生产低。根据每批产品数量的大小又可分为大批、中批、小批生产。由于大批和大量生产特点相近，因此习惯上合称为大量大批生产；单件和小批生产特点相近，习惯上合称为单件小批生产。

③ 单件生产，是指在一定时期内很少重复相同结构和规格的产品的生产。这种生产类型的产品品种很多，各工作地经常变化地完成不固定的工作。

7.1.2 生产设施选址与布置

1．设施选址

所谓设施，是指生产运作过程得以进行的硬件手段，通常是由工厂、办公楼、车间、设备、仓库等物质实体所构成的。设施选址是指运用科学的方法决定设施的地理位置，使之与企业的整体经营运作系统有机地结合，以便有效、经济地达到企业的经营目的。

（1）设施选址的影响因素

设施选址受制于很多因素，不同类型的企业在选址时主要考虑的因素也不同。对于制造业企业，厂址选择主要考虑以下三个方面的基本要求。

① 选择建厂地区的基本要求：接近市场和原材料产地；交通运输和通信联系方便；水、电、气等基础设施完备；气候条件能满足生产技术要求等。

② 选择建厂城镇的基本要求：当地城镇建设规划允许；能保证企业生产所需的人力与技术供应；当地其他企业能有效地提供本厂所需要的各种性质的生产协作；当地居民的生活条件和职工的工资水平等。

③ 选择建厂用地的基本要求：地质条件适于建厂，土壤结构能承受工厂的全部负荷；有可靠的水源供应；有足够的建厂用地面积和扩展余地；靠近水陆交通要道；有利于三废（废水、废渣、废气）的处理等。

（2）设施选址的方法

设施选址是一个重要而复杂的问题，既要进行定性分析，又要进行定量分析。定性分析和定量分析的方法都有很多，下面仅介绍因素评分法。

因素评分法以简单、易懂的模式将各种不同因素综合起来再选址决策，因此被广泛运用。运用此法的关键是权重设置和等级评分必须合理，这决定了选址决策的科学性。其具体步骤如下。

① 确定一组影响选址的因素。

② 对每一因素赋予一个权重，以反映这个因素的相对重要性。

③ 对所有因素的打分设定一个共同的取值范围，一般为1～10或1～100。

④ 对每一个备选地址的所有因素按设定范围打分。

⑤ 将各个因素的得分与相应的权重相乘，并把所有因素的加权值相加，得到每一个备选地址的最终得分。

⑥ 选择总得分最高的地址作为最佳的选址。

小资料

家乐福（Carrefour，法文意为十字路口）的第一家店是1963年开在巴黎南郊一个小镇的十字路口，生意异常火爆，大家都说去十字路口，把店名给忘了。开在十字路口，这是家乐福选址的第一准则。同时还要交通方便，满足私家车、公交车、地铁、轻轨等各种交通要素的通达。这里人口密度要相对集中，附近要有两条马路的交叉口，其一为主干道。该区域还要具备较大面积的停车场，免费提供给家乐福公司及顾客使用。

2. 设施布置

（1）设施布置的基本问题

设施布置是指在一个给定的设施范围内，对生产单位（单元）进行位置安排。所谓生产单位或单元，是指需要占据空间的任何实体，也包括人，如机器、工作台、通道、桌子、储藏室、工具架等。所谓给定的设施范围，可以是一个工厂、一个车间、一座百货大楼、一个写字楼或一个餐馆等。

设施布置的目的是将企业内的各种物质设施进行合理的安排，使它们组合成一定的空间形式，以便有效地为企业的生产运作服务，获得更好的经济效果。

在进行设施布置时，要考虑四个问题：应包括哪些经济活动单元；每个单元需要多大空间；每个单元空间的形状如何；每个单元在设施范围内的位置。

（2）设施布置的基本形式

设施布置的基本形式有以下三种。

① 工艺专业化。工艺专业化，也称工艺原则，即按照生产工艺的特点来设置生产单位。在工艺专业化的生产单位内，集中了同种类型的生产设备和同工种的工人，每一个生产单位只完成同种工艺方法的加工或同种功能。这种布置形式可以充分利用设备；适应产品品种的要求，适应分工的要求；便于工艺管理和提高技术水平。但是，由于产品要经过许多生产单位的加工才能完成，因此加工路线长；有较多的停放和等待时间；车间之间的相互联系比较复杂，使计划管理和在制品管理工作更加复杂，如图7.2（a）所示。

② 对象专业化。对象专业化，也称对象原则，是指以产品（零件、部件）为对象设置生产单位。在对象专业化的生产单位内，集中了为制造某种产品所需要的各种类型的生产设施和不同工种的工人，各生产单位独立完成产品、零件、部件的全部或大部分工艺过程。这种布置形式加工路线短；利于采用先进的生产过程组织形式（流水线、自动化）；大大减少生产单位之间的联系，有利于在制品管理。但是，由于这种布置形式对产品变动的应变能力差，设备利用率低，工人之间的技术交流比较困难，因此工人技术水平的提高受到一定限制，如图7.2（b）所示。

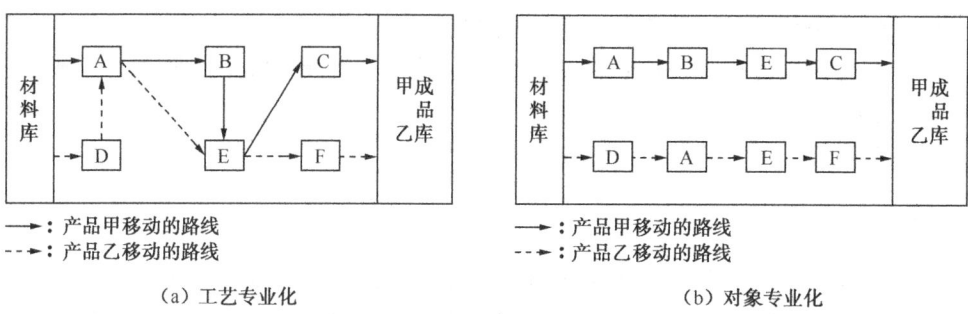

(a) 工艺专业化　　　　　　　　　　(b) 对象专业化

图 7.2　两种设施布置形式

③ 混合形式。工艺专业化和对象专业化各有其优点和缺点,在实际工作中往往可以结合起来应用,即选择介于两者之间的混合布置形式。按混合形式布置设施,可以充分体现前两种方式的优点,尽量避免其缺点。大多数企业实际上属于混合布置形式。

企业采取何种布置形式和原则,主要取决于产品产量和加工路线的特性。

7.1.3　生产过程的时间组织

生产过程的时间组织,主要研究劳动对象在车间之间、工段之间及工作地之间的运动方式。在加工一批相同的零部件时,有以下三种不同的移动方式。

1. 顺序移动方式

顺序移动方式的特点是一批加工件在全部工序加工完毕之后,才整批地转入下一道工序进行加工。一般在批量不大、单件加工时间较短、生产单位按工艺专业化组成、距离较远的情况下运用此方式。

例 7.1　有一批零件,批量为 4,每个零件在各道工序的加工时间分别为:$t_1=10$ 分,$t_2=5$ 分,$t_3=20$ 分,$t_4=10$ 分。这批零件的顺序移动方式如图 7.3 所示。

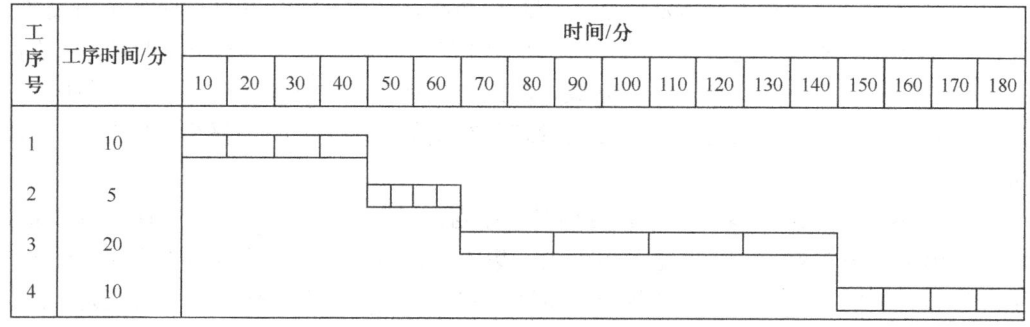

图 7.3　顺序移动方式

在这种移动方式下,加工时间的长度与每批零件的数量和一个加工件在所有工序的加工时间成正比,计算公式为:

$$T_{\text{顺}} = n\sum_{i=1}^{m} t_i \qquad (7\text{-}1)$$

式中：$T_{\text{顺}}$——顺序移动方式下的加工周期；n——批量；m——工序数；t_i——在第 i 道工序上的单件加工时间。

2. 平行移动方式

平行移动方式特点是一批零件中的每个零件在前一道工序完工后，立即传送到下一道工序继续加工的移动方式。在这种方式下，零件在工作地之间是一个一个地运输的，这样就形成一批零件同时在不同工序上平行进行加工。流水生产一般都采用此方式。例 7.1 中该批零件的平行移动方式如图 7.4 所示。

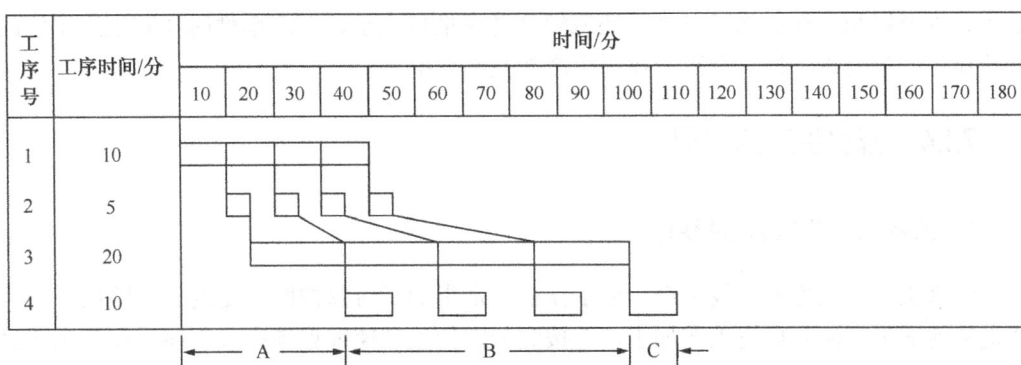

图 7.4　平行移动方式

平行移动方式下的一批加工件的加工周期的计算公式为：

$$T_{\text{平}} = \sum_{i=1}^{m} t_i + (n-1)t_L \qquad (7\text{-}2)$$

式中：$T_{\text{平}}$——平行移动方式下的加工周期；t_L——最长工序单件时间。

3. 平行顺序移动方式

平行顺序移动方式的特点是一批加工件既在每一道工序都必须保持连续，又与其他工序平行地进行作业。例 7.1 中该批零件的平行顺序移动方式如图 7.5 所示。

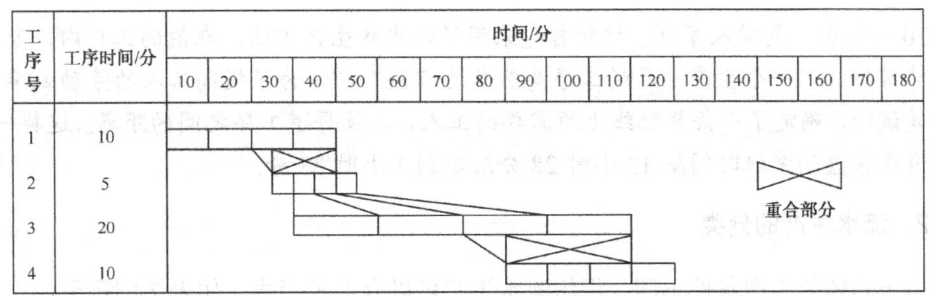

图 7.5　平行顺序移动方式

为了保证作业既连续又平行必须做到：当前工序的单件加工时间小于或等于后工序的加工时间时，加工件逐个移动，即前工序加工完立即移送后工序加工；当前工序的单件加工时间大于后工序的加工时间时，在前工序加工了满足后工序连续加工要求的数量后，才将前工序加工完的加工件全部移送后工序加工。

平行顺序移动方式的加工周期的计算公式为：

$$T_{平顺}=n\sum_{i=1}^{m}t_i -(n-1)\sum_{i=1}^{m-1}\min(t_i,t_{i+1}) \qquad (7\text{-}3)$$

式中：$\min(t_i,t_{i+1})$ ——相邻两道工序中单件加工时间较短的工序单件时间。

上述三种移动方式各有优点和缺点。从加工周期来看，平行移动方式最短；从生产组织工作来看，顺序移动方式最简单。企业在选择移动方式时，除了要考虑加工周期的长短、生产组织工作的繁简以外，还应综合考虑批量大小、工序单件时间和生产单位的专业化形式等因素，扬长避短，提高生产效益和效率。

7.1.4 流水生产的组织

1. 流水生产的概念与特点

流水生产，也称流水线生产、流水作业，是指加工对象按照一定的工艺路线、有规律地从前道工序流到后道工序加工，并按照一定的生产速度连续完成工序作业的生产过程。大批量生产的主要生产组织方式就是流水生产，其基础是由设备、工作地和传送装置构成的设施系统，即流水生产线。流水生产的主要特点如下。

① 流水线上固定生产一种或少数几种产品（零件），工作地专业化程度高。
② 流水线上每个工作地按照产品（零件）工艺过程顺序安排，产品按单向运输路线移动。
③ 生产具有明显的节奏性。
④ 生产具有较高的连续性。
⑤ 流水线上各工序之间的生产能力是平衡的、成比例的。

小资料

20世纪初，美国人亨利·福特首先采用了流水线生产方法。在他的工厂内，专业化分工非常细，仅一个生产单元的工序竟然多达 7 882 种。为了提高工人的劳动效率，福特反复试验，确定了一条装配线上所需要的工人，以及每道工序之间的距离。这样一来，每个汽车底盘的装配时间从 12 小时 28 分缩短到 1 小时 33 分。

2. 流水生产的分类

由于具体的生产条件不同，组织流水生产可以有多种形式，如表 7.1 所示。

表 7.1 流水生产的分类

分类标志	流水生产线		
对象移动方式	固定流水线		移动流水线
对象数目	单一对象流水线		多对象流水线
对象轮换方式	不变流水线	可变流水线	成组流水线
连续程度	连续流水线		间断流水线
节奏性	强制节拍流水线		自由节拍流水线
机械化程度	自动化流水线	机械化流水线	手工流水线

3．流水生产的组织设计

不同类型的流水线，其组织工作的内容和方法不尽相同。多对象流水线的组织设计较为复杂，下面仅介绍单一对象流水线组织设计的主要内容。

（1）确定流水线的节拍或节奏

节拍是指流水线上连续投入或出产两个制品的时间间隔。它表明流水线的生产效率，是组织流水生产的基础。其计算公式为：

$$节拍 = \frac{计划期有效工作时间}{计划期产品出产量} \tag{7-4}$$

在式（7-4）中，计划期有效工作时间是指制度时间扣除必要的停歇时间后的有效工作时间，计划期产品出产量包括计划产量和预计废品量。

若计算的节拍很小，制品的体积也很小，为了运输的经济性，这时要计算节奏。节奏是流水线顺序出产两批同样制品的时间间隔，其计算公式为：

$$节奏 = 节拍 \times 运输批量 \tag{7-5}$$

（2）工序同期化

工序同期化是指通过采取技术、组织措施调整工序时间，使之尽可能与节拍相等或成整数倍关系的过程。这是组织流水线的必要条件，也是充分发挥流水线优越性的重要措施。

进行工序同期化的基本方法是将流水线上全部生产作业任务细分为许多小的工序（或作业元素），然后再把有关的小工序集中起来组成大工序，并使之单件作业时间接近节拍或节拍的倍数。

（3）计算工作地数和负荷系数

工序同期化后，可计算流水线工作地（设备）数及负荷率。

每道工序的工作地（设备）数目计算公式为：

$$工作地需要数 = \frac{工序单件作业时间}{节拍} \tag{7-6}$$

计算出的工作地需要数一般不是整数，应取不小于计算结果的近似整数。这就出现了流水线的负荷问题。流水线的负荷系数计算公式为：

$$流水线平均负荷系数 = \frac{各工序计算的工作地需要数之和}{各工序实际采用的工作地数之和} \qquad (7\text{-}7)$$

负荷系数的大小表明流水线生产能力利用程度和生产效率的高低。一般地，机器工作流水线的负荷系数不应低于0.75，以手动操作为主的装配流水线的负荷系数最小值为0.85。

（4）计算流水线的工人人数

在以手工操作为主的流水线上，需要配备的工人总数等于流水线上所有各工作地的工人人数之和，并考虑出勤率。每个工作地需要配备的工人人数的计算公式为：

$$工作地需要配备的工人数 = 工作地同时工作的工人数 \times 工作班次 \qquad (7\text{-}8)$$

在以设备加工为主的流水线上，配备工人时要考虑工人实行多机床看管和兼管的可能性，以及配备后备工人的必要性。

（5）设计流水线的运输方式及装置

流水线可采用的运输工具很多，主要取决于加工对象的重量和外形尺寸，以及流水线的类型和实现流水线节拍的方法。在连续流水线上通常采用传送带装置传送工序之间的加工件。传送带的形式有带式、吊运式、旋转工作台、重力滑递、专用托盘、专用小车等。传送带的长度和速度计算公式分别为：

$$传送带长度 = 2 \times 流水线上各工作地长度之和 + 传送带技术上需要的长度 \qquad (7\text{-}9)$$

$$传送带的速度 = \frac{流水线上两件产品之间的中心距离}{节拍} \qquad (7\text{-}10)$$

4．流水线平面布置

流水线的平面布置应充分利用车间的生产面积，使机器设备、工具、运输装置和工人操作有机地结合起来，按照工艺过程的顺序，合理地安排各个工作地，以达到运输路线最短的目标。

流水线平面布置的形状一般有直线形、直角形、开口形、山字形、环形和蛇形等。工作地的排列有单列式和双列式。单列式工作地是将工作地布置在传送带的一侧；双列式工作地是将工作地布置在传送带的两侧。

任务7.2　劳动组织与劳动定额

7.2.1　劳动组织

1．劳动组织的作用与任务

劳动组织的作用在于科学地组织劳动者之间的分工与协作，把劳动者与劳动工具、劳动对象有机地结合起来，使所有人员协调地进行工作，充分发挥劳动者的技能和积极性，不断提高劳动生产率。合理地组织劳动是保证企业正常生产的条件，是节约劳动力乃至挖掘企业内部劳动潜力的重要措施，对促进生产力的发展具有重要作用。

企业劳动组织工作的具体任务如下。

① 在合理分工与协作的基础上，正确地配备员工，充分发挥每个劳动者的专长和积极性，从而不断地提高劳动生产率。

② 根据生产发展的需要，不断调整劳动组织，采用合理的劳动组织形式，保证不断提高劳动生产率。

③ 正确处理劳动力与劳动工具、劳动对象之间的关系，保证劳动者有良好的工作环境和工作条件。

2．劳动分工与员工配备

劳动分工是指根据一定的生产技术条件，把整个生产工作划分成若干组成部分。分工一般表现为工作的简化和专业化，它有利于劳动者较快地掌握业务和技术，提高劳动熟练程度；有利于职工的培训；有利于产品生产过程由更多劳动者同时进行，从而缩短了产品的生产周期。

合理的劳动分工，是组织现代工业生产的客观要求。但在劳动分工过程中必须注意：由于劳动简化，容易使劳动单调、乏味，影响劳动者的生产情绪，也会影响劳动者的全面发展；分工过细会给劳动调配带来困难，也容易造成劳动力负荷不均。因此，企业劳动分工有一个经济性和合理性的界限。

企业进行劳动分工的主要形式如下。

（1）把不同的工艺阶段和工种分开

根据企业的生产特点，把整个工艺过程划分为不同的工艺阶段，每个工艺阶段又根据不同的工作内容，划分为若干工种。根据这种劳动分工形式配备劳动力，能保证企业基本工艺过程有足够的劳动力，保证各工艺阶段和工种之间可按生产过程的要求有比例地配备劳动力，从而保证生产过程的节奏性和协调性。

（2）把基本工作与辅助工作分开

基本工作是指直接参加工艺过程并加工劳动对象的工作；辅助工作是指为基本工作服务的工作。基本工作和辅助工作都是生产过程中所不可缺少的，都应根据分工的要求，配备足够的劳动力，并保持一定的比例关系。

（3）把技术等级分开

同一工种，可根据操作技术的复杂程度、加工精度的高低和责任的大小划分成不同的技术等级，以便配备相适应的工人。这对保证产品质量，促使工人提高技术水平是十分重要的。例如，电子产品的结构及加工工艺有繁简、难易之分，因而对工人的操作技术要求也有不同。

合理配备员工，是指根据生产发展的需要，为各种不同的工作配备相应工种和等级的员工，使人尽其才，人事相宜，以达到高效率、满负荷的工作状态，达到不断提高劳动生产率的目的。

劳动分工与员工配备有密切的关系。正确的劳动分工是员工配备的前提，合理的员工配备是保证劳动分工得以顺利实现的重要条件。

3. 工作组和工作轮班的组织

（1）工作组的组织

工作组，又称作业组，是构成企业各种劳动组织的基本单元，它是在劳动分工的基础上，把为完成某项工作而相互协作的工人组织起来的劳动集体。在工作组内，每人都有明确的分工和职责，并由组长负责领导全组进行工作。所以，通过工作组，可以更好地组织工人的劳动协作，合理使用人力，协调生产，提高劳动生产率。

工作组与生产班组，可能是一致的，也可能是不一致的。生产班组既是一种劳动协作组织形式，又是车间、工段下的一级生产行政组织。一个生产班组可以包括几个工作组，也可能就是一个工作组。

工作组按工人的工种组成情况，可分为专业工作组和综合工作组两种。专业工作组由同工种的工人组成；综合工作组由不同工种的工人组成。前者有利于交流经验和提高技术，便于分析和评定生产成绩；后者有利于加强协作和配合，促使每个工人关心小组工作。

（2）工作轮班的组织

工作轮班是劳动协作的时间联系形式。企业各生产单位，根据工艺性质的不同和生产任务的多少，采用不同的轮班制度。

单班制，是指每天只组织一个班生产，工人都在统一时间上下班。其重点是组织好不同工种之间的配合，充分利用班内时间。

多班制，是指每天组织两班或两班以上的工人轮流生产，适宜于基本生产车间。由于工艺特点的要求，生产过程必须连续不断地进行，要组织三班或四班交叉制。工艺过程可以间歇地进行，按生产任务要求也可组织两班制或三班制生产。两班制是每天组织早、中两个班衔接生产；三班制是每天分早、中、晚三个班连续生产。特殊企业可能采用四班制。

4. 多机床看管

（1）多机床看管的原理

多机床看管是指一个工人（或者一组工人）在进行生产时，同时看管多台设备。它是一种先进的劳动组织形式。组织多机床管理，可以充分利用工人的工作时间，节约劳动力，提高劳动生产率，还可以促进生产管理工作的改善。

多机床看管的基本原理是：工人利用这台机床的机动时间（即自动走刀时间），去完成另一机床的手动（或手机并动）时间的工作。因此，组织多机床看管的前提条件，是每台机床的机动时间必须大于或等于工人看管其他机床手动时间之和。为了设计多机床看管，必须分析、计算每台机床的机动时间是多少，特别应查清楚手动时间所应包括的内容。手动时间包括：完成该道工序的机手并动时间，基本的和辅助的手动时间，工人从一台机床走到另一台机床的行路时间以及工人监视机床自动工作所消耗的时间。机床的机动时间越长，手动时间越短，工人能够看管的机床台数就越多；反之，就越少。

（2）多机床看管的组织形式

多机床看管的具体情形很多，最简单情况是看管同一种机器，加工同一种零件。这时每台机器加工零件所需要的机动时间相等，手动作业时间也相等，如图 7.6 所示。

在图 7.6 中，手动操作需要 5 分，然后机器加工 10 分，在机器加工期间，同一位工人连续操作机床 2 和机床 3，当机床 3 的操作结束时，机床 1 正好加工完毕，工人回到机床 1，开始下一个看管循环期。该例中机动时间正好是手动时间的倍数，在这种情况下，工人满负荷作业。类似该例情况时，工人看管机床台数的计算公式为

$$\text{看管机床台数} \leq \frac{\text{机床的机动时间}}{\text{工人的手动时间}} + 1 \tag{7-11}$$

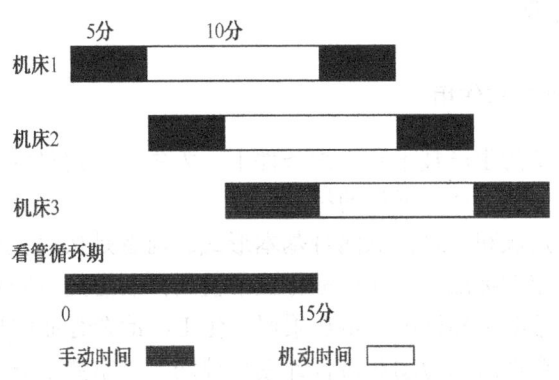

图 7.6　同种设备加工同种零件的情况

最一般的情况是，看管的不是同种机床，加工的也不是同一种零件，这时各种加工的时间不相等，如图 7.7 所示。

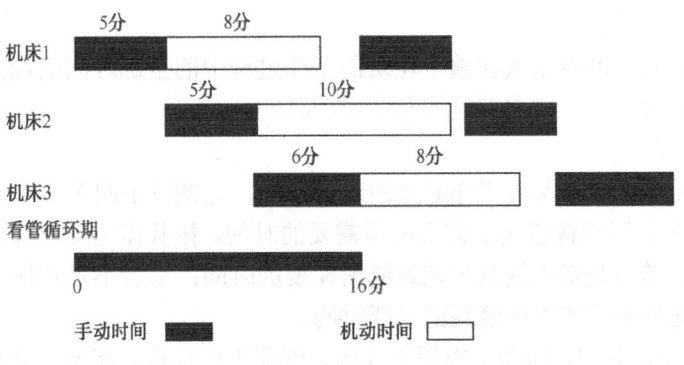

图 7.7　不同设备加工不同零件的情况

在这种情况下，看管的机床台数无法用公式计算，而要绘制多机床看管指示图表来确定。利用指示图表还可以进一步分析工人和机器的负荷量。通常是计算其负荷系数，计算公式为

$$\text{员工的负荷系数} = \frac{\text{员工在各台机床上手动时间之和}}{\text{看管循环期}} \tag{7-12}$$

$$设备负荷系数 = \frac{各台机床机动时间与手动时间总和}{看管循环期 \times 机床台数} \quad (7\text{-}13)$$

式中的看管循环期，是工人对看管的多台设备按顺序操作一遍直到下一轮开始的时间。

多机床看管有两种基本的形式：一是一名工人独立看管多台机器；二是多名工人同时看管一群机器，平均每人看管两台以上。前者多见于按工艺原则组织的生产系统，后者多见于按对象（产品）原则组织的生产系统。

7.2.2 劳动定额

1. 劳动定额的概念与作用

劳动定额是在一定的生产技术和组织条件下，为生产一定量的合格产品或完成一定量的工作，所预先规定的劳动消耗量的标准。

劳动定额有工时定额和产量定额两种基本形式。前者是按照生产单位合格产品需要的时间所制定的劳动定额标准，常在机械行业中使用；后者是按照单位时间内生产合格产品的数量所制定的劳动定额标准，常在采掘、化工、冶金行业中使用。

劳动定额是企业合理组织劳动和进行计划管理的一项重要依据，是提高劳动生产率的一个有力手段，是经济核算、成本管理的基本计量单位。劳动定额也是企业组织劳动竞赛、衡量职工贡献大小和贯彻按劳分配原则的重要依据。

2. 劳动定额的制定

（1）工时消耗分类

工时消耗分类，即对工人在整个轮班的工作过程中的全部时间消耗的分类。按其性质可以划分为两大部分，即定额时间与非定额时间。

① 定额时间

定额时间是指为完成某项工作必要的时间消耗，包括以下四个方面。

a. 作业时间，即直接达到工艺目的所需要的时间。按其作用又可分为基本时间和辅助时间两部分。前者是直接达到工艺目的所需要的时间；后者不是直接完成工艺目的，而是为保证工艺目的的实现所消耗的必要时间。

b. 照管工作地时间，即用于布置工作地，保证工作地良好状态，以及对工作地进行供应和照管所消耗的时间。

c. 休息与生理时间，即为调节和改善工人的工作状态以及生理自然需要所需要的时间。

d. 准备与结束时间，即为完成一项工作或一批产品的生产加工，在工作开始前所需要消耗的准备工作时间，以及工作完毕时所需要消耗的结束工作时间。

② 非定额时间

非定额时间是指完成某项工作非必需要的时间消耗，包括以下三个方面。

a. 非生产工作时间，是指工人在工作日内做了岗位责任制所规定的职责范围以外的工作，或者非正常生产所消耗的时间。

b. 非工人过失造成的损失时间，是指由于企业技术组织工作上的缺点，或者企业外部条件的影响，而造成生产中断的时间。

c. 工人过失造成的损失时间，主要指由于工人违反操作规程造成责任事故，或由于不遵守劳动纪律等造成生产中断所损失的时间。

（2）劳动定额的制定方法

劳动定额的制定方法有以下四种。

① 经验估算法。由劳动定额人员、技术人员和具有丰富经验的老工人，根据相关资料，凭借经验估算劳动定额。这种方法简便易行、修改方便，但是受到从事定额工作人员经验与水平的限制，定额准确性差。

② 统计分析法。根据以往生产同类型产品的实际工时消耗的记录和统计资料，结合当前生产组织、技术组织情况的变化制定定额的方法。它比经验估算法更能反映实际工人的技术操作水平，覆盖面广，比较适用于产品与生产状态稳定，原始资料齐全、准确，管理有素的企业。

③ 技术测定法。根据对生产技术条件和生产组织条件的分析与研究，通过技术计算、现场测试与分析来确定定额时间的方法。这种方法准确性高，但工作量大。适用于生产条件稳定、品种少、大批大量生产类型。

④ 类推比较法。以现有的产品定额资料作为依据，经过对比推算出另一种产品零件或工序的定额。采用此方法的前提是用来对比的两种产品必须是同类型、同系列的，或相似的，具有明显的可比性。

3. 劳动定额的贯彻执行与修改

（1）劳动定额的贯彻执行

劳动定额制定后，必须认真地贯彻执行。为此需要做好以下几项工作。

① 加强思想工作。要使员工明白，定额工作关系到企业的生存与发展，关系到职工的切身利益。

② 积极落实生产技术组织。新的定额制定出来之后，要有相应的生产技术组织措施与之配套，进一步调动职工的生产积极性。

③ 加强劳动定额管理。要建立健全劳动定额管理机构，配备专职工作人员，加强劳动定额执行情况的日常统计、检查与分析工作，加强资料的收集与管理工作。

④ 坚持各尽所能、按劳取酬的分配原则。劳动定额的贯彻要与职工的工资与奖励协调一致，奖勤罚懒。

（2）劳动定额的修改

定额人员制定的劳动定额，应保持先进合理的水平。但是，无论是产量定额或工时定额，都有可能落后于生产发展的需要。因此，生产主管要督促定额人员定期对原定额进行相应的修改，以适应生产发展的需要。通过修改不仅使定额赶上生产发展的需要，而且也促进企业劳动效率的提高和生产成本的降低。

在实际工作中劳动定额的修改一般有两种情况：一是定期全面修改，即新产品一年修改一次，老产品两年修改一次；二是不定期局部修改。前者是主要的。

任务 7.3　先进的生产组织方式

7.3.1　现场管理"5S"法

1．"5S"的含义

"5S"的含义：整理、整顿、清扫、清洁和素养。

"5S"活动起源于日本，并在日本企业中广泛推行，它相当于我国企业开展的文明生产活动。"5S"活动的对象是现场的"环境"，它对生产现场环境全局进行综合考虑，并制订切实可行的计划与措施，从而达到规范化管理。"5S"活动的核心和精髓是素养，如果没有职工队伍素养的相应提高，"5S"活动就难以开展和坚持下去。

2．"5S"活动的内容和目的

"5S"活动的内容和目的主要涉及以下五个方面。

① 整理。将工作场所的任何物品区分为必要的和非必要的，除了必要的留下来以外，其他的都清除或放置在其他地方。它是"5S"的第一步。整理的目的是腾出空间，防止误用。

② 整顿。把留下来的必要的物品定位、定量放置，并放置整齐，必要时加上标志，以方便取用。整顿的目的是使工作场所一目了然，消除找寻物品的时间，有一个整整齐齐的工作环境。

③ 清扫。将工作场所及工作用的设备清扫干净，保持工作场所干净、亮丽。清扫的目的是保持良好的工作情绪和稳定的产品品质。

④ 清洁。清洁是在整理、整顿、清扫之后的日常维护活动，即形成制度和习惯。清洁的目的是通过将"整理""整顿"和"清扫"制度化来维持成果。

⑤ 素养。素养即教养。依托前面"4S"，努力提高人员的素养，养成严格遵守规章制度的习惯和作风，这是"5S"活动的核心。

3．开展"5S"活动的原则

开展"5S"活动的原则如下。

① 自我管理的原则。要充分依靠现场人员，由现场的当事人自己动手为自己创造一个整齐、清洁、方便、安全的工作环境，使他们在改造客观世界的同时，也改造自己的主观世界。

② 勤俭办厂的原则。开展"5S"活动，要从生产现场清理出很多无用之物，其中，有的只是在现场无用，但可用于其他的地方；有的虽然是废物，但应本着废物利用、变废为宝的精神，该利用的应千方百计地利用。

③ 持之以恒的原则。开展"5S"活动,贵在坚持。为此,企业应将"5S"活动纳入岗位责任制,使每一部门、每一人员都有明确的岗位责任和工作标准;要严格、认真地搞好检查、评比和考核工作,并与部门和个人的经济利益挂钩;要坚持 PDCA 循环,不断提高现场的"5S"水平。

> **小资料**
>
> 在当前的中国企业,"5S"活动已然成为现场管理的一股潮流。在推行"5S"时,企业往往会基于自身情况和发展的需要做一些细化和创新,有的企业在原来"5S"的基础上又增加了安全,即形成了"6S";有的企业再增加了节约,形成了"7S";也有的企业加上习惯化、服务及坚持,形成了"10S"。但是万变不离其宗,都是从"5S"里衍生出来的。

二维码材料:7-1 现场管理 100 条——"6S"管理经验

4. "5S"的主要功用

"5S"的主要功用如下:
① 给客户留下深刻的印象。
② 节约成本,因为实施了"5S"的场所就是节约的场所。
③ 缩短交货期。
④ 可以使工作场所的安全系数有效地增大。
⑤ 可以推进标准化的建立。
⑥ 通过"5S"活动,可以极大地提高全体员工的士气。

7.3.2 准时生产(JIT)

1. 准时生产的基本思想

准时生产的基本思想可用现在广为流传的一句话来概括,即"只在需要的时候,按需要的量生产所需的产品"。这也就是 Just In Time(JIT)一词所要表达的本来含义。

> **小资料**
>
> 准时生产方式(Just In Time,JIT),是日本丰田汽车公司在 20 世纪 60 年代实行的一种生产方式。1973 年以后,这种方式对丰田公司渡过第一次能源危机起到了突出的作用,之后引起其他国家生产企业的重视,并逐渐在欧洲和美国的日资企业及日本当地企业中推行开来。现在准时生产方式与源自日本的其他生产、流通方式一起被西方企业称为"日本化模式",其中,日本生产、流通企业的物流模式对欧美的物流产生了重要影响。近年来,JIT 不仅作为一种生产方式,也作为一种通用管理模式在物流、电子商务等领域得到推行。

JIT 生产方式的最终目标,即企业的经营目的:获取最大利润。为了实现这个最终目的,"降低成本"就成为基本目标。在福特时代,降低成本主要是依靠单一品种的规模生产来实现的。但是在多品种,中、小批量生产的情况下,这一方法是行不通的。因此,JIT 生产方式力图通过"彻底消除浪费"来达到这一目标。所谓浪费,在 JIT 生产方式的起源地丰田汽车公司,被定义为"只使成本增加的生产诸因素",也就是说,不会带来任何附加价值的诸因素。这其中,最主要的是由生产过剩(即库存)所引起的浪费。

2. 准时生产的实施手段

(1) JIT 生产方式的基本手段

为了消除浪费,就相应地产生了适量生产、弹性配置作业人数以及保证质量这三个子目标。对应于这三个子目标,JIT 生产方式的基本手段也可以概括为以下三个方面。

① 适时、适量生产。"Just in Time"一词本来所要表达的含义是,"只在需要的时候,按需要的量生产所需的产品",以防止由于生产过剩引起的人员、设备、库存费用等一系列的浪费。

② 弹性配置作业人数。在劳动费用越来越高的今天,降低劳动费用是降低成本的一个重要方面。达到这一目的的方法是"少人化"。所谓"少人化",是指根据生产量的变动,弹性地增减各生产线的作业人数,以及尽量用较少的人力完成较多的生产。

③ 质量保证。力争通过将质量管理贯穿于每一工序之中来实现提高质量与降低成本的一致性,具体方法是"自动化"。这里的"自动化"有两层意思:一是使设备或生产线能够自动检测不良产品,一旦发现异常或不良产品可以自动停止设备运行的机制;二是生产第一线的设备操作工人发现产品或设备问题时,有权自行停止生产的管理机制。依靠这样的机制,不良产品一出现马上就会被发现,防止了不良产品的重复出现或累积出现,从而避免了由此可能造成的大量浪费。

图 7.8 说明由这三个方面所组成的 JIT 构造体系。在这个体系中包括了 JIT 生产方式的基本目标以及实施这些目标的多种手段和方法,也包括这些目标与各种手段和方法之间的相互内在联系。

(2) 实现适时、适量生产的具体手段

实现适时、适量生产的具体手段如下。

① 生产同步化。工序间不设置仓库,前一工序的加工结束后,使其立即转到下一工序,装配线与机械加工几乎平行进行。在铸造、锻造、冲压等必须成批生产的工序,则通过尽量缩短作业更换时间来尽量缩小生产批量。生产的同步化可通过"后工序领取"的方法来实现,即"后工序只在需要的时间到前工序领取所需的加工品,前工序中按照被领取的数量和品种进行生产"。

② 生产均衡化。这是实现适时、适量生产的前提条件。所谓生产的均衡化,是指总装配线在向前工序领取零部件时应均衡地使用各种零部件,生产各种产品。为此在制订生产计划时就必须加以考虑,然后将其体现于产品生产顺序计划之中。在制造阶段,均衡化通过专用设备通用化和制定标准作业来实现。

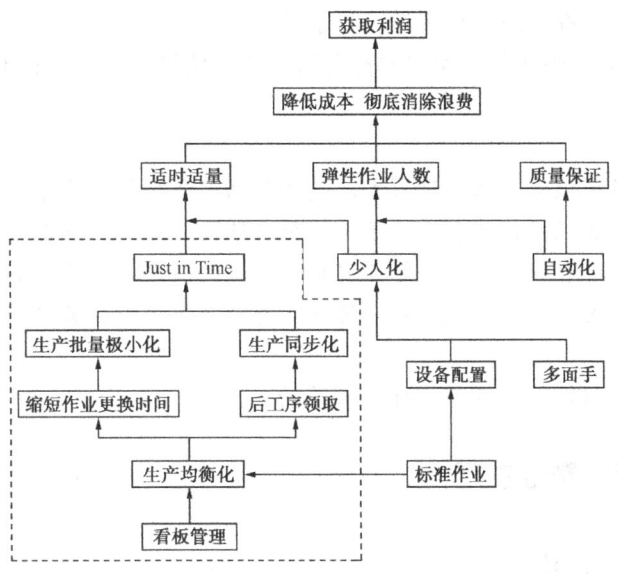

图 7.8　JIT 构造体系

3. 实现 JIT 生产的重要手段——看板管理

JIT 是一种拉动式的管理方式，它需要从最后一道工序通过信息流向上一道工序传递信息，这种传递信息的载体就是看板。

看板旨在传达信息："何物，何时，生产多少数量，以何方式生产、搬运"。看板的信息包括零件号码、品名、制造编号、容器形式、容器容量、发出看板编号、移往地点、零件外观等。及时生产方式的看板在生产线上分为两类：领取看板和生产看板。

（1）看板的使用规则

看板的操作必须严格符合规范，否则就会陷入形式主义的泥潭，起不到应有的效果。概括地讲，看板操作过程中应该注意以下六个使用原则。

① 没有看板不能生产，也不能搬运。
② 看板只能来自后工序。
③ 前工序只能生产取走的部分。
④ 前工序按收到看板的顺序进行生产。
⑤ 看板必须和实物一起。
⑥ 不能把不良品交给后工序。

（2）看板的功能

看板的功能如下。

① 生产和运送的工作指令。看板记载的信息就是生产和运送的依据，看板在生产工序中的传递就意味着生产和运送指令的下达。

② 防止过量生产和运送。看板的运用规则之一是："没有看板不能生产，也不能运送。"由于看板只显示必要的量，因此能自动防止过量生产和过量运送。

③ 进行"目视管理"的工具。通过看板，现场管理人员对生产的优先顺序、后工序

的作业进展情况、库存情况一目了然,易于管理。

④ 改善的工具。看板管理可以暴露各种生产、质量问题,以利于采取改善措施。

> **小资料**
>
> 管理看板是目视化管理的一种形式,是对数据、情报等一目了然的表现。它通过各种形式,如标语、现况板、图表、电子屏等把文件上、脑子里或现场等隐藏的情报揭示出来,以便任何人都可以及时掌握管理现状和必要的情报,从而能够快速制定并实施应对措施。因此,管理看板是发现问题、解决问题的非常有效且直观的手段,是优秀的现场管理必不可少的工具之一。

二维码材料:7-2 目视化管理手册

7.3.3 精益生产

1. 精益生产的含义

1995 年,麻省理工学院的 Daniel Roos 教授等将大量生产与丰田生产方式进行了比较分析,出版了《改变世界的机器》一书,把丰田生产方式称为"精益生产"(Lean Production,LP)。精,即少而精,不投入多余的生产要素,只是在适当的时间生产必要的市场急需产品(或下道工序急需的零部件);益,即所有经营活动都要有益有效。北京航空航天大学杨光京教授认为:"精益生产是通过系统结构、人员组织、运行方式和市场供求等方面的变革,使生产系统能很快适应用户需求的不断变化,并能使生产过程中一切无用、多余的东西被精简,最终达到包括市场供销在内的生产的各方面最好的结果。"

2. 精益生产方式与大批大量生产方式的比较

精益生产方式与大批大量生产方式有着不同的理念和特点,如表 7.2 所示。

表 7.2 精益生产方式与大批大量生产方式的比较

比较项目	精益生产方式	大批大量生产方式
生产目标	追求尽善尽美	尽可能好
工作方式	集成,多能,综合工作组	分工,专门化
管理方式	权力下放	宝塔式
产品特征	面向用户,生产周期短	数量很大的标准化产品
供货方式	JIT 方式,零库存	大库存缓冲
产品质量	由工人保证,质量高,零缺陷	检验部门事后把关
返修率	几乎为零	很大
自动化	柔性自动化,但尽量精简	刚性自动化
生产组织	精简一切多余环节	组织机构庞大
设计方式	并行方式	串行模式
工作关系	集体主义精神	相互封闭

续表

比 较 项 目	精益生产方式	大批大量生产方式
用户关系	以用户为上帝，产品面向用户	以用户为上帝，但产品变化少
供应商	同舟共济、生死与共	互不信任，无长期打算
雇员关系	终身雇用，以企业为家	可随时解雇，工作无保障

3．精益生产的特征

在《改变世界的机器》一书中，精益生产的归纳者们从五个方面论述了精益生产企业的特征。这五个方面是工厂组织、产品设计、供货环节、顾客和企业管理。归纳起来，精益生产的主要特征为：对外以用户为"上帝"，对内以"人"为中心，在组织机构上以"精简"为手段，在工作方法上采用"Team Work"（综合工作组）和"并行设计"，在供货方式上采用"JIT"方式，在最终目标方面为"零缺陷"。

（1）以用户为"上帝"

产品面向用户，与用户保持密切联系，将用户纳入产品开发过程，以多变的产品、尽可能短的交货期来满足用户的需求，真正体现用户是"上帝"的精神。不仅要向用户提供周到的服务，而且要洞悉用户的思想和要求，才能生产出适销对路的产品。产品的适销性、适宜的价格、优良的质量、快捷的交货速度、优质的服务是面向用户的基本内容。

（2）以"人"为中心

人是企业一切活动的主体，第一，应以人为中心，大力推行独立自主的小组化工作方式。充分发挥一线职工的积极性和创造性，使他们为改进产品的质量积极献计献策，使一线工人真正成为"零缺陷"生产的主力军。为此，企业对职工进行爱厂如家的教育，并从制度上保证职工的利益与企业的利益挂钩。第二，应下放部分权力，使人人有权、有责任、有义务随时解决碰到的问题。第三，还要满足人们学习新知识和实现自我价值的愿望，形成独特的、具有竞争意识的企业文化。

（3）以"精简"为手段

在组织机构方面实行精简化，去掉一切多余的环节和人员。实现纵向减少层次，横向打破部门壁垒，将层次细分工，管理模式转化为分布式平行网络的管理结构。在生产过程中，采用先进的柔性加工设备，减少非直接生产工人的数量，使每个工人都真正对产品实现增值。另外，采用 JIT 和看板方式管理物流，大幅度减少甚至实现零库存，也减少了库存管理人员、设备和场所。此外，精益不仅是指减少生产过程的复杂性，还包括在减少产品复杂性的同时，提供多样化的产品。

（4）Team Work 和并行设计

精益生产强调 Team Work 工作方式，进行产品的并行设计。Team Work 是指由企业各部门专业人员组成的多功能设计组，对产品的开发和生产具有很强的指导和集成能力。综合工作组全面负责一个产品型号的开发和生产，包括产品设计、工艺设计、编制预算、材料购置、生产准备及投产等工作，并根据实际情况调整原有的设计和计划。Team Work 是企业集成各方面人才的一种组织形式。

（5）JIT 供货方式

JIT 供货方式可以保证最小的库存和最少的在制品数。为了实现这种供货方式，应与供货商建立良好的合作关系，相互信任，相互支持，利益共享。

（6）"零缺陷"工作目标

精益生产所追求的目标不是"尽可能好一些"，而是"零缺陷"，即最低的成本、最好的质量、无废品、零库存和产品的多样性。当然，这样的境界只是一种理想境界，但应无止境地去追求这一目标，才会使企业永远保持进步，永远走在其他企业的前面。

4．精益生产的体系构成

如果把精益生产体系看作一幢大厦，它的基础就是在计算机网络支持下的、以小组方式工作的并行工作方式，而在此基础上的三根支柱是质量管理、准时生产和成组技术。这幢大厦的屋顶就是精益生产体系，如图 7.9 所示。

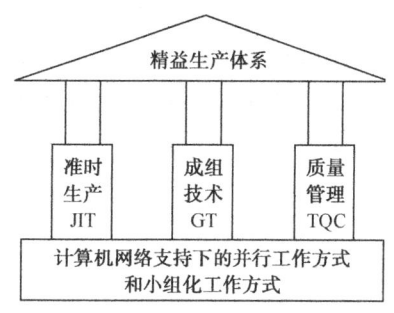

图 7.9　精益生产的体系构成

（1）全面质量管理

全面、全员、全过程的质量管理体系是保证产品质量达到"零缺陷"目标的主要措施。

（2）准时生产和零库存

准时生产和零库存是缩短生产周期和降低生产成本的主要方法。

（3）成组技术

成组技术是实现多品种、按顾客订单组织生产、扩大批量、降低成本的技术基础。

7.3.4　敏捷制造

1．敏捷制造的含义

敏捷制造是在具有创新精神的组织和管理结构、先进制造技术（以信息技术和柔性智能技术为主导）、有技术有知识的管理人员三大类资源支柱支撑下得以实施的，也就是将柔性生产技术、有技术有知识的劳动力与能够促进企业内部和企业之间合作的灵活管理集中在一起，通过所建立的共同基础结构，对迅速改变的市场需求和市场进度做出快速响应。敏捷制造比其他制造方式具有更灵敏、更快捷的反应能力。

> **小资料**
>
> 敏捷制造是美国国防部为了拟定 21 世纪制造业发展战略而支持的一项研究计划。该计划始于 1991 年，由里海大学的亚科卡研究所主持，100 多家公司参加，历时三年，于 1994 年年底提出了《21 世纪制造企业战略》。在这份报告中，提出了既能体现国防部与工业界各自的特殊利益，又能获取它们共同利益的一种新的生产方式，即敏捷制造。

2. 敏捷制造的要素

（1）敏捷制造的生产技术

具有高度柔性的生产设备是创建敏捷制造企业的必要条件，以具有集成化、智能化、柔性化特征的先进的制造技术为支撑，建立完全以市场为导向，按市场需求任意批量且快速灵活地制造产品，支持顾客参与生产的生产系统。该系统能实行多品种、小批量生产和绿色无污染制造。

在产品的设计和开发过程中，利用计算机的过程模拟技术，可靠地模拟产品的特性和状态，精确地模拟产品生产过程，既可实现产品、服务和信息的任意组合，又能丰富品种、缩短产品设计、生产准备、加工制造和进入市场的时间，从而保证对消费者的需求做出快速、灵敏的反应。

（2）敏捷制造的组织方式

敏捷制造企业必须具有高度柔性的动态组织结构。根据产品不同，敏捷制造企业采取内部团队、外部团队（供应商、用户均可参与）与其他企业合作或虚拟公司等不同形式，既能保证企业内部信息达到瞬时沟通，又能保证迅速抓住企业外部的市场信息，从而进一步做出灵敏反应。

（3）敏捷制造的管理手段

以灵活的管理方式达到组织、人员与技术的有效集成，尤其是强调人的作用。敏捷制造在人力资源上的基本思想是：在动态竞争环境中最关键的因素是人。柔性生产技术和柔性管理要使敏捷制造企业的人员能够实现自己提出的发明和合理化建议，就需要提供必要的物质资源和组织资源，支持人们的行动，充分发挥各级人员的积极性和创造性。有知识的人是敏捷制造企业最宝贵的财富。不断对人员进行培训以提高其素质，是企业管理层的一项长期任务。

在管理理念上要求具有创新与合作意识，并不断追求创新。除了内部资源的充分利用，还要利用外部资源和管理理念。

在管理方法上要重视全过程管理，应运用先进科学的管理方法、计算机管理技术以及 BPR 管理等。

3. 敏捷制造企业的特征

敏捷制造追求实现理论上生产管理的目标，是适应未来社会发展的 21 世纪生产模式。敏捷制造企业具有的特征如下。

（1）产品系列的寿命期相当长

敏捷制造企业容易消化和吸收外单位的经验和技术成果，随着用户需求和市场的变化，敏捷制造企业会随之改变生产方式。企业生产出来的产品是根据顾客需求重新组合的产品或更新替代的产品，而不是用全新产品来替代旧产品。因此，产品系列的寿命会大大延长。

（2）信息交换迅速、准确

敏捷制造企业随时根据市场变化来改进生产，这要求企业不但要从用户、供应商、竞争对手那里获得足够信息，还要保证信息的传递快捷，以便企业能够快速抓住瞬息万变的市场。

（3）以订单定生产

敏捷制造企业将一些可重新编程、可重新组合、可连续更换的生产系统结合成为一个新的、信息密集的制造系统，能够做到使生产成本与批量无关，生产一万件同一型号的产品和生产一万件不同型号的产品所花费成本相同。因此，敏捷制造企业可以按照订单进行生产。

7.3.5 大规模定制生产

1. 大规模定制的含义

在新的市场环境中企业迫切需要一种新的生产模式，大规模定制（Mass Customization，MC）由此产生。大规模定制是一种集企业、客户、供应商、员工和环境于一体，在系统思想指导下，用整体优化的观点，充分利用企业已有的各种资源，在标准技术、现代设计方法、信息技术和先进制造技术的支持下，根据客户的个性化需求，以大批量生产的低成本、高质量和效率提供定制产品和服务的先进生产方式。

其基本思想在于通过产品结构和制造流程的重构，运用现代化的信息技术、新材料技术、柔性制造技术等一系列高新技术，把产品的定制生产问题全部或者部分转化为批量生产，以大规模生产的成本和速度，为单个客户或小批量多品种市场定制任意数量的产品。大规模定制企业的核心能力表现为：能够低成本、高效率地为顾客提供充分的商品空间，从而最终满足顾客的个性化需求。

2. 大规模定制的分类

大规模定制可分为按订单销售（Sale To Order，STO）、按订单装配（Assemble To Order，ATO）、按订单制造（Make To Order，MTO）和按订单设计（Engineer To Order，ETO）四种类型，如图7.10所示。

按订单销售（STO）又可称为按库存生产（Make To Stock），这是一种大批量生产方式。在这种生产方式中，只有销售活动是由客户订货驱动的，企业通过客户订单分离点（Cutomer Order Decoupling Point，CODP）位置往后移动而减少现有产品的成品库存。

按订单装配（ATO）是指企业接到客户订单后，将企业中已有的零部件经过再配置后向客户提供定制产品的生产方式，如模块化的汽车、个人计算机等。在这种生产方式中，装配活动及其下游的活动是由客户订货驱动的，企业通过客户订单分离点（CODP）位置往后移动而减少现有产品零部件和模块库存。

按订单制造（MTO）是指接到客户订单后，在已有零部件的基础上进行变型设计、制造和装配，最终向客户提供定制产品的生产方式，大部分机械产品属于此类生产方式。在这种生产方式中，客户订单分离点（CODP）位于产品的生产阶段，变型设计及其下游的活动是由客户订货驱动的。

按订单设计（ETO）是指根据客户订单中的特殊需求，重新设计能满足特殊需求的新零部件或整个产品。客户订单分离点（CODP）位于产品的开发设计阶段。较少的通用原材料和零部件不受客户订单的影响，产品的开发设计及原材料供应、生产、运输都由客户订单驱动。企业在接到客户订单后，按照订单的具体要求，设计能够满足客户特殊要求的定制化产品，从供应商的选择、原材料的要求、设计过程、制造过程及成品交付等都由客户订单决定。

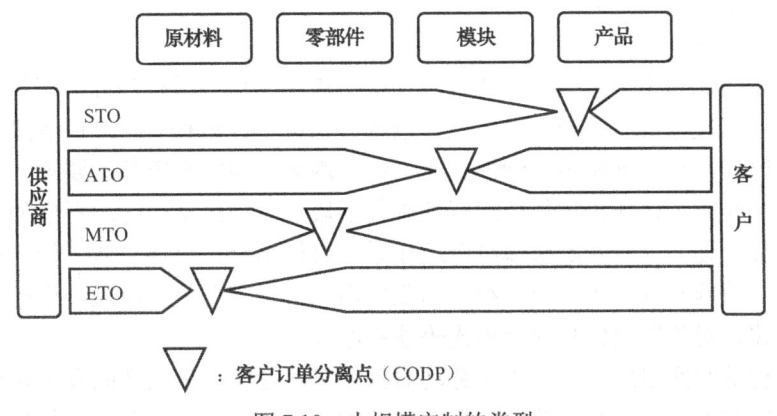

图 7.10　大规模定制的类型

3. 大规模定制的特点

大规模定制生产相较于传统生产方式有以下几方面的特点。

（1）以现代信息技术和制造技术为支撑

大规模定制必须对客户的需求做出快速反应，这要求以现代信息技术作为保障。网络技术和电子商务的迅速发展，使企业能够快速地获取客户的需求；CAD 和 PLM 系统能够根据在线订单快速设计出满足客户需求的个性化产品；ERP 系统能够有效地组织生产，通过柔性制造系统迅速生产出高质量的定制产品。

（2）以客户为核心

大规模定制是一种指导企业参与市场竞争的哲理，它要求企业时刻以客户为核心，以让客户满意作为最高的追求目标之一，从而吸引并"永久地留住客户"。

（3）以模块化设计、零部件标准化为基础

大规模定制要求设计人员在设计过程中充分地考虑到如何在产品的整个研制过程中利用标准化技术、模块化设计技术、成组技术和并行工程等现代设计技术。通过产品结构的重构，尽可能重用现有的设计资源和制造资源，从而可以批量生产模块和零部件，减少定制产品中的定制部分，大大缩短产品的交货期和减少产品的定制成本。

（4）以敏捷制造为标志

在传统的大批量生产方式中，企业与消费者是一对多的关系，企业以不变应万变。而在大规模定制中，企业与消费者是一对一的关系，企业面临的是千变万化的多样性需求，大规模定制企业必须快速满足不同客户的不同需求。因此，大规模定制要求企业在立足于现有资源的前提下，通过制造系统的重构以及组织机构的重构，合理地组织生产，以类似于大批量生产的成本和质量快速地为客户提供任何个性化的定制产品或服务。

（5）以供应链管理为手段

在未来市场经济中，竞争不是企业与企业之间的竞争，而是企业供应链与供应链之间的竞争。大规模定制企业通过与其供应商建立起既竞争又合作的关系，共同来满足客户的需要。

项目小结

生产过程组织是生产管理的重要内容。按所承担的任务进行划分，可将生产过程分为四部分：生产技术准备工作、基本生产过程、辅助生产过程和生产服务过程。合理组织生产过程时应尽可能地满足连续性、比例性、均衡性和柔性等基本要求。

生产设施是生产运作过程得以进行的硬件手段。设施选址是运用科学的方法决定设施的地理位置，使之与企业的整体经营运作系统有机结合，以便有效、经济地达到企业的经营目的。设施布置是指在一个给定的范围内，对生产单位（单元）进行位置安排，有工艺专业化、对象专业化和混合形式等基本形式。

生产过程的时间组织，主要研究劳动对象在车间之间、工段之间及工作地之间的运动方式。当同时加工一批相同的零部件时，有顺序移动、平行移动和平行顺序移动三种不同的移动方式。

大量大批生产类型比较适合采用流水生产，以提高生产效率。为此必须做好流水线的组织设计工作。单一品种流水线设计的关键是确定节拍和组织工序同期化。

劳动组织的作用在于科学地组织劳动者之间的分工与协作，把劳动者与劳动工具、劳动对象有机地结合起来，使所有人员协调地进行工作，充分发挥劳动者的技能和积极性，不断提高劳动生产率。

劳动定额是在一定的生产技术和组织条件下，为生产一定量的合格产品或完成一定量的工作，所预先规定的劳动消耗量的标准。劳动定额有工时定额和产量定额两种基本形式。

在生产实践中，人们创造了很多先进的生产组织方式，如准时制、精益生产和敏捷制造等，值得我们研究和借鉴。

项目训练

一、单项选择题

1. 企业的整个生产过程的核心是（　　）。
   A．生产技术准备工作　　　　B．基本生产过程
   C．辅助生产过程　　　　　　D．生产服务过程
2. 加工周期最短的零件移动方式是（　　）。
   A．顺序移动　　B．平行移动　　C．平行顺序移动　　D．不一定
3. 流水线上连续投入或出产两个制品的时间间隔，称为（　　）。
   A．节拍　　　　B．节奏　　　　C．加工周期　　　　D．工时定额

4. "5S"活动的核心和精髓是（　　）。
   A．整理　　　　B．整顿　　　　C．清洁　　　　D．素养
5. 精益生产的英文简称是（　　）。
   A．JIT　　　　B．LP　　　　C．AM　　　　D．CIM

二、多项选择题

1. 按接受生产任务的方式划分，生产类型包括（　　）。
   A．订货生产　　B．存货生产　　C．流程生产　　D．加工装配生产
2. 设施布置的基本形式包括（　　）。
   A．工艺专业化　B．对象专业化　C．劳动专业化　D．混合形式
3. 流水生产的主要特点包括（　　）。
   A．工作地专业化程度高
   B．具有明显的节奏性
   C．具有较高的连续性
   D．各工序的生产能力具有较好的均衡性
4. 劳动定额的基本形式包括（　　）。
   A．消耗定额　　B．供应定额　　C．工时定额　　D．产量定额

三、判断题

1. 工序是组成生产过程的基本环节。（　　）
2. 企业的生产设施就是指厂房和设备。（　　）
3. 一般地，机器工作的流水线的负荷系数不应低于1。（　　）
4. 劳动分工越细越好。（　　）

四、简答题

1. 合理组织生产过程有哪些基本要求？
2. 试分析比较工艺专业化和对象专业化的优点和缺点。

五、计算题

某车间加工一批零件，数量为6件，要依次经过5道工序，各工序的单件加工时间分别为 $t_1=10$，$t_2=4$，$t_3=8$，$t_4=12$，$t_5=6$。试分别求出顺序移动、平行移动和平行顺序移动方式下这批零件的加工周期。

项目实训

生产现场看一看

1. 活动目的

老师联系当地生产管理较好的企业，带学生参观学习，了解企业生产过程与现场管理。

2．活动内容

（1）请企业有关负责人介绍企业情况。

（2）参观企业生产全过程。

（3）认真观察企业现场管理状况，询问其管理方法。

3．活动组织

（1）以 10 人为单位分组，每组选出组长一名。

（2）由老师带队到联系好的企业现场参观。

4．考核方式

（1）参观结束后，以组为单位讨论企业生产状况，分析企业现场管理中存在的问题及原因，提出改善建议，并写出调研报告。

（2）老师评阅各组调研报告，并进行课堂讲评。

项目 8　生产计划与生产作业计划

学习目标

通过本项目的学习，了解生产能力的度量、生产能力规划；理解生产能力的概念；初步掌握生产能力的计算；理解生产计划的主要指标、总体计划和主生产计划的概念；掌握总体计划的决策方式；了解主生产计划的制订；理解生产作业计划的概念和主要期量标准；了解生产作业计划的编制。

案例导读

罗姆电子大连有限公司是大连开发区的一家日资企业，其电容器制造部主要生产MCH系列陶瓷积层电容器，共100多种规格。自1996年年初投产以来，由于采用了新工艺、公司操作人员不太熟悉设备操作性能等原因，虽经过两个多月的不懈努力，但却仍未能达到月产量1亿件的设计能力。日本总部对此非常不满，电容器制造部负责人尹先生也十分苦恼。这一天，他又一次召集有关部门负责人员开会，研究如何解决所面临的生产问题。

会上，大家列举了最近出现的各种问题，普遍反映加班实在太辛苦，有些操作人员已十分疲乏。会议进行到一半，负责对外联络业务的曲小姐过来汇报说，刚才又接到日本总部打来的电话，对大连电容器制造部未完成上个月的生产任务大为不满，严令这个月必须完成，否则将进一步追究各部门的责任。

这个消息立即引起了与会人员的不满，设备科长李先生首先按捺不住，愤愤地说："这活没法干了……"这些天一直陪着李先生加班的车间监督申先生则息事宁人地说："老李，你先坐下，别那么激动。"接着又转过头对尹先生说："老李说得有道理。现在，咱们部的工人加班加点成了家常便饭，可产量还是完不成。工人们已经尽了最大努力，产量完不成的责任看来不在我们，是不是跟总经理反映一下？"其他人也纷纷附和。会议的议题由分析车间内部问题转向议论日本总部各部门的不配合上……

尹先生看着大家疲惫又激动的神色，知道大家说的都是实话，并且在工作中也都尽了最大努力，但如何能达到设计生产能力，完成计划任务，又是不得不解决的难题。日本总部一些部门配合不力的确是个大问题，但关键问题估计还是在车间内部的管理上。那么，问题究竟出在哪儿呢？他不知不觉地叹了一口气，随手拿起了会议记录，仔细研究起来。

资料来源：厉以宁，曹凤岐. 中国企业管理教学案例. 北京：北京大学出版社，1999.

如何达到设计生产能力，完成计划任务，不仅是电容器制造部负责人尹先生十分苦恼的问题，也是很多企业经常面临的难题。解决这一难题的关键是完善和革新企业的生产管理，尤其是生产计划管理。本项目将阐述解决该难题所需的基本知识和方法。

任务 8.1　生产能力及其规划

8.1.1　生产能力及其度量

1. 生产能力的概念与种类

（1）生产能力的概念

生产能力是指一个设施的最大产出率。这里的设施可以是一道工序、一台设备，也可以是整个企业。本项目论述的生产能力主要是指一个企业的生产能力。

企业的生产能力是指企业在一定时期内，在合理的、正常的技术组织条件下，所能生产的一定种类的产品的最大数量。它是反映企业所拥有的加工能力的一个技术参数，也反映企业的生产规模。

（2）生产能力的种类

实际运用中的生产能力有多种不同的表达方式，包括设计能力、查定能力和计划能力等。

① 设计能力。设计能力是企业建厂时在基建任务书和技术文件中所规定的生产能力，它是按照工厂设计文件规定的产品方案、技术工艺和设备，通过计算得到的最大年产量。

> **小资料**
>
> 在 2018 年 8 月 25 日召开的能源大转型高层论坛上，自然资源部中国地质调查局副局长李金发表示，未来将科学组织实施"可燃冰"试采。2020 年实现"日产 3 万方，持续一个月"的扩量生产试采目标；2023 年前实现"日产 4 万方，持续一个月"的生产性试采目标；2030 年前初步建成"可燃冰"年生产能力 10 亿立方米以上的资源勘查开发示范基地。

② 查定能力。对于老企业，由于各种原因，当初的设计能力已不能反映实际情况，

这时需要对企业的生产能力进行重新核准,称此结果为查定能力。查定能力是企业的实际生产能力,对企业的各类计划有指导作用,是企业计划工作的基本参数。

③ 计划能力。企业在年度计划中规定本年度要达到的实际生产能力称为计划能力。计划能力包括两大部分:一是企业已有的生产能力,是近期内的查定能力;二是企业在本年度内新形成的能力。计划能力的大小基本上决定了企业的当期生产规模,是企业编制年度生产计划的依据。

2. 生产能力的计量单位

由于企业种类的广泛性,不同企业的产品和生产过程差别很大,在做生产能力计划以前,必须确定本企业的生产能力计量单位。常见的生产能力计量单位如下。

(1) 产出量为计量单位

大多数制造业企业生产能力以产出量表示十分确切明了。例如,钢铁厂、水泥厂都以产品吨位作为生产能力,家电生产厂以产品台数作为生产能力。这类企业的产出数量越大,生产能力也越大。

若企业生产多种产品,则选择代表企业专业方向,产量与工时定额乘积最大的产品作为代表产品,其他的产品可换算为代表产品。换算系数 k_i 的计算公式为:

$$k_i = \frac{t_i}{t_0} \tag{8-1}$$

式中:k_i——i 产品的换算系数;t_i——i 产品的时间定额;t_0——产品的时间定额。

(2) 原料处理量为计量单位

对于使用单一原料生产多种产品的企业,以工厂年处理原料的数量作为生产能力的计量单位是比较合理的。例如,炼油厂以一年加工处理原油的吨位作为其生产能力。

(3) 投入量为计量单位

有些企业如果以产出量计量其生产能力,则会使人感到不确切,不易把握。例如,发电厂年发电几十亿度,巨大的天文数字不易比较判断,还不如用装机容量来计量更方便。这种情况在服务业中更为普遍。例如,航空公司以飞机座位数量为计量单位,而不以运送的客流量为计量单位;医院以病床数为计量单位,而不是以诊疗的病人数为计量单位。

> **小资料**
>
> 三峡水电站 1992 年获得全国人民代表大会批准建设,1994 年正式动工兴建,2003 年开始蓄水发电,于 2009 年全部完工。
>
> 三峡电站初期的规划是 26 台 70 万千瓦的机组,也就是装机容量为 1 820 万千瓦,年发电量 847 亿度。后又在右岸大坝"白石尖"山体内建设地下电站,建 6 台 70 万千瓦的水轮发电机,再加上三峡电站自身的 2 台 5 万千瓦的电源电站,装机容量达到了 2 250 万千瓦,年发电量约 1 000 亿度,是大亚湾核电站的 5 倍,是葛洲坝水电站的 10 倍。

8.1.2 生产能力计算

不同类型的企业，其生产能力计算方式不同。相比之下，制造企业的生产能力计算稍微复杂一些。其计算工作通常从底层开始，自下而上进行，先计算单台设备的能力，然后逐步计算班组（生产线）、车间、工厂的生产能力。

1. 成批生产类型企业生产能力的计算

成批生产类型的企业，生产单位的组织通常采用工艺专业化原则。产品的投料与产出有较长的间隔期和明显的周期性。它们的生产能力计算与以工艺专业化原则划分车间和班组有密切关系，并有自己的特点。

（1）单台设备及班组生产能力计算

在这类企业中，车间内班组是最小生产单位，每个班组配备一定数量的加工工艺相同的设备，但它们的性能与能力不一定相同。所以，班组生产能力的计算也从单台设备开始。

加工的零件不是单一品种的，而是多对象、多品种的，有时数量可达上百甚至数千；同时零件的形状大小不同，加工的工艺步骤不同，加工的时间长短不一。所以，这时不能用产出量计算生产能力，而只能采用设备提供的有效加工时间（又称为机时）来进行计算，其计算公式为：

$$F_e = F_0 \cdot h = F_0(1-q) = F_0 - d \tag{8-2}$$

式中：F_e——设备有效工作时间（机时）；F_0——年制度工作时间；h——设备制度工作时间计划利用率；q——设备计划修理停工率；d——设备计划修理停工时间。

如果班组内全部设备的加工技术参数差异不大，则全部设备的机时之和就是班组的生产能力。如果技术参数相差很大，以车床为例，床身长度和回转半径两个参数规定了设备可以加工的工件尺寸，这时有必要再分别统计不同参数设备的机时，着重查看某些大工件的设备加工能力能否满足。

（2）车间生产能力的确定

由于班组的加工对象是零件，它的生产能力以机时计量是合理的，而对于车间它的生产对象往往是产品或零部件配套数，因此其生产能力应该以产量计量。工时与产量之间的换算很容易，换算后可能会发现，各设备组（班组）的生产能力是不平衡的。车间的生产能力可以按关键设备能力来确定。能力不足的设备组，可以通过能力调整措施来解决。

（3）工厂生产能力的确定

工厂生产能力可以参照主要生产车间的能力来确定。能力不足的车间，可以通过能力调整措施来解决。

需要指出的是，关于车间、工厂生产能力的确定，并没有严格的规定。有观点认为应该以最小设备组生产能力（或者最小车间生产能力）来确定，即遵循所谓的"木桶原理"；也有观点认为，应该以关键设备能力来确定。因此，具体问题需要进行具体分析。

2．流水线生产类型企业生产能力的计算

由于在大量生产企业，总装与主要零件生产都采用流水线生产方式，因此企业生产能力是按每条流水线进行计算的。先计算各条零件制造流水线的能力，再确定车间的生产能力，最后通过平衡，求出全厂的生产能力。

（1）流水线生产能力的计算

流水线的生产能力取决于每道工序设备的生产能力，所以计算工作从单台设备开始，其计算公式为：

$$M_{单} = \frac{F_e}{t_i} \qquad (8-3)$$

式中：$M_{单}$——单台设备生产能力；F_e——单台设备计划期（年）有效工作时间（小时）；t_i——单位产品在该设备上加工的时间定额（小时/件）。

工序由一台设备承担时，单台设备的生产能力即为该工序能力。当工序由 S 台设备承担时，工序生产能力为 $M_{单} \cdot S$。这种由设备组成的流水生产线，各工序能力不可能相等，生产线能力只能由最小工序能力确定。

（2）车间生产能力的确定

车间生产能力的确定需要分几种情况进行讨论。如果仅仅是零件加工车间，每个零件有一条专用生产线，而所有零件又都是为本厂的产品配套，那么该车间的生产能力应该取决于生产能力最小的那条生产线的能力；如果是一个部件制造车间，它既有零件加工流水生产线，又有部件装配流水线，这时它的生产能力应该由装配流水线的能力决定。即使有个别的零件加工能力低于装配流水线能力，也应该按照这个原则确定，零件能力不足可以通过其他途径补充。

（3）工厂生产能力的确定

在确定了车间生产能力的基础上，通过综合平衡的方法来确定工厂的生产能力。首先，对基本生产车间的能力进行平衡。由于各车间之间加工对象和加工工艺差别较大，选用的设备是不一样的，性能差别也很大，生产能力很难做到一致，因此基本生产车间的生产能力通常按主导生产环节来确定。所谓主导生产环节，是指产品加工的关键工艺或关键设备，这些生产环节的能力决定了某些基本生产车间的能力，同时也基本限定了工厂的生产能力。然后，再对基本生产车间与辅助生产部门的能力进行平衡。当两者的能力不一致时，一般来说，工厂的生产能力主要由基本生产车间的能力决定。如果辅助部门的能力不足，可以采取各种措施来提高它的能力，以保证基本生产车间的能力得到充分利用。

8.1.3 生产能力规划

生产能力规划（简称产能规划）是采用某种方法来确定由设备、工具、设施和总体劳动力规模等综合形成的总体生产能力的大小，从而为实现企业的长期竞争战略提供有力的支持。产能规划所确定的生产能力，对企业的市场反应速度、成本结构、库存策略

以及企业自身管理和员工制度都将产生重大影响。

1. 产能规划的步骤

不同企业进行产能规划的程序不同，但是，一般来说，企业进行产能规划时，都必须遵循以下步骤。

（1）估计未来的能力需求

在进行产能规划时，首先要进行需求预测。在进行市场需求预测的基础上，将之转变为一种能与生产能力直接进行比较的度量。在制造业企业中，企业的生产能力经常是以可利用的设备数来表示的，在这种情况下，管理人员必须把市场需求（通常是产品产量）转变为所需的设备数。

（2）计算需求与现有能力之间的差

当预测需求与现有能力之间的差为正数时，表明现有生产能力不足；反之，则过剩。

（3）制订候选方案

处理需求与现有能力之间的差异，最简单的一种方法是：不考虑能力扩大，任由这部分顾客或订单失去。其他方法则主要涉及规模和时间的调整，包括积极策略、消极策略或中间策略的选择，也包括新设施地点的选择，还包括是否考虑使用加班、外包等临时措施等。这些都是制订能力计划方案所要考虑的内容。所考虑的重点不同，就会形成不同的候选方案。一般来说，至少应给出3～5个候选方案。

（4）评价每个方案

方案的评价包括两方面：定量评价和定性评价。定量评价主要从财务的角度，使用净现值法、盈亏平衡分析法、投资回收期法等方法进行评价。定性评价主要考虑是否与企业战略相符、与竞争策略的关系、技术变化因素、人工成本等。

2. 生产能力的调整

生产能力的调整包括短期和长期两个方面，其中长期调整可分为产能的收缩和扩张两个方面。

（1）短期产能调整

由于短期内可动用设备数量基本不变，生产能力的调整与人的主动性、积极性有很大关系，如果员工的积极性能够充分地调动起来，10%的能力缺口是不难平衡的，因此如何通过制度的、企业文化的、教育的手段，培养职工的主人翁精神，对于克服短期能力不足的矛盾是十分有效的。以下几种措施是短期产能调整的常用方法。

① 利用库存调节生产能力。如果企业的产品具有季节性，旺季时生产能力不足，淡季时生产能力过剩，这时用库存来平衡能力与需求量之间的缺口是比较常用的方法。例如，空调销售的旺季是6、7、8三个月份，销售量占到全年总量的一半以上，而企业的月生产能力远远小于旺季时的月需求量。这时企业除了开足马力加紧生产以外，主要靠淡季多生产一些储存起来，以弥补旺季时生产能力的不足。

② 改变劳动时间调节生产能力。生产能力与设备开动时间成正比。若企业只开一班，当能力不足时，首选方案便是加班或改为多班制生产。

③ 利用外部资源调整生产能力。当生产能力短期内不足时，采取临时性外协的方法，甚至外购的方法也可以解决供需矛盾。当需求不足时，则可收回外协任务，改为自制。

④ 推迟交货期。如果企业是按照订单来安排生产计划的，那么在销售旺季可以采用推迟交货期的方法来缓解供需矛盾。但应当评估推迟交货对企业信誉的影响。

（2）产能收缩

当企业不能适应市场的变化，或因经营不佳而陷入困境时，需要进行产能收缩。在收缩中应尽可能减少损失，力争在收缩中求得新的发展。产能收缩的主要途径如下。

① 逐步退出无前景行业。经过周密的市场分析，如果确认本企业所从事的行业即将衰退，企业就需要考虑如何退出该行业。

② 出售部分亏损部门。对于一些大企业，如果某些子公司或分厂的经营状况很差，消耗企业大量的资源，使公司背上了沉重的负担，扭亏又无望，这时不如抛售亏损部门。

③ 转产。如果本行业已日暮途穷，而企业的设备还比较先进，员工的素质也很好，可以考虑转向相关行业。例如，服装厂可以转向床上用品和居室装饰品，食品厂可以转向生产动物食品，等等。

为积极有效地化解钢铁、水泥、电解铝、平板玻璃、船舶等行业产能严重过剩矛盾，同时指导其他产能过剩行业化解工作，国务院于2013年10月15日发布了《关于化解产能严重过剩矛盾的指导意见》，指出"化解产能严重过剩矛盾是当前和今后一个时期推进产业结构调整的工作重点"。

目前，我国还没有建立对产能过剩定性、定量的科学评价标准。欧美等国家一般用产能利用率或设备利用率作为产能是否过剩的评价指标。设备利用率的正常值在79%~83%之间，超过90%则认为产能不够，有超过设备能力发挥现象。若设备开工率低于79%，则说明可能存在产能过剩的现象。

二维码材料：8-1 《国务院关于化解产能严重过剩矛盾的指导意见》

（3）产能扩张

在生产过程中，企业有时可能需要扩大产能。企业在扩大其生产能力时，应考虑许多方面的问题，其中最重要的几个方面是维持生产系统的平衡、控制扩大生产能力的频率以及有效利用外部生产能力等。

① 维持生产系统的平衡。生产完全平衡意味着，前一生产阶段的输出恰好满足后一生产阶段输入的要求。但这种完美状态并不经常存在，不平衡却是常态。解决生产系统不平衡问题的方法很多。其一，增大瓶颈的生产能力，可采取一些临时措施，如加班工作、租赁设备、通过转包合同购买其他厂家的产成品等；其二，在生产瓶颈之前留些缓冲库存，以保证瓶颈环节持续运转，不会停工；其三，如果某一部门的生产依赖于前一部门的生产，那么就重复设置前一部门的生产设备，可以充足地生产以便供应下一部门的生产所需。

② 扩大生产能力的频率。在扩大生产能力时，应考虑两种类型的成本问题，即生产

能力升级过于频繁造成的成本与生产能力升级过于迟缓造成的成本。一般地,过于频繁或过于迟缓扩张能力都不经济,所以需要严谨分析,科学决策。

③ 外部生产能力的利用。在某些情况下,不是扩大本企业的生产能力,而是利用现有的外部生产能力来增加产量,也许是更为经济有效的办法。常见的做法有签订转包合同、共享生产能力两种。

小资料

河南心连心化肥有限公司是在新加坡和中国香港两地上市的国家大型企业,拥有固定资产10多亿元,年销售收入12亿元。心连心发展的历程就是产能扩张的过程。1969年开始筹建新乡化肥总厂,1970年建成投产,年产合成氨3 000吨;1974年新乡化肥总厂扩建工程投运,年产合成氨5 000吨;1995年"尿改"工程一次开车成功,年产尿素6万吨;1997年尿素"四改六"工程顺利投运,年产尿素10万吨;2000年年产10万吨的复合肥生产线建成投产;2005年年产10万吨复合肥的第三期工程建成投运;2002年列入国家计划的"双高一优"工程建成投产,达到尿素30万吨、复合肥20万吨、甲醇5万吨的生产能力。目前心连心拥有合成氨70万吨、尿素125万吨、复合肥60万吨、甲醇30万吨的年生产能力。

任务8.2 生产计划

8.2.1 生产计划的概念与主要指标

生产计划是根据市场需求预测,从企业实际生产能力出发,对企业计划年度内的生产任务做出的统筹安排,规定企业在计划期内的生产任务和生产进度,以及企业之间的生产协作任务。企业生产计划的内容是通过各项指标来反映的,这些指标主要有以下几个方面。

1. 产品品种指标

产品品种指标,是指企业在计划期内应当出产的产品品种、规格的数量。品种指标能够在一定程度上反映企业适应市场的能力,一般来说,品种越多,越能满足不同的需求。但是,过多的品种会分散企业的生产能力,难以形成规模优势。因此,企业应综合考虑,合理确定产品品种,加快产品的更新换代,努力开发新产品。

2. 产品质量指标

产品质量指标,是指企业在计划期内生产的产品应该达到的质量标准和水平。产品质量指标反映了企业的生产技术和组织管理水平。

3. 产品产量指标

产品产量指标,是指企业在计划期内应当出产的合格品的实物数量或应当提供的合格劳务数量。产品的产量指标常用实物指标或假定实物指标表示。例如，钢铁用"吨"，发电量用"千瓦·时"等表示。产品产量指标是表明企业生产成果的一个重要指标，它直接来源于企业的销售量指标，也是企业制定其他物量指标和消耗量指标的重要依据。

4．产品产值指标

产品产值指标是用货币形式表示的企业生产产品的数量。它解决了企业生产多种产品时，不同产品产量之间不能相加的问题。企业的产品产值指标有商品指标、总产值和净产值三种表现形式。

① 商品产值，是指企业在计划期内生产的可供销售的产品或工业劳务的价值。其内容包括用自备原材料生产的可供销售的成品和半成品的价值，用订货者来料生产的产品的加工价值，对外完成的工业性劳务价值。

② 总产值，是指用货币形式表现的企业在计划期内应该完成的产品和劳务总量。它反映企业在计划期内生产的总规模和总水平。其内容包括商品产值，订货者资料的价值，在制品、半成品、自制工具的期末期初差额价值。

③ 净产值，是表明企业在计划期内新创造的价值。净产值的计算方法有两种：一是生产法，即从工业总产值中扣除物质消耗价值的办法；二是分配法，即从国民收入初次分配的角度出发，将构成净产值的各要素直接相加求得净产值，这些要素主要包括工资、职工福利基金、税金、利润、利息、差旅费、罚金等。

在实践中，商品产值和净产值一般用现行价格计算，总产值则要求用不变价格计算。

8.2.2 总体计划的概念与制订

1．总体计划的概念与特点

总体计划，又称为生产大纲，是在未来约一年内，有关产出的供应与需求匹配的问题。它是根据企业所拥有的生产能力和需求预测，对企业未来较长一段时间内的产出内容、产出速度、劳动力水平、库存水平等问题所做的决策性描述。该计划的主要目的是合理利用企业的生产资源。

总体计划的特点是在计划期内，从整体上统一考虑生产资源的合理使用，以期获得最佳效益。由于计划期较长，市场需求是灰色的，因此这个计划不可能是十分详尽的，至少它不可能安排详细的品种计划。它只能依据部分订单和市场预测的信息，对企业一年内的生产总量进行计划，并给出生产资源优化条件下的进度计划，所以称为总体计划。

总体计划不是十分确定的生产计划，但对于企业经营决策者来说，对一年的生产任务早做安排是完全必要的。

总体计划往往以抽象的产品概念或某类产品作为计划的单位，如电视机厂以电视机台数来计量，而不考虑产品的型号规格，因为此时既不可能获得详细的市场信息，也无十分的必要。总体计划要解决的问题是在既定的市场条件下，如何确定总产量，进一步再考虑生产进度如何安排，人力资源如何调整，库存数量如何决定，目的是使利润最大、生产成本最小。

总体计划特别适用于一年内需求呈季节性变化的生产类型。它虽然十分粗略，但是对于决策者来说，由于对市场需求有了大致的了解，对年度生产任务有了大体上的安排，在以后的生产管理活动中，就不会因需求的变动而措手不及。

2．总体计划的基本决策方式

（1）两种基本决策思路

在进行总体计划决策时，可以有多种方法和手段，但其基本思路可分为稳妥应变型和积极进取型。

① 稳妥应变型。这种类型的基本思路是修正供给，即将预测的市场需求视为给定条件，通过改变员工数量、加班或缩短工作时间、改变库存水平、外协等方式来应对市场需求。

② 积极进取型。用稳妥应变型的思路来处理季节性需求或其他波动较大的需求，往往成本较高。与之相反，积极进取型的基本思路是修正需求，即力图通过调节需求模式，影响、改变需求，调节对资源的不平衡要求来达到有效地、低成本地满足需求的目的。常用的方法有：导入互补产品、调整价格、刺激淡季需求以及要求顾客等待或预定生产能力等。

值得注意的是，企业生产部门和营销部门的人员密切合作，将这两种基本思路有机结合，才能使总体计划达到最优或次优。

（2）三种策略

上述两种基本思路下的各种候选方案可结合使用。在这样的基础上，即假设积极进取型可采取的方法已经修正了需求量，那么下一步要考虑的问题就集中在稳妥应变型的各种方法上了。稳妥应变型的方法主要与库存水平、生产速率和人员水平有关。在制订总体计划时考虑这些因素，就形成了以下三种策略。

① 追赶策略。在计划时间范围内调节生产速率或人员水平，以适应需求。这种策略的关键之处是不使用调节库存或部分开工。这种策略有多种应用方法，如聘用或解聘工人、加班加点、外协等。因此，其主要优点是库存投资小，无订单积压。缺点是在每一计划期内均要调整生产速率或人员水平是要花费成本的。此外，容易造成劳资关系疏远、生产率和质量下降等问题。

② 平衡策略。在计划期内保持生产速率和人员水平不变，使用调节库存或部分开工来适应需求。在制造业企业，稳定的生产速率主要靠保持人员稳定、使用调节库存来实现。当允许人员水平变动，但生产速率仍要求保持不变时，可使用加班、临时聘用或外包等方式来实现。这种方法的优点是产出均衡，人员水平稳定，但增加了库存投资，加班或部分开工也会引起额外费用。

③ 混合策略。以上两种策略是两个极端的策略，最好的策略往往是在需求淡季时建立和调节库存、人员水平小幅度变动、加班等几种方式结合使用，即采取一种混合策略。

> **小资料**
>
> 上海通用采用柔性化生产系统,一条流水生产线可以生产不同平台多个型号的产品。为了提高生产和供应的准时性,该公司既进行一年的生产预测,也进行半年的生产预测,其生产计划是滚动式的,基本上每个星期都有一次滚动,在滚动计划下其产量不断调整。这种运行机制既利于实现自己准时生产,也让供应商及时看到其生产计划,做到"时刻供应",减少库存对资金的占用。

3. 总体计划的制订程序

(1) 总体计划的信息来源

总体计划包含一系列关于生产问题的决策。这些决策,必须在与企业生产经营有关的多种信息的基础上才能做出。

由于总体计划对一个企业来说是非常重要的,因此各种信息应尽量正确,并保证及时提供。所以,每一个部门应有一个级别较高的人来负责此事,提供信息,并参与总体计划的制订。

制订总体计划所需的信息及其来源,如表 8.1 所示。

表 8.1 总体计划所需的信息及其来源

所 需 信 息	信 息 来 源
新产品开发情况,工作标准(人员标准和设备标准),主要产品和工艺改变(对投入资源的影响)	技术部门
成本数据,企业财务状况	财务部门
劳动力市场状况,现有人力资源情况,培训能力	人事管理部门
现有设备能力,劳动生产率,现有人员水平,新设备计划	生产制造部门
市场需求预测,经济形势,竞争对手状况	市场销售部门
原材料供应情况,现有库存水平,供应商、承包商的能力,仓储能力	物料管理部门

(2) 总体计划的制订程序

总体计划的制订程序是动态和连续的,计划需要周期性地重新审视和更新,尤其是当新的信息输入和新的经营机会出现时,更是如此。

总体计划的制订程序,如图 8.1 所示。

8.2.3 主生产计划

1. 主生产计划的概念

主生产计划是确定每一种具体的最终产品在每一个具体的时间段内的生产数量的计划。这里的最终产品是指企业最终完成要出厂的完成品,它要具体到产品的品种、型

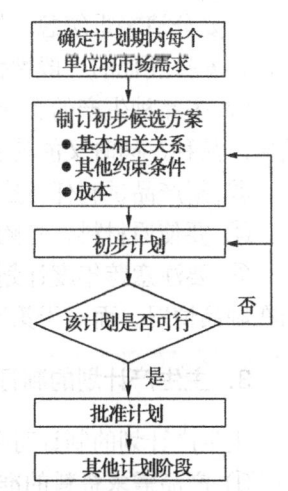

图 8.1 总体计划的制订程序

号。这里的具体时间段,通常以周为单位,在有些情况下,也可以以日、旬或月为单位。

主生产计划是把总体计划具体化分为可操作的实施计划,它与总体计划有着明显的不同。总体计划不具体制定每一种产品的生产数量和时间,也不具体确定每一车间与人员的具体工作任务,而是对未来一段较长时间内企业的不同产品系列进行概括性安排,其计划期通常为一年,在计划期内,使用的时间单位是月、双月或季。总体计划与主生产计划的区别与联系可从某自行车厂的总体计划和主生产计划中看出,如表8.2和表8.3所示。

表8.2 某自行车厂的总体计划

月 份	1月	2月	3月
24型产量/辆	10 000	12 000	15 000
26型产量/辆	8 000	8 000	8 000
总工时/时	50 000	50 000	55 000

表8.3 某自行车厂的主生产计划(24型)

月 份	1月				2月				3月			
周 次	1	2	3	4	5	6	7	8	9	10	11	12
C型产量/辆		1 200		1 200		1 200		1 200		1 500		1 500
D型产量/辆	1 500	1 500	1 500	1 500	2 000	2 000	2 000	2 000	2 500	2 500	2 500	2 500
R型产量/辆	800		800		800		800		1 000		1 000	
月产量/辆	10 000				12 000				15 000			

2. 主生产计划的编制原则

编制主生产计划时应遵循以下原则。

① 各种产品的出产时间和数量,应首先保证已有订货合同的要求。在安排产品的顺序上,要分清轻重缓急。例如,先安排国家重点工程、重点客户的订货、出口产品等任务,再安排其他的一般性任务。

② 多品种生产的企业,要做到产品品种的合理搭配。尽量减少各计划周期(季、月)的生产品种,同时又能使各车间在各周期中设备和人力的负荷比较均衡。

③ 新产品试制任务应在全年内均匀分摊,避免生产技术准备工作忙闲不均。

④ 要使原材料、外购件、外协件的供应时间和数量与主生产计划的安排协调一致。

⑤ 要注意跨年度计划之间的衔接。例如,安排年初出产的产品时,应根据上一年度的在制品情况,而对于第四季度,则要考虑为下一年度的产品出产做好准备。

3. 主生产计划的制订程序

主生产计划的制订可分为以下几个步骤。

① 产品需求资料的准备。由于产品需求是主生产计划的主要依据,因此编制工作的

第一步是准备产品需求资料。不同生产类型的企业，需求资料的来源往往不同。大批大量生产类型的企业，一般根据历史资料预测未来的产品需求量。单件小批生产类型的企业，则根据积攒的用户订货，或通过走访用户而预计的订货量来确定产品需求量。对成批生产类型的企业，则从用户订货和预测两方面来确定需求量。

② 制订主生产计划初步方案。依据总体计划和产品需求资料，制订主生产计划初步方案。在编制计划时应考虑：现有库存量能满足需要的部分不列入计划；选择适当的批量和间隔期，以保证生产的经济性；检查负荷量是否存在急剧的波动性，是否超过或低于现有的生产能力；某些需求过于笼统，应将它们具体化为产品的品种、型号和规格。

③ 检查生产能力能否满足需要。主生产计划所需要满足的约束条件有两个方面：一是主生产计划确定的生产总量必须等于总体计划确定的生产总量；二是在决定产品生产批量和生产时间时必须考虑资源的约束，这主要是指生产能力的约束。

④ 修改主生产计划，使任务量与现有生产能力实现平衡。

任务 8.3　生产作业计划

8.3.1　生产作业计划的概念与依据

生产作业计划是生产计划的延续，是企业年度生产计划的具体执行计划。它根据年度生产计划规定的产品品种、数量、质量及大致的交货期要求对每个生产单位（车间、工段、班组等），在每个具体时期（月、旬、班、小时等）内的生产任务做出详细规定，使年度生产计划得到落实。生产作业计划具有以下三个方面的显著特点。

① 计划期短。生产计划的计划期通常为季或月，而生产作业计划则详细规定月、旬、日、小时的工作任务。

② 计划内容具体。生产计划是全厂的计划，而生产作业计划则把生产任务落实到车间、工段、班组和工人。

③ 计划单位小。生产计划一般只规定完整产品的生产进度，而生产作业计划则详细规定各零部件的生产进度，甚至规定工序的进度安排。

企业编制生产作业计划所需的资料很多，主要依据是：总体计划、主生产计划和各项订货合同；前期生产作业计划的预计完成情况；前期在制品周转结存预计；产品劳动定额及其完成情况；现有生产能力及其利用情况；原材料、外购件、工具的库存及供应情况；设计及工艺文件；其他有关技术资料；产品的期量标准及其完成情况。

8.3.2　期量标准

期量标准，又称为作业计划标准，是指为制造对象在生产期限和生产数量等方面所规定的标准数据。先进合理的期量标准是编制生产作业计划的重要依据。合理的期量标准，对于准确确定产品的投入和产出时间、做好生产过程各环节的衔接、缩短产品生产周期、节约企业在制品占用都有重要的作用。

企业的生产类型和生产组织形式不同，所采用的期量标准也不同。大量流水线生产的期量标准有节拍、节奏、流水线工作指示图表、在制品定额等。成批生产的期量标准有批量、生产间隔期、生产周期、生产提前期、在制品定额、交货期等。单件生产的期量标准有生产周期、生产提前期等。下面只介绍成批生产企业的主要期量标准的制定。

1．批量和生产间隔期

批量是指一次投入（或产出）相同产品（或零件）的数量。生产间隔期是指前后相邻两批同种产品（或零件）投入（或产出）的时间间隔。批量与生产间隔期之间关系如下：

$$批量 = 生产间隔期 \times 平均日产量 \tag{8-4}$$

确定批量的方法有经济批量法、最小批量法和以期定量法。

（1）经济批量法

经济批量法，也称为最小费用法，是指根据单位产品（或零件）付出费用最小的原则来确定批量。

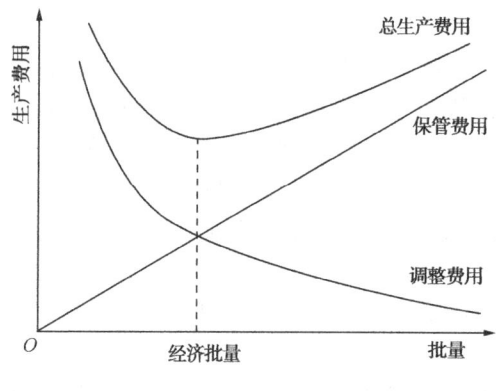

图 8.2　生产费用与批量的关系

生产费用与批量之间存在函数关系。批量主要通过两个方面的因素影响生产费用：一是生产准备费用，这部分费用随生产批次增加而增加，与批量成反比；二是保管费用，即在制品在储存保管期间所发生的费用，如仓库管理费用、资金呆滞损失、存货的损耗费用等，这些费用与批量大小和存储时间长短有关，即在一定期间内与批量成正比。费用与批量的关系如图 8.2 所示。

当两种费用之和最小时所对应的批量就是经济批量，其计算公式为：

$$经济批量 = \sqrt{\frac{2 \times 年产量 \times 一次设备调整的费用}{单位产品的年平均保管费用}} \tag{8-5}$$

（2）最小批量法

最小批量法是确定批量和生产间隔期时常用的另一种以量定期法。此方法从设备利用和生产率两个方面来考虑批量的选择，要使得选定的批量能够保证一次准备与结束时间对批量加工时间的比值不大于给定的数值，其计算公式为：

$$设备调整允许损失系数 \geq \frac{准备与结束时间}{最小批量 \times 单件工时} \tag{8-6}$$

设备调整允许损失系数由经验确定，一般规定为 0.02～0.12，具体数值如表 8.4 所示。

表8.4 设备调整允许损失系数

零件体积	生产类型		
	大批量生产	中批量生产	单件小批量生产
小件	0.03	0.04	0.05
中件	0.04	0.05	0.08
大件	0.05	0.08	0.12

（3）以期定量法

以期定量法是指根据已定的标准生产间隔期来计算批量。采用以期定量法确定的批量，常与月产量成倍比关系，以便于生产管理。这种方法简单易行，在品种多、零件自制的成批生产中应用较广。

2．生产周期和生产提前期

生产周期是指加工对象从投产起，到它完工时止所经历的日历时间。生产周期这一期量标准是编制生产作业计划和确定产品及其零件在各工艺阶段投入和产出日期的主要依据，是成批生产作业计划的一项重要期量标准。对机械产品来说，它的生产周期包括毛坯准备、零件加工、部件装配、成品总装、油漆等，即直到入库为止的全部时间。

生产周期可以按零件工序、零件加工过程和产品进行计算，其中零件工序生产周期是计算产品生产周期的基础。零件工序生产周期是指一批零件在某道工序上的作业时间。零件加工的生产周期是指零件从投入时刻起至加工完毕止的时间长度。产品生产周期是指各工艺阶段的生产周期与所有保险期之和。

生产提前期是确定产品生产过程各工艺阶段的投入和产出的一个时间标准，是保证各工艺阶段相互衔接和保证合同交货期的重要依据，因此它是成批生产作业计划的重要期量标准。它是以成品的出产日期为基准，以生产周期和生产间隔期为参数，按产品工艺过程的相反顺序计算的。生产提前期分为投入提前期和产出提前期。投入提前期是指在制品在某工艺阶段投入生产的日期比成品完工日期提前的天数。产出提前期是指在制品在某一工艺阶段出产的日期比成品完工日期提前的天数。

生产周期和生产提前期的示意图如图8.3所示。

3．在制品定额

在制品是对处于生产过程中尚未完工的所有加工对象的总称。在制品定额，也称在制品占用量定额，是指在一定的技术组织条件下，各生产环节为了保证生产正常进行所必需的最低限度的在制品的标准储备量。在制品定额是协调和控制在制品流转衔接、均衡组织生产的主要依据。合理的在制品定额，既要保证生产的正常需要，又要使在制品占用量保持较低的水平。

由于企业生产类型、生产组织形式和生产技术条件不同，在制品定额的制定方法也不同。

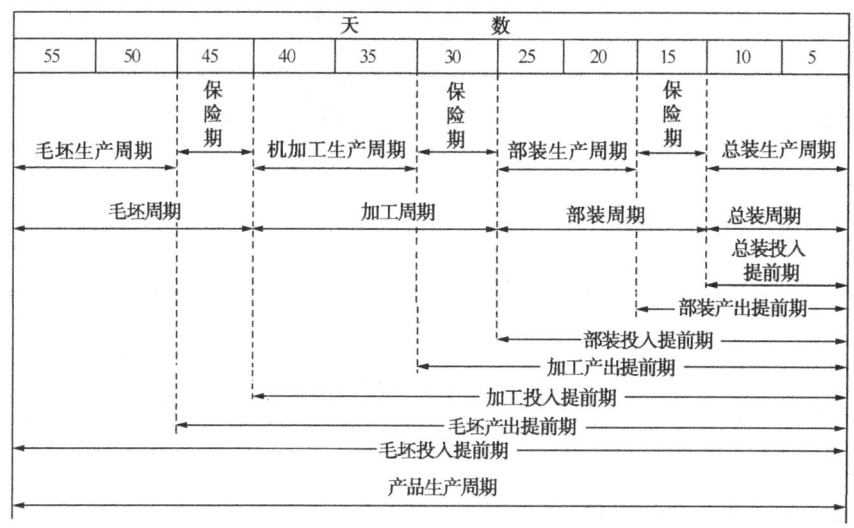

图 8.3 生产周期和生产提前期的示意图

（1）大量流水生产条件下在制品定额的确定

流水线内部的在制品，按其性质和作用可划分为以下四种不同形态。

① 工艺在制品。位于流水线各个工作地点正在进行加工和检验的在制品。

② 运输在制品。处于连续流水线运输过程之中或放置在运输装置上的在制品。

③ 周转在制品。周转在制品，也称流动在制品，是指在间断流水线上由于相邻两工序的生产率不同而形成的在制品。

④ 保险在制品。保险在制品是为了保证流水线上某一工序发生意外时，整个流水线仍能正常工作而设置的在制品。这项在制品只在最容易出故障的工序上设置。

流水线内部的四项在制品定额根据工作地点的具体加工情况而制定，或根据统计资料而制定。例如，在连续流水线上不考虑周转在制品，而在间断流水线上则不考虑运输在制品。

（2）成批生产条件下在制品定额的确定

车间内部的在制品定额取决于产品生产的计划期末停留在车间内的产品的批数和批量，其计算公式为：

$$车间内部的在制品定额 = \frac{一批零件在该车间的生产周期}{该种零件在该车间的生产间隔期} \times 批量 \quad (8-7)$$

车间之间的在制品，即库存半成品，是为了保证前后车间的生产衔接而形成的，其中还包括保险储备量，一般根据过去的统计资料来确定。

8.3.3 生产作业计划的编制

编制生产作业计划时，一般先将企业的生产任务分配到各车间，编制车间生产作业计划；然后由车间再分配到工段、班组直至工人，编制车间内生产作业计划。

编制车间生产作业计划的方法，主要取决于车间组织形式和生产类型。如果属于对象专业化的车间，可以将生产任务直接分配给车间。

如果属于工艺专业化的车间，应根据不同的生产类型，采取不同方法编制生产作业计划。此时，编制生产作业计划的常用方法主要有在制品定额法、累计编号法和生产周期法等。

在制品定额法，是指运用在制品定额，结合在制品实际结存量的变化，按产品反工艺顺序，从产品出产的最后一个车间开始，逐个往前推算各车间的投入和出产任务。在制品定额法以在制品定额作为调节生产任务量的标准，来保证车间之间的衔接。这种编制生产作业计划的方法主要适用于大批大量生产类型的企业。

累计编号法，是根据预先制定的提前期标准，规定各车间出产和投入应达到的累计号数的方法。这种方法将预先制定的提前期转化为提前量，确定各车间计划期应达到的投入和出产的累计数，减去计划期前已经投入和出产的累计数，以求得各车间应完成的投入和产出数。采用这种方法，生产的产品必须实行累计编号。累计编号是指从年初或从开始生产这种产品起，按照产品出产的先后顺序，为每件产品编一个累计号码。该方法一般应用于成批生产类型的企业。

生产周期法，是利用生产周期标准和合同交货期，来规定产品在各个车间每月投入、出产任务的方法。此法适用于单件小批量生产类型的企业。其一般做法是：首先，根据接受顾客订货的情况，分别安排生产技术准备工作。其次，根据合同规定的交货期，采用网络计划技术及相关技术，为每一项订货编制生产周期进度表。最后，进一步调整平衡后，编制月度作业计划，正式确定各车间的生产任务。

项目小结

生产计划管理是生产管理的重要内容。生产计划根据企业的产品销售计划制订，并受限制于企业的生产能力规划。制造业的生产计划一般来说可以分为三个层次：总体计划、主生产计划和物料需求计划。生产作业计划是生产计划的延续，是生产计划的执行计划。

生产能力是指一个设施的最大产出率，实践中有多种不同的表达方式，包括设计能力、查定能力和计划能力等。计划能力是编制生产计划的依据。为了平衡市场需求、生产任务和生产能力，需要进行生产能力的核定并采取恰当的调整措施，做好生产能力规划。

生产计划通常是对企业计划年度内的生产任务做出的统筹安排，规定企业在计划期内的生产任务和生产进度，以及企业之间的生产协作任务。生产计划的中心内容是确定生产指标，主要指标包括产品品种、产品质量、产品产量和产值等。

生产作业计划具有计划期短、内容具体、计划单位小的特点。编制生产作业计划的关键是确定各种期量标准。不同生产类型的企业采用的期量标准不同，成批生产的期量标准有批量、生产间隔期、生产周期、生产提前期、在制品定额、交货期等。

编制生产作业计划时，一般先将企业的生产任务分配到各车间，编制车间生产作业计划；然后由车间再分配到工段、班组直至工人，编制车间内生产作业计划。编制车间生产作业计划的方法，主要取决于车间的组织形式和生产类型。常用的方法主要有在制品定额法、累计编号法和生产周期法等。

项目训练

一、单项选择题

1. 企业在年度计划中规定本年度要达到的实际生产能力，称为（　　）。
   A．生产能力　　　　　　　　　　B．设计能力
   C．查定能力　　　　　　　　　　D．计划能力
2. 确定每一种具体的最终产品在每一个具体时间段内的生产数量的计划是（　　）。
   A．总体计划　　　　　　　　　　B．主生产计划
   C．生产作业计划　　　　　　　　D．产能规划
3. 加工对象从投产起，到它完工时止所经历的日历时间称为（　　）。
   A．生产间隔期　　　　　　　　　B．生产周期
   C．生产提前期　　　　　　　　　D．交货期

二、多项选择题

1. 短期产能调整的手段包括（　　）。
   A．利用库存调节生产能力　　　　B．改变劳动时间调节生产能力
   C．推迟交货期　　　　　　　　　D．利用外部资源增加生产能力
2. 企业生产计划的主要指标包括（　　）。
   A．品种　　　　B．质量　　　　C．产量　　　　D．产值
3. 有关生产费用与批量之间的关系，正确的说法有（　　）。
   A．生产准备费用与生产批量成正比　　B．保管费用与生产批量成正比
   C．生产准备费用与生产批量成反比　　D．保管费用与生产批量成反比

三、判断题

1. 企业的生产能力是指企业在一定时期内，在合理的、正常的技术组织条件下，所能生产的一定种类的产品的最小数量。（　　）
2. 总体计划的特点是在计划期内，从整体上统一考虑生产资源的合理使用，以期获得最佳效益。（　　）
3. 在制品定额法主要适用于单件小批量生产类型的企业。（　　）

四、简答题

1. 简述总体计划的基本决策方式。
2. 什么是生产作业计划？它有什么特点？

项目实训

生产主管你来做

某重型汽车有限公司是20世纪80年代后期国家为改变汽车工业"缺重"局面,实施"高起点、高标准、高品质"战略决策而建设的重点项目。

公司技术力量雄厚,设备先进。为在引进过程中确保制造技术的完整全面吸收和不降等级的移植,实现"拥有名牌、保持名牌、发展名牌"的名牌战略,用高品质的重型车拓展国内外市场,公司累计投资12亿余元人民币,建成了具有世界先进水平的汽车总装、车桥加工、分动箱加工、联动大型驾驶室覆盖件和车架成型冲压、艾森曼喷漆等大型生产线。生产20种基本车型,229个品种载重车、自卸车、半挂牵引车、全驱动车,具有年产6 000辆整车的能力,同时已开发了99种改装专用车底盘。目前,已应用于石油、化工、邮政、铁路、公路、银行、港口、水电、林业、消防、军事等各行业中,成为我国技术档次最高、最具发展潜力的重型汽车生产基地之一。

近年来,国内重车市场发展非常迅速,企业的产品和产量进一步扩大,产量由初期1 000辆增加至5 000辆,品种更是增加到300多种。由于重车的本身的制造个性化的特点,尽管设计能力为6 000辆,但此时生产已经出现了捉襟见肘的地步,一线人员疲于奔命,穷于应付,质量问题时有发生。

随着产量的增加,生产制造部门的矛盾日益突出,主要体现在以下几个方面。

(1)整车规格型号太多而导致其预测难度较大(目前的预测精度仅为20%),而且销售公司针对客户需求提出的特殊车型要求没有统一的规范格式。由于没有建立标准、规范车型配置数据管理,订单配置混乱,因此很难准确预测销售总量与型号,结果排产计划调整频繁,计划更改和配置变化指令有时候竟然一个月多达300条。

(2)制造部编制的生产计划主要是依据销售公司的预测编制月度生产计划和上线作业计划等。各级物料计划由各分厂(车桥厂、冲压厂、总装厂及物质供应部门)根据生产计划自行编制。因此,计划的一致性难以保证,经常出现停工待料和紧急采购现象。

(3)生产与技术部门信息沟通滞缓,投产控制所需的基础数据资料——整车型谱、基础件明细表、特殊件手册、物料号等,由技术中心制定、维护,在需要时派人定期或不定期去技术中心复制,但明细表等信息的状态几乎每天都在变化。所以,投产控制的相关文件资料与技术中心的在很多时候不统一、不一致,造成各种计划的不准确,故而所产车型非用户所需,而需将成品整车返回车间重新改装以满足应急订单的情况时有发生。

(4)生产加工过程中缺乏详尽、准确的标准生产工时(或机时)消耗等工艺数据,使得制造部在制订相关计划时没有完整、准确的工艺基础数据支持,只能靠经验与估计来判断生产进度以及安排后续生产计划。

讨论问题:

1. 问题的根源在哪里?
2. 企业的生产制造环境是什么?
3. 如何设计企业的生产计划与控制体系?
4. 如果作为管理者,你认为应该从哪些方面加以解决?

项目 9　企业资源管理

通过本项目的学习，认识现代企业的几种重要资源，如人力资源、财力资源、物力资源、信息资源等；了解这些资源及相关管理工作的内涵；理解和掌握人力资源管理、财务管理、物力资源管理、信息资源管理等资源管理工作的方法，并能运用所学知识进行相关企业资源管理工作。

刘邦所以有天下者何

《史记·高祖本纪》记载，汉高祖刘邦在总结夺得天下的经验时说："夫运筹帷幄之中，决胜于千里之外，吾不如子房；镇国家，抚百姓，给馈饷，不绝粮道，吾不如萧何；连百万之军，战必胜，攻必取，吾不如韩信。此三者，皆人杰也，吾能用之，此吾所以取天下也。"

张良、萧何和韩信皆人杰，汉高祖刘邦知人善用此三杰，真高人！此正是"君子生非异也，善假于物也。"

任务 9.1　企业人力资源管理

9.1.1　人力资源的含义及意义

1. 人力资源的含义

企业资源，即企业生产经营所需要的资源，是企业所控制或拥有的要素总和，主要包括企业的人、财、物，还有现代企业管理中强调的信息。

人力资源（Human Resource，HR）有三个层次的含义。一是指一个国家或地区内，具有劳动能力人口的总和；二是指在一个组织中发挥生产力作用的全体人员；三是指一个人具有的劳动能力。

一般，我们都是从组织层面研究人力资源的概念，将其又称为人力资本，主要指能够推动社会生产力发展，创造社会财富，能进行智力劳动和体力劳动的人们的总称。人力资源以社会中的人为主体，是蕴藏在人体内的一种潜在的生产力，如果能够充分发挥出来，则可转化成为现实的生产力，为经济建设服务。

> **小资料**
>
> 管理学大师彼得·德鲁克（Peter Drucker）在 1954 年出版的《管理的实践》这部经典著作中，首次在管理学领域阐释了人力资源概念的含义："人力资源——完整的人——是所有可用资源中最有生产力、最有用处、最为多产的资源。""人力资源具有一种其他资源所没有的特性：具有协调、整合、判断和想象的能力。"人力资源还有与其他任何资源都不同的一点：对于自己要不要工作，拥有绝对的自主权。

与其他企业资源相比，人力资源有以下一些特点。

① 智力性。智力性是人力资源与物力资源的主要区别。人力资源是一种"活"的资源，通过学习、培训、练习等，能使资源的质量得到很大提升。

② 能动性。由于这种资源是深藏于人身体内的，因此具有主观能动性，即人不仅能主动适应环境，而且能够主动改造环境，只要加以积极调动，人力资源的能量就可以最大限度地发挥出来。

③ 再生性。与物力资源的不同之处还在于，人力资源具有再生性，取之不尽，用之不竭。对人力资源开发所产生的智慧、知识和科技成果能为后人所享用，并且能以此为基础，开发出新的、更多的智慧、知识和科技成果，这也是国民经济持续发展的重要源泉。

④ 主导性。人类社会的生产需要人力资源和物力资源的结合运用。相对而言，物力资源是固定的、被动的，而人力资源是活的、主动的。对物力资源的开发和利用主要依靠人去发现、认识和运用，因此人力资源是一种占主动地位的资源。

⑤ 社会性。人类社会是一个复杂的有机整体，人类劳动是以结合的方式进行的。人具有社会属性，个人创造力受社会环境和文化氛围的影响和制约。

2. 人力资源对企业的意义

从经济学的观点来看，人力资源在社会经济发展过程中处于起决定性作用的第一资源，具有重要的地位，下面的公式有助于说明这一点。

$$P = f(K, L) \tag{9-1}$$

式中：P——产出；K——资本；L——劳动量；f——生产函数。

广义上讲，K 指物力资源，如企业的机器设备、厂房等，以及其他应用于生产的有形自然资源，如矿藏、水利等；L 指所有投入生产的技术、知识、行政管理等人力资源。

人力资源在经济活动中有两个作用：一是直接供应劳动力，即公式里的"L"；二是决定了生产函数"f"的形态，使得 f 能以最佳组合运用一切有形和无形的资本与资源，发挥最高效率，获得最适当的产出。前者重量，后者重质，人力资源量的增加固然有助于生产量的提高，但质的提高对于改进生产效率的效果则更为显著。

简单地说，人力资源对现代企业有着极其重要的意义，因为它是现代企业中最活跃、最具创造性、最具潜力的资源。

小资料

> 诺贝尔奖获得者美国经济学家奥多·舒尔茨在20世纪50年代创建并广泛传播的人力资本理论认为，要促进经济持续增长，就要确定物力资本和人力资本的最佳投资比例。物力资本和人力资本虽然都是生产性投资，但相比之下人力资本却显得更为重要。在社会经济发展的过程中，如果没有一定质量和数量的劳动者，物力投资再多、技术水平再高也无济于事。

9.1.2 人力资源开发

人力资源的开发是指发现、发展和充分利用人的创造力，以提高企业劳动生产率和经济效益的活动。人力资源开发的成功与否直接影响到企业总目标的实现。

1. 人力资源开发的基本途径

人力资源开发的基本途径是从劳动生产力函数引申出来的，该函数的表达式为：

$$F_0 = f(N, Q, M, B) \tag{9-2}$$

式中：F_0——企业的劳动生产力；N——企业内人员数量；Q——企业内人员素质水平；M——企业激励程度；B——企业协调状况；f——企业生产力函数。

人力资源开发的目标在于最大限度地提高 F_0，从这个函数可以导出以下人力资源开发的四个基本途径。

（1）人力投入

人力投入是指选择适量满足需要的人力资源，投入到企业的生产经营活动中。

根据规模经济理论，劳动生产力（F_0）与人力投入数量（N）有以下关系：随着 N

的增加，F_0 呈现上升趋势；到一定阶段后，F_0 达到最高。然后，由于人力投入过多，造成管理成本越来越高，企业组织的灵活性下降，企业的劳动生产率也开始慢慢下降。也就是说，N 有一个最佳区域，在这个区域内，企业可获得最佳的 F_0。人力数量区域与行业有一定的关系，不同行业，区域不同。

投入适量人力，以达到最佳规模经济效益，是人力资源开发的第一个途径，但其前提是必须有事可做，不能无目的地投入人力。另外，企业还要有相应的资金保证，使人均技术装备水平达到一定程度。各企业要根据自身条件及特点来选择适量的人力。

小资料

> 早在 20 世纪 60 年代，美国经济学家奥多·舒尔茨就根据统计资料指出：美国 1900—1957 年物质资本投资增加 4.5 倍，产生的利润为 3.5 倍；教育投资增加 8.5 倍，产生的利润为 17.5 倍。由此可见，人力投资效益大大高于物质方面投资的效益。

（2）人力配置

人力配置是将投入的人力安排到企业中最需要、最能发挥其才能的岗位上，以保持生产系统的协调。

企业系统的生产力，不是每个人的生产力的简单累加，而是在很大程度上取决于人们的结合状况，即协调状况。一个劳动者在不同的生产领域中有不同的边际产出。劳动者的边际生产力与企业组织的协调水平有关。当企业组织协调水平达到一定程度后，劳动者边际生产力达到最大，并能基本保持稳定。

合理配置人力，就是调整和优化企业的劳动组合，使生产经营各环节人力均衡，使人职匹配，这将有利于每个人能力的充分发挥，这是人力资源开发的重要的途径之一。

（3）人力发展

人力发展是指通过教育培训，提高人力素质。企业劳动生产力（F_0）与人员素质水平（Q）还呈指数关系，即随着 Q 的不断提高，F_0 也呈现越来越高的水平。教育学的研究成果也表明，与文盲相比，一个具有小学文化程度的劳动者，可提高生产率 43%；中学文化程度的劳动者，可提高生产率 108%；大专以上文化程度的劳动者，可提高生产率 300%。

由此可见，人力发展是最有效的人力资源开发途径。从宏观上看，应大力发展教育事业，提高全民素质；从微观上看，企业应重视员工培训，舍得智力投资。有了高素质的员工，再加以适当利用，就有了强大的竞争力，有了企业发展的不竭动力。

（4）人员激励

人员激励是指激发人的热情，调动人的积极性，使其潜能充分发挥出来。

一般而言，企业的激励水平（B）越高，员工的积极性越高，企业的劳动生产力（F_0）也就越高。但是，当 B 达到一定程度后，F_0 会逐渐减缓增长，直到趋于某一水平，这是因为人的精力有限，不可能一天 24 小时无限制地被激励。另外，对一个文化程度很低的劳动者而言，激励的极限是以其体力为限的；而知识和技能较高的劳动者，当积极性调动起来后，可以发明创造，激励效果就非常巨大了，即劳动者素质越高，激励效果越显著。

以上人力资源开发的四个基本途径虽然性质不同，但彼此紧密相连、缺一不可，从这几个方面入手，就能保证企业内的人员数量合理，配置优化，整体素质提高，最大限度地发挥人力资源的作用。

2．人力资源开发的重要环节

（1）人员选聘

人员选聘包括招聘和选拔，是企业寻找那些有能力，又有兴趣到企业任职，并从中录用合适人员的过程。企业选聘人员的一般程序如图9.1所示。

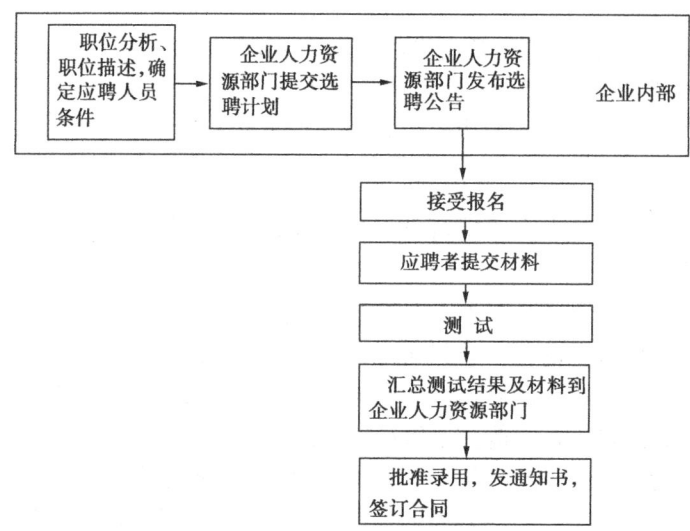

图9.1　企业选聘人员的一般程序

在对应聘者进行测试和评价时，企业采用的方法主要有背景履历分析法、面谈法、测验法等。现在越来越多的企业在实际选聘人员时，将这些方法结合起来应用，如先对应聘者个人提交的材料进行分析筛选，再组织应聘者参加企业安排的各种测试（如专业知识测试、智商测试、情商测试、反应力测试等），进而选择优异者进行面试，从而对应聘者能够进行全方位的考查和测试，以使选聘人员在工作中真正能满足企业的需要。

（2）人员培训

企业的人员培训包括对新进员工的培训和对现有员工的培训。

对新进员工的培训一般也称为岗前培训，主要是通过短期培训让新员工对整个企业及其所处部门的状况有所熟悉，熟悉企业的一些规章制度，并对自己职位的工作内容、业务流程、具体工作方法等有所了解。

对现有员工的培训是企业人员培训中更为重要的内容。由于现代社会科学技术迅猛发展，知识更新加快，因此通过对现有员工进行培训，更新员工的知识结构，以适应现代生产技术对人力资源水平不断提高的要求，适应激烈的国内外竞争环境的要求，这也是企业人力资源开发的战略任务之一。

（3）人员激励

激励，从管理学的角度讲，就是激励热情，调动人的积极性。人的潜能是否能得到发挥，工作是否有成效，在很大程度上受到人的主观积极性的影响。

① 人员激励理论。近半个世纪以来，西方管理学家、心理学家和社会学家，在动机激发模式的基础上，从不同角度研究了怎样激励人的问题，提出了许多人员激励理论。

早期的激励理论研究是对于"需要"的研究，回答了以什么为基础，或根据什么才能激发调动起工作积极性的问题，包括马斯洛的需求层次理论、赫茨伯格的双因素理论和麦克利兰的成就需要理论等。

激励理论中的过程学派认为，通过满足人的需要实现组织的目标有一个过程，即需要通过制定一定的目标影响人们的需要，从而激发人的行动，包括弗洛姆的期望理论、洛克和休斯的目标设置理论、波特和劳勒的综合激励模式、亚当斯的公平理论、斯金纳的强化理论等。

② 人员激励的手段。在管理实践中，激励的手段主要是物质激励和精神激励两种。

常见的物质激励有工资、奖金和福利。从能力的角度来看，取得工资意味着员工具备了担任目前岗位职务的能力，取得奖金意味着具有超过担任目前工作的能力，而福利则在一定程度上可以减轻员工的家庭负担和后顾之忧。

精神激励主要有目标激励、荣誉激励、晋升激励和参与激励等，通过这些方法可提高员工的成就感。

在实际应用中，应该将各种手段有机地结合起来使用。在我国目前的经济和生产水平状况下，物质激励仍是最基本、最有效的激励手段。

9.1.3 人力资源评价

人力资源评价主要包括以下三个方面。

1. 岗位评价

岗位评价侧重于对事不对人，是人力资源开发与管理的一项基础性工作，主要是进行岗位分析、岗位规范制定、岗位任职资格评价和岗位相对价值评价等，通过评价对企业岗位进行描述说明。

2. 能力测试

能力测试侧重于对人不对事，即以人为评价客体，运用各种考核、测试手段，判断和评价客体的知识、技能、心理等内在素质以及其他相关方面。

3. 绩效考核

绩效考核，也称为人事考核，侧重于人与事相结合后的结果，即考查员工的能力素质水平、员工对岗位所规定的职责的执行程度，从而评价其工作成绩和效果，为明确某岗位需要与某员工能力是否匹配提供材料。

任务 9.2　企业财务管理

9.2.1　企业财务管理的基本概念

1．企业财务管理的概念

企业在生产制造产品的过程中，将消耗掉的生产资料的价值转移到了产品中，同时创造了新的价值，并通过销售环节使产品的价值得到实现。所以，企业的生产经营活动，一方面表现为实物形态的物资运动；另一方面表现为价值形态的资金运动。

企业财务管理是利用价值形式组织财务活动，而财务活动是企业在生产经营过程中与资金筹集、使用、分配等有关的各种经济活动，它是企业生产经营的重要组成部分。

2．企业资金运动过程

企业资金运动是以企业为主体，利用价值形式来管理企业再生产过程的一种活动，一般包括以下几个相互联系的过程。

① 资金筹集过程。资金筹集过程包括确定资金需要量，选择筹资来源、筹资渠道、筹资方式等。资金进入企业，就是资金运动的起点，也是财务管理活动的基本环节。

② 资金运用过程。资金运用过程是指把筹集到的资金合理地投放到生产经营活动过程的各个方面，以满足生产经营的需要。

③ 资金分配过程。资金分配过程是指企业将其所取得的营业收入（工业企业称为销售收入）和利润进行分配的过程。

企业的资金从货币资金形态开始，经过供应、生产、销售几个环节后，再回到货币资金形态，称为资金的循环；生产经营的不断进行使资金不断地循环，称为资金周转。企业只有合理地使用资金，加速资金周转，才能促进生产的发展和经济效益的提高。

3．资金的时间价值、成本及风险

① 资金的时间价值。资金的时间价值是指资金在周转使用中由于时间因素而形成的差额价值。资金在周转过程中，不仅会发生价值形态的转移（如从原材料变成产品），而且会发生价值量的变化，即随着资金周转时间的推移而发生增值或减值。

资金的时间价值取决于社会平均资金利润率，通常以利率表示，但与一般的利率（如银行的存贷款利率、债券利率或股息率等）不同，一般的利率除了包括资金时间价值外，还包括风险因素等。

② 资金的成本。资金成本是指企业为筹集和使用资金而付出的代价。资金成本包括资金筹集费用和资金占用费用两部分。资金筹集费用指资金筹集过程中支付的各种费用，如发行股票，发行债券支付的印刷费、律师费、公证费、担保费及广告宣传费。资金占用费是指占用他人资金应支付的费用，或者说是资金所有者凭借其对资金所有权向资金

占用者索取的报酬,如股东的股息、红利、债券及银行借款的利息。

资金成本在企业筹资中的作用:是影响企业筹资总额的重要因素;是选择资金来源的重要依据;是选用筹资方式的参考标准;是确定最优资本结构的主要参数;等等。

③ 资金的风险。企业资金风险是指企业资金在循环过程中,由于各种难以预料或无法控制的因素作用,使企业资金的实际收益小于预计收益而发生资金损失。市场经济发展规律决定了资金风险与收益并存,高收益必然潜在高风险,这种不确定性风险主要表现为市场风险、决策风险、操作风险和道德风险。

9.2.2 企业资金的筹集

企业筹集资金,简称为筹资,是指企业为了从事生产经营或开展某项事业,从不同资金所有者手中筹措资金的财务活动。

1. 筹资分类

(1) 按时间长短划分

按时间长短,企业筹集的资金可分为短期资金和长期资金。

① 短期资金,一般指使用期限在一年以内的资金,筹资途径主要有:商业信用;向银行借款,可分为信用借款和担保借款,其中后者约束较多;出售商业票据,通常情况下,具有很高信用质量的大企业才允许这样做。

② 长期资金,一般指使用期限在一年以上的资金,筹资途径主要有:发行股票;发行长期债务,如长期贷款和债券,后者的借期更长,而且筹资金额更大。

(2) 按资金来源划分

按资金来源,企业筹集的资金可分为所有者权益和负债。具体内容将在下面的筹资渠道中介绍。

2. 筹资渠道

筹资渠道是指企业取得资金的来源,一般企业的资金来源可分为投入资金和借入资金。前者形成企业的所有者权益,后者形成企业的债务。

(1) 投入资金的筹集

投入资金,即投资者投入的资金,是企业的所有者以各种投资形式注入企业的资金。按照规定,企业总资产中必须包含一定比例的、由出资方实缴的资金。企业资本金的筹措方式有以下几种形式。

① 吸收直接投资。企业可以吸收的直接投资包括国家投资、法人投资、个人投资、外商投资等。直接投资的优点是有利于提高企业信誉,有利于尽快形成生产能力,有利于降低财务风险;直接投资的缺点是资金成本较高,控制权容易分散。

② 普通股票筹资。公司在满足上市条件的情况下(具体见项目1内容),通过向社会公众发行普通股票筹集资金,已上市公司可在满足相关条件后,通过增发筹集资金。

③ 优先股股票筹资。优先股股票是持有者对公司具有所有权的证明文书。优先股也

是企业权益资金之一，它与普通股票有很大的区别，主要表现在：优先获得分配股利权和资产分配权；通常对公司经营决策以及其他重大问题没有投票表决权（合同另外规定的除外）；可依据事先约定的收回条款收回已发行的优先股股票等。

（2）借入资金的筹集

借入资金会形成企业的负债。企业的负债是指企业承担的、能够以货币计量的、需要以资产或劳务方式偿还的债务。企业负债筹资一般有以下几个筹措渠道。

① 银行借款。银行借款是指通过向银行借款的方式筹资。借款利息的支付方法有利随本清法、贴现法等。

银行借款的优点是筹资速度快、筹资成本低、借款弹性好；缺点是财务风险大、限制条款多、筹资数额有限等。

② 发行债券。债券又称为公司债券，是筹资者收到投资者资金后给予债权人的债券证书，也是债务人开具的有期限的信用凭证。债券的基本要素包括面值、期限、利率、发行价格等。

债券筹资的优点是资金成本低、保证控制权、发挥财务杠杆作用；缺点是限制条件多、筹资数额有限、筹资风险高等。

③ 融资租赁。融资租赁是由承租人向出租人提出申请、由出租人融通资金引进设备再租给用户使用的方式。融资租赁租金的构成有设备价款、融资成本、租赁手续费等。

融资租赁的优点是筹资速度快、限制条款少、设备淘汰风险小、到期还本负担轻、税收负担轻等；缺点是资金成本过高。

④ 商业信用。商业信用的主要形式有赊购商品、预收货款、商业汇票等。

商业信用筹资的优点是筹资便利、筹资成本低、限制条件少；缺点是放弃现金折扣会付出较高的资金成本。

小资料

在物理学中，利用一根杠杆和一个支点，就能用很小的力量抬起很重的物体。财务管理中也有一个杠杆——财务杠杆，是指由于债务的存在而导致普通股每股利润变动大于息税前利润变动的杠杆效应。财务杠杆会给企业权益资本带来额外收益，但是同时会给企业带来财务风险。2008年10月，美国佐治亚州阿尔法里塔市阿尔法银行和信托公司关闭，成为全美因次贷而倒闭的第16家银行。前车之鉴，在全球经济不确定性增大和我国经济新常态的当下，我国企业更应重视财务杠杆与财务风险。

9.2.3 企业资金的使用

1. 固定资产的投放与控制

（1）固定资产投资

固定资产是指使用期限超过1年，单位价值在规定标准以上并且使用过程中保持原有实物形态的资产，其中包括房屋及建筑物、机器设备、运输设备、工具和器具等。

固定资产投资属于企业长期生产能力投资,是企业战略决策的重要内容,应注意以下几个问题。

① 根据企业战略要求,规定相应的财务政策,控制固定资产投资的方向和限度。

② 当初步决定对某一项目投资时,应设置适当的财务目标和标准,审验和评价各投资方案所需资金及有效程度,以决定取舍。

③ 在预计企业所能筹措资金的范围内,对企业的各种投资项目进行综合财务审核与比较,以便进行项目选择和资金分配。

(2) 固定资产折旧

固定资产折旧是指固定资产因损耗而转移到产品成本费用中的那部分价值。固定资产折旧的方法有以下几种。

① 使用年限法。这是根据固定资产原价、预计残值和预计清理费用,按预计使用年限平均计算折旧的一种方法。由于这种方法计算出来的折旧额在每个使用年份都是相等的,在坐标图上表现为一条直线,因此又称为直线法。其计算公式为:

$$固定资产折旧额 = \frac{固定资产原价 - 预计残值 + 预计清理费用}{预计使用年限} \quad (9\text{-}3)$$

$$固定资产折旧率 = \frac{固定资产折旧额}{固定资产原价} \times 100\% \quad (9\text{-}4)$$

② 工作时间法。这是按预计固定资产使用的时间,平均分摊固定资产折旧总额的方法,主要适用于某些价值比较大又不太经常使用的专用设备。其计算公式为:

$$每小时折旧额 = \frac{固定资产原价 - 预计残值 + 预计清理费用}{预计使用期间可能完成的工作时间总量} \quad (9\text{-}5)$$

$$某年(月)折旧额 = 该项固定资产全年(月)生产时间 \times 每小时折旧额 \quad (9\text{-}6)$$

③ 工作量法。这是根据固定资产预计生产数量平均分摊固定资产折旧总额的方法,主要适用于采掘和采伐企业。其计算公式为:

$$单位产量折旧额 = \frac{固定资产原价 - 预计残值 + 预计清理费用}{预计使用期间生产总量} \quad (9\text{-}7)$$

$$某年(月)折旧额 = 该项固定资产全年(月)生产数量 \times 单位产量折旧额 \quad (9\text{-}8)$$

④ 年限总额法(年数总和法)。这是将折旧率用一个递减分数来表示,并根据折旧总额乘以递减分数来确定年度折旧额的一种方法。折旧总额等于固定资产原价减去净残值后的余额。递减分数的分母为固定资产使用年限的各年年数之和,称为年限总额。

例如,某设备使用年限是 5 年,则年限总额为 1+2+3+4+5=15。

递减分数的分子为固定资产尚可使用的年数。例如,第一年为 5,第二年为 4,以此类推。用这种方法计算的年折旧额并不相等,而是逐年递减的。其公式为:

$$年折旧率 = \frac{折旧年限 - 已使用年数}{折旧年限 \times (折旧年限 + 1) \div 2} \times 100\% \quad (9\text{-}9)$$

$$月折旧率 = 年折旧率 \div 12 \quad (9\text{-}10)$$

$$年(月)折旧额 = (固定资产原值 - 净残值) \times 年(月)折旧率 \quad (9\text{-}11)$$

⑤ 双倍余额递减法。这是按双倍直线折旧率计算固定资产折旧的方法。在不考虑残值的情况下，用固定资产账面上每期期初的折余价值（净值）乘以双倍直线年折旧率来计算各期的折旧额，其计算公式为：

$$年折旧额 = 期初固定资产账面折余价值 \times 双倍直线年折旧率 \qquad (9\text{-}12)$$

式中，双倍直线年折旧率 $= \dfrac{2}{预计使用年限} \times 100\%$。

另外，月折旧率和月折旧额的计算公式为：

$$月折旧率 = \dfrac{年折旧率}{12} \qquad (9\text{-}13)$$

$$月折旧额 = (固定资产原值 - 预计净残值) \times 月折旧率 \qquad (9\text{-}14)$$

采用双倍余额递减法时，固定资产的原始价值不会被全部折旧完，现行制度规定固定资产折旧采用此法的，应当在其固定资产折旧年限到期前两年，将固定资产账面净值扣除预计残值后的净额平均摊销。

2．流动资金的投放与控制

（1）流动资金的概念和构成项目

流动资金是指企业用于购买、储存劳动对象（或商品）以及在生产过程和流通过程中占用的那部分周转资金。

从流动资金的构成要素来看，它包括用于购买原材料等劳动对象（或商品）、支付工资和其他生产费用（或流通费用）的资金。从其具体的存在形态来看，它是分布在储备形态、生产形态、产成品（或商品）形态和货币形态上的资金。

（2）流动资金的特点

从企业流动资金的周转过程来看，流动资金具有以下特点。

① 流动资金在企业再生产过程中循环往复，川流不息，其存在形态具有变动性。

② 流动资金在企业再生产过程中，随着供产销的变化，资金占用的数量起伏不定，具有波动性。

（3）流动资金周转率

流动资金周转率是反映一定时期内流动资金周转速度，即流动资金周转所用时间的指标。一般来说，企业资金周转越快，资金的使用效率就越高，经济效益越高。流动资金周转率一般有以下两种表示方法。

① 周转次数，是指一定时期内流动资金完成的周转次数，其计算公式为：

$$周转次数 = \dfrac{周转额}{流动资金平均占用额} \qquad (9\text{-}15)$$

② 周转天数，是指流动资金周转一次所需的天数（即周转期），其计算公式为：

$$周转天数 = \dfrac{计划期日数}{周转次数} = \dfrac{流动资金平均占用额 \times 计划期日数}{周转额} \qquad (9\text{-}16)$$

9.2.4 企业财务分析

1. 财务报表

财务报表是反映企业财务状况和经营成果的总结性书面文件，主要根据企业的账册记录编制而成，是会计核算的终端成果。它是为企业管理者、企业以外的投资者、债权人，以及税收、证券等政策管理机构及其他有关方面提供服务的。主要包括资产负债表、损益表和现金流量表等。

（1）资产负债表

① 资产负债表的内容。资产负债表是反映企业一定日期（如年末、月末、季末）财务状况的一张会计报表。该表由企业的经济资源（即资产）、企业的债务（即负债）和投资人对企业的所有权（即所有者权益）三部分组成，是静态反映企业某一时刻财务状况的财务报表。它根据资产=负债+所有者权益，依照一定的分类标准和一定的次序，把企业在一定日期的资产、负债、资本项目予以适当排列编制而成。

具体而言，资产负债表提供的财务信息有：企业所掌握的资源，即资产及资产的分布与结构；企业偿债能力；企业所负担的债务；股东在企业里所持有的权益；企业将来的财务趋向等。

② 资产负债表的编制方法。资产负债表由表头、正表和补充资料三部分组成，具体格式有账户式和报告式两种，我国企业使用的是账户式结构，如表9.1所示。

表9.1 账户式资产负债表

编制单位：　　　　　　20××年12月31日　　　　　　（单位：万元）

资　　产	负债和所有者权益
流动资产	负债
长期投资	流动负债
固定资产	长期负债
无形资产	所有者权益
递延资产	实收资本
其他资产	资本公积
	盈余公积
	未分配利润
资产总计	负债和所有者权益总计

其中，资产和负债均按"流动性"大小排序，资产的流动性指资产的变现能力，负债的流动性指偿债期限。而所有者权益包括实收资本、资本公积、盈余公积、未分配利润等。

另外，流动资产是指可以在一年内转换为现金的资产，它包括货币资金、短期投资、应收账款、存货、预付账款等；非流动资产，又称资本性资产，是指预期产生一年以上经济效益的资产,包括固定资产、无形资产、递延资产、其他资产等;流动负债或短期借款包括短期债务、应付账款、应付票据等;非流动负债包括长期负债和递延税金等。

(2) 损益表

① 损益表的内容。损益表(也称利润表)是反映企业一定期间经营成果的财务报表。该表由企业的收入、费用和利润三项会计要素构成,是动态反映企业资金运动的会计报表。

损益表与资产负债表的区别在于:前者反映企业在某一段时期收入与费用的流量,后者反映企业在某一时刻的资产总量。

② 损益表的重要原则。包括两个原则:一是实现原则,即在交易产生收入时承认收入,而不是在收到交易现金时承认收入;二是配比原则,即当产品被售出或服务被提供时,与产品有关的费用才获得承认,而不是在费用被实际支付时就获得承认。

③ 损益表的编制。它有表头和正表两部分,其结构原理的依据为:

$$收入-费用=利润 \tag{9-17}$$

损益表的格式有单步式和多步式两种,我国多数企业采用的是多步式损益表,其基本格式如表9.2所示。在计算利润时,通常将利润分解为主营业利润、营业利润、利润总额和净利润四部分。

表9.2 损益表

编制单位:　　　　　　　　　　20××年4月　　　　　　　　　　(单位:万元)

项　目	行　次	本　月　数	本年累计数
一、主营业务收入	1		
减:主营业务成本	2		
主营业务税金及附加	3		
二、主营业务利润	4		
加:其他业务利润	5		
减:营业费用	6		
管理费用	7		
财务费用	8		
三、营业利润	10		
加:投资收益	11		
补贴收入	12		
营业外收入	13		
减:营业外支出	15		
加:以前年度损益调整	18		
四、利润总额	20		
减:所得税	21		
五、净利润	30		

(3)现金流量表

① 现金量表的内容。现金流量表是反映企业在一定会计期间现金收入和支出的一种会计报表。它通过会计期间营业所得的现金收入,减去需要用现金支付的费用以后的余额(或不足额)来说明企业财务状况的变动。

现金流量表的基本目的是提供企业报告期内现金收支的有关信息,解释会计期间现金及等价物的变动,帮助投资者、债权人和其他报表使用者利用该表及其他会计资料,对企业财务状况做出正确评价。

② 现金流量表的编制。现金流量表的编制方法有两种:直接法和间接法。

采用直接法编制现金流量表的依据是:本期现金流入量-本期现金流出量=本期现金流量,即以本期营业收入为起算点,列出以现金收支表达的各项经营活动的现金流量,按收入和支出进行分类,并分项列示。

采用间接法编制的现金流量表则是以本期利润总额为基础,将原来建立在权责发生制上的一些数字调整转变到现金收付制上来,即加上不需动用现金的损失和费用,减去不涉及现金的收入。

资产负债表、损益表、现金流量表三张会计报表基本上可以完整地反映企业在会计期间内的整个财务流程,显示了企业经营活动中动态和静态的关联活动及其结果。

2. 财务分析

财务分析就是通过财务报表所提供的信息,衡量企业过去的经营业绩,判断企业现有实力,并据以预测未来,以便为决策提供信息支持。财务分析的方法很多,主要有以下几种。

(1)比较分析法

在进行比较分析时,有三种比较依据:一是可将同一项目和企业的历史数据比较;二是和同类企业的同一项目的数据比较;三是和企业预期的数据进行比较。通过比较来对企业现状进行判断,并预测未来趋势。

(2)比率分析法

比率分析法通过对企业变现能力比率、资产管理比率、负债比率、赢利能力比率等进行分析,反映出不同报表、不同项目之间的联系。

(3)趋势分析法

财务报表中有些数据特别重要,如销售收入、净收益、总资产等,这些指标需要了解较长时期的信息才能更好地决策。应使用多种数学方法,科学地归纳其趋势,分析未来趋势的潜在导向。

(4)图表分析法

图表分析法通过使用框形图、坐标图等图形方法,将分析结果直观地表现出来。

任务 9.3　企业物力管理

9.3.1　企业物资管理

1. 物资与物资管理概述

（1）物资的含义及分类

物资是物质资料的简称。它既包括自然界直接提供的物质财富，又包括经过人的劳动所取得的劳动产品。在企业生产中，物资是指商品生产过程所消耗的各种生产资料，一般具有实物形态，并在生产过程中流转，如原料、材料、辅助材料、燃料、动力、工具等。为了便于计划和管理，需要对各种物资进行分类。按照在生产中的作用，物资大致可分为以下几类。

① 主要原料和材料。原料是指通过采掘工作获得的产品，如矿石、原油等；材料是指将原料经过一定加工后，作为劳动对象提供的产品，如钢材、棉纱等。

② 辅助材料。辅助材料主要指用于生产过程的，但不构成产品主要实体的材料。例如，与主要原料相结合，使主要材料发生化学或物理变化的材料，如染料、催化剂、接触剂等；产品生产工艺所需要的各种材料，如铸造生产所用的型砂、型心、铁丝、铁钉等；与机器设备有关的材料，如润滑剂、皮带等；与劳动条件有关的材料，如清扫工具、照明设备、取暖设备等。

③ 燃料，如企业生产中用到的煤炭、木柴、汽油、天然气等。

④ 动力，如企业生产中用到的电力、蒸汽、压缩空气等。

⑤ 工具，如企业生产中用到的各种刀具、量具、卡具、模具等。

采用这种分类方法，便于企业制定物资消耗定额和计算各种物资需要量，便于计算产品成本，确定流动资金定额。

（2）物资管理的含义与任务

物资管理，是指对企业生产经营过程中所需的各种物资进行的计划、组织和控制活动，主要包括物资计划的编制，物资的采购、运输、验收、入库、保管、发放、统计、核算及综合利用等一系列工作。物资管理是企业活动中一项基本且必不可缺的活动。

企业物资管理的任务应根据生产经营指标，以提高经济效益为核心，做到物质供应快、周转快、消耗低，以保证生产有效、顺利地进行。具体任务如下。

① 保证按计划保质、保量、及时地供应生产所需要的各种物资。

② 严格地组织物资的验收、保管和发放工作，保证良好的、符合要求的物资的入库，同时加速物资流转，减少物资损耗。

③ 加强物资消耗定额管理，严格物资的发放制度，积极提出节约物质的措施和建议，监督和促进生产部门合理、节约地使用物资，把管"供"和管"用"结合起来。

2. 物资消耗定额

（1）物资消耗定额的含义

物资消耗定额是指在一定的生产技术和生产组织的条件下，生产制造单位产品或完成单位任务所必须消耗的物资数量标准。它是计划管理、物资的领用和供应的依据。

物资消耗定额通常用绝对数来表示，如制造一台机床或一个零件消耗多少钢材、生铁；有的也用相对数来表示，如冶金、化工等企业，用配料比、成品率、生产率等来表示。

（2）物资消耗定额的构成

制定物资消耗定额，首先要分析物资消耗的构成，即从原材料准备和投入生产开始，直到产品制成为止的整个生产过程中，物资消耗在哪些方面。

一般而言，原材料消耗的构成主要有以下三个部分。

① 构成产品净重的消耗。它是物资消耗的基本部分，也是有效消耗部分。

② 工艺性消耗。它是指由于工艺技术方面的原因所产生的原材料消耗，如机器加工中的铁屑，木材加工中的木屑、刨花等。

③ 非工艺性损耗。它是指产品净重和工艺性消耗以外的物资损耗，如生产的废品，运输、保管过程中所产生的损耗以及来料不符合要求，或其他非工艺技术原因所产生的损耗。这部分损耗，一般是由于管理不善造成的。

（3）物资消耗定额的制定

物资消耗定额的制定包括"定质"和"定量"两个方面。"定质"是指合理选定所需物资的品种、规格和质量；"定量"是指确定物资消耗的数量标准。

"定质"的原则是：技术上可靠、经济上合理、供应上可能。一种产品采用何种材料最适宜，应列出多种方案，进行必要的实验和技术经济分析，从中选出最佳方案。

"定量"，即确定物资消耗定额的数量标准，主要采用经验统计分析法、技术计算法、实验或写实查定法、比较类推法等。这些方法各有其优点和缺点，适用于不同的情况。根据 ABC 分类法的原理（下面内容会介绍），对 A 类物资一般采用技术计算法，以求准确可靠，并逐项制定定额；对 B 类物资一般采用写实查定法或统计分析法，在条件允许的情况下，也可采用技术计算法；对 C 类物资一般采用经验估算法。但无论采用什么方法，一般都应统计历史实际消耗数量，并进行分析对比，以求定额的合理和准确。

3. 库存控制

为了使生产能连续进行，企业需要有一定数量的库存物资作为周转之用。但周转库存量过大，占用流动资金就多，产品成本就高；若周转库存量太小，占用的流动资金少了，但可能会满足不了正常的生产需要。

库存控制，是对物资库存量动态变化的掌握和调整，是实现物资计划和控制流动资金的重要环节。其方法主要有以下几种。

（1）定期库存控制法

定期库存控制法，是指以固定盘点和订购周期为基础的一种库存量控制方法，它按规定时间检查库存量并随即提出订购，补充至库存储备定额。物资订购时间是预先固定的，每次订购批量是可变的，其计算公式为：

$$\text{订购量} = \text{平均每日需要量} \times \left(\text{订购周期} + \text{订购间隔期}\right) + \text{保险储备量} - \text{现有库存量} - \text{已订购而未交货量} \quad (9\text{-}18)$$

式中，订购周期是指提出订货到该批物资入库为止所需要的时间，订购间隔期是指相邻两次订购日之间的时间间隔，现有库存量是指提出订购时盘点的库存量，已订购而未交货量是指已经订购，但尚未到货的数量。

（2）定量库存控制法

定量库存控制法，是指以固定订购点和订购批量为基础的一种库存控制方法，即当实际库存降低至预先设定的订购点（即某一库存量水平）时，立即发出订货通知；经过一段时间连续、稳定和均匀的消耗，库存降到更低水平时，订货到达，库存得到恢复；然后当库存量再次降低至订购点时，组织下次订购，循环往复。此法的计算公式为：

$$\text{订购点} = \text{平均每日需要量} \times \text{备用天数} + \text{保险储备量} \quad (9\text{-}19)$$

定量库存控制法还有一种更简单的处理方式，称为双堆法或分存控制法。实行这种方法时，是先将库存物资分为两堆，先用第一堆，当用完第一堆时，立即组织采购订货，并继续使用第二堆，到第二堆用完时，采购的物资也同时到达，因此实际第二堆物资就是订购点。

（3）经济批量控制法

利用经济批量法进行库存控制，侧重于从企业本身的经济效益来综合分析物资订购费用和库存保管费用。经济批量是通过平衡物资订购费用和库存保管费用的核算，以实现总库存成本最低的最佳订货量。简单的经济订货批量模型如图9.2所示。

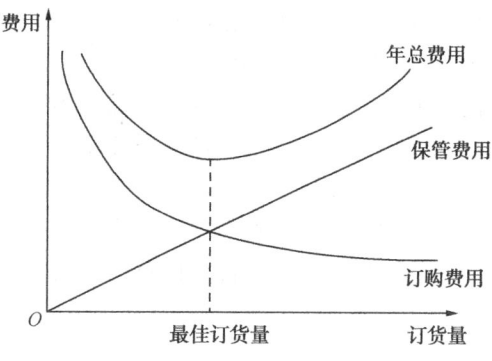

图9.2 经济批量计算原理

简单模型下，经济批量的计算公式为：

$$\text{经济批量} = \sqrt{\frac{2 \times \text{每次订购费用} \times \text{年需要量}}{\text{物资单价} \times \text{年保管费率}}} \quad (9\text{-}20)$$

（4）ABC分类控制法

企业所需要的物资品种多、规格多、耗用量大，其价值大小和对企业的重要程度各有不同，因此应分别对待。一般采用将物资划分为 A、B、C 三大类，实行不同的策略。A 类物资品种少，一般占企业全部物资的 10%～15%，但占用资金较多，占 75%～80%，即品种少、数量少但价值高；B 类物资品种占 20%～25%，资金占 15%～20%；C 类物资品种繁多，占 60%～65%，但资金只占 5%～10%，即品种多、数量多但价值低。

上述三类物资在库存控制和管理中的重要程度不同。A 类物资最重要，应严格控制，一般应采用定期库存控制法，尽量缩短订货间隔期；B 类物资较重要，可适当控制，一般可采用定量库存控制法，即当库存量降低到订购点时再订购；C 类物资是一般物资，可放宽控制，订购间隔期可长一些，如几个月或半年订购一次。

小资料

帕累托曾指出，意大利 80% 的财富为 20% 的人所拥有，并且这种经济趋势存在普遍性。这就是大家所熟悉的"80/20"法则（二八定律）来源。"80/20"法则是指在众多现象中，80% 的结果来自 20% 的原因，20% 的努力常产生 80% 的结果。"80/20"法则不仅在经济学、管理学领域应用广泛，它对我们的自身发展也有重要启示，让我们学会避免将时间和精力花在琐事上，要学会抓主要矛盾，与其面面俱到不如重点突破。

4. 仓库管理

仓库是储存物资的场所。仓库管理，也称为仓储管理，是对仓储货物的收发、结存等活动的有效控制，其目的是为企业保证仓储货物的完好无损，确保生产经营活动的正常进行，并在此基础上对各类货物的活动状况进行分类记录，以明确的图表方式表达仓储货物在数量、品质方面的状况，以及目前所在的地理位置、部门、订单归属和仓储分散程度等情况的综合管理形式。仓库管理主要涉及以下几个方面的工作。

（1）物资的验收入库

物资验收主要包括两个方面：一方面是数量验收，即查明到货的物资在数量、品种、规格等方面是否与订单、发票及合同的规定相符；另一方面是质量验收，查明到货物资在质量方面是否符合合同规定的标准。数量验收一般由仓库管理人员负责，质量验收一般由企业的检验部门负责。

物资验收入库非常重要，因为它是把好企业生产所用各种物资入口的第一关，对保证生产的正常有序进行、保障产品质量等有重要作用，所以要严格做到凭证不全的不收、手续不全的不收、数量不足的不收、质量不符合标准的不收。

（2）物资的储存和保管

各种物资的性能、规格不同，要求储存保管的条件也各不相同。储存保管时，必须分别采用适当的储存保管场所和方法，同时，还要考虑收发、清点、装卸、搬运等作业的方便与安全。为了便于管理，可采用以下几种方法。

① 四号定位，即每一种物资的编号均由四个号码组成，分别代表库房号、货架号、货层号和货位号。在材料明细账的账页上也同样用这个编号，这样一看账页就可知道这种物资存放的位置，不仅查录物资迅速方便，而且便于仓库管理人员之间相互接替进行收发及保管工作，搞好相互之间的协作关系。

② 分区分类，根据物资的类别，合理规划物资摆放的固定区域。

③ 立牌立卡，就是对定位编号的各类物资建立料牌和卡片。

④ 五五摆放，就是按照物资性质和形状以五为计量基数，做到五五成行、五五成方、五五成串、五五成包、五五成堆、五五成层等。

为了充分利用仓库容积，提高仓库储存物资的能力，保证储存物资的安全，一般采用货架存放物资。根据物资的形状和规格要求，常设有通用货架、长形物资货架、特种货架、高层托盘式货架等。

在物资储存保管中，应建立和健全账卡档案，及时掌握和反映产、需、供、耗、存的情况，充分发挥仓库对企业生产过程的支持作用。企业财务部门应经常与仓库建立定期的对账制度，以保证账、物、卡相符。

另外，对物资进行编号也是仓库自动化必不可少的要求。在下面介绍的 ERP 系统中，就是通过对企业库存物资进行编码，进而实现计算机化控制和管理，并形成企业综合生产自动化生产体系。

（3）物资的发放

物资的发放是为企业生产环节服务的，仓库要根据生产计划的安排，按质、按量、按时、齐备地发放生产所需要的各种物资。

发放物资的形式有两种，即领料制和送料制。领料制是由用料单位到仓库领取生产所需的物资，这样便于用料单位根据实际需要随时到仓库领料，需要多少领多少。送料制是由仓库管理人员将生产所需的物资送到用料单位，这样有利于生产部门集中精力搞好生产，节约领料的时间，但要求物资消耗定额准确、生产任务下达及时，这样仓库管理人员才能根据定额和任务进行配料，做好准备工作，进而送料上门。

在实际应用中，不管采用哪种方式，均要按照生产任务和物资消耗定额发放物资。另外，物资发放必须有严格的手续和制度。

（4）库存盘点

企业仓库物资的流动性很大，为了及时掌握物资的变动情况，避免物资的短缺丢失或超储积压，保持账、物、卡相符，每一个企业都必须进行经常和定期的库存盘点工作。

经常的库存盘点，也称为永续盘点法，即每天对发生过的收或发的物资盘点一次，每月轮番抽查一部分物资，达到全年对所有的物资全面清点一遍，检查物资的实际余额与账、卡记录的数字是否一致。

定期的库存盘点，也称为定期全面盘点法，仓库人员会同有关人员（如供应、财务、检验等）组成库存盘点小组，在年中或年末的某一时间，对全部库存物资进行盘点和检查，并编制库存物资清册，列出盘盈或盘亏。

在盘点后，无论发现盘盈还是盘亏，都应在分析原因的基础上，追究责任，对于清查出来的超储、呆滞物资必须及时处理。

9.3.2 企业设备管理

1. 设备管理概述

（1）设备及设备管理的含义

设备是指企业中长期使用，在使用过程中基本保持实物形态，价值在一定限额以上的劳动资料和其他物质资料的总称。所谓设备管理，是指依据企业的生产经营目标，通过一系列的技术、经济和组织措施，对设备寿命周期内的所有设备物质运动形态和价值运动形态进行的综合管理工作。

机器设备是现代企业的物质技术基础。设备技术水平的高低、状态好坏，对企业生产产品的数量、质量和成本水平，乃至生产安全都有十分重要的影响，进而影响到企业的市场竞争能力和赢利能力。因此，加强设备管理有着重要的意义。

小资料

> 2013年8月，由中国设备管理协会主办，成都华标企管承办，在桂林召开了"全国首届PMS（设备管理体系）年会"，并在大会上正式发布了国内首份设备管理体系标准《设备管理体系要求》PMS/T1—2013。之后，由成都华标企管负责对《设备管理体系 要求》进行持续改进，又先后发布了PMS/T1—016、PMS/T1—2018。此标准为企业设备管理标准化、企业标准化体系、资产管理体系在设备设施管理方面的推动提供了有力指引。

资料来源：成都华标企管

二维码材料：9-1 PMS/T1—2018《设备管理体系要求》

（2）设备管理的任务

① 保持设备完好。就是要通过正确使用、精心维护、适时检修使设备保持完好状态，随时可以适应企业经营的需要投入正常运行，完成生产任务。

② 改善和提高技术装备素质。技术装备素质是指在技术进步的条件下，技术装备适合企业生产和技术发展的内在品质。其衡量标准包括：a. 工艺适用性；b. 质量稳定性；c. 运行可靠性；d. 技术先进性（包括生产效率、物料与能源消耗、环境保护等）；e. 机械化、自动化程度。

③ 充分发挥设备效能。设备效能是指设备的生产效率和功能。充分发挥设备效能的途径主要有三条：一是合理选用技术装备和工艺规范，在保证产品质量的前提下，缩短生产时间，提高生产效率；二是通过技术改造，提高设备的可靠性与维修性，减少故障停机和修理停歇时间，提高设备的可利用率；三是加强生产计划与维修计划的综合平衡，合理组织生产与维修，提高设备利用率。

④ 取得良好的投资效益。设备投资效益是指设备寿命周期内的产出与其投入之比。提高设备投资效益的根本途径在于推行设备的综合管理。首先，要有正确的投资决策，采用优化的设备购置方案。其次，在寿命周期的各个阶段，一方面要加强技术管理，保证设备在使用阶段充分发挥效能，创造最佳的产出；另一方面要加强经济管理，实现最经济的寿命周期费用。

（3）设备管理的原则

① 技术管理与经济管理相结合的原则。设备存在物质形态与价值形态两种运动。针对这两种形态的运动而进行的技术管理和经济管理是设备管理不可分割的两个方面，也是提高设备综合效益的重要途径。

② 依靠技术进步的原则。设备是技术的载体，只有不断将先进的科学技术成果注入

设备，提高设备的技术水平，才能保证企业生产经营目标的实现，保持企业持久发展的能力。

③ 预防为主的原则。设备管理工作的根本目的在于保护和发展社会生产力。对于使用设备的企业，在设备管理工作中要树立"预防为主""防重于治"的指导思想。

④ 全员参与设备管理的原则。设备管理是一项综合性工程，涉及的技术复杂、环节长、部门多、人员广，因此必须有广大职工积极参与的群众管理，才能收到良好的成效。

（4）设备的磨损及补偿

设备的磨损是指设备随着时间的推移，在使用或闲置过程中，由于物理作用（如冲击、摩擦、振动等）和化学作用（如腐蚀、老化）以及技术进步的影响，使其使用价值下降或经济价值下降的过程。

① 设备的磨损。根据磨损的原因及其后果，可分为有形磨损和无形磨损。

设备在使用（或闲置）过程中发生的实体的磨损称为有形磨损。它有两种形式：第一种有形磨损是指设备在使用过程中，由于外力的作用，设备的零件因摩擦、冲击、振动和疲劳使其实体发生的磨损；第二种有形磨损是指由于自然力的作用，使设备产生的磨损。例如，金属件锈蚀，橡胶件老化等。

设备的无形磨损，也称为精神磨损，是由于技术进步引起的，表现为设备经济价值的贬值。也分两种形式：第一种形式是指再生产同样结构的设备成本降低了，造成现有的设备贬值；第二种形式是先进的新型设备的出现，导致现有设备显得落后陈旧而产生的经济磨损。

② 设备磨损补偿。除第一种无形磨损无须补偿外，为了恢复已磨损设备的生产能力和保证生产正常进行，必须对设备的磨损及时进行补偿。由于设备遭受磨损的形式和程度不同，其磨损的补偿方式也不相同。磨损的补偿方式可分为局部补偿和完全补偿两种。

当设备遭受可消除性有形磨损时，可采用修理的方式进行补偿；当设备遭受不可消除性有形磨损时，采用完全补偿（包括设备原型更换或新型设备更新）的方式。

当设备遭受第二种无形磨损时，根据磨损的程度及企业的具体情况，可采用设备的技术改造或新型设备更新进行补偿。

2. 设备的前期管理

（1）设备前期管理的概念及重要性

设备的前期管理，又称为设备的规划工程，是指从设备投资规划开始到设备投产之前这一阶段的管理。设备前期管理是设备整个寿命周期管理中的重要环节，对设备前期各个环节进行有效的管理，将为设备后期管理打下良好的基础，这对提高设备技术水平和提高设备投资技术经济效果都具有十分重要的作用。主要表现在以下三个方面。

① 设备投资阶段决定了几乎全部寿命周期费用，影响着企业产品成本。

② 设备投资阶段决定了企业装备的技术水平和系统功能，影响着企业生产效率和产品质量。

③ 设备投资阶段决定了装备的适用性、可靠性和维修性，影响到企业装备效能的发挥和可利用率。

设备的前期管理包括：设备规划方案的调研、制定、论证和决策；设备市场货源调查和信息的收集、整理、分析；设备投资计划的编制、费用预算、实施程序；设备采购、订货、合同管理；自制设备的设计、制造；设备安装、调试运转；设备使用初期管理；设备投资效果分析、评价和信息反馈等。

（2）外购设备的选型

外购设备的选型，是指通过技术上与经济上的分析、评价和比较，从可以满足相同需要的多种型号、规格的设备中选择适宜设备的决策。

设备选型应遵循生产上适用、技术上先进、经济上合理三原则，要综合考虑以下因素。

① 生产率，一般用设备在单位时间（分、时、班、年）的产品产量表示。

② 工艺性，就是符合产品工艺的技术要求。

③ 可靠性，是指系统、设备、零件、部件在规定的时间内，在规定的条件下完成规定功能的能力。

④ 维修性，是指通过修理和维护保养手段，预防和排除系统、设备、零件、部件等故障的难易程度。

⑤ 经济性，就是设备寿命周期内的整体费用最低，生产成本低。

⑥ 安全性，是指设备对生产安全的保障性能。

⑦ 环保性，是指设备的噪声和排放的有害物质对环境污染的程度。

另外，还应考虑制造商的产品质量、交货期和制造商的信誉与售后服务等因素。

3．设备的使用、维护与修理

（1）设备的合理使用

设备在使用过程中，由于受到自然力的作用、使用等因素的影响，其技术状况会不断发生变化而逐渐降低工作能力。要控制这种技术状态的变化，延缓设备工作能力的下降过程，就必须根据设备的工作环境以及设备的结构和性能特点，分析并掌握设备劣化的规律；就必须保证适合设备工作的环境条件，遵守设备的使用规范，控制设备的负荷和持续工作时间；就必须精心维护设备。

合理使用设备，应该做好以下几个方面的工作：合理配置设备；建立健全必要的规章制度，如设备的操作使用制度、设备的维护保养制度等；为设备提供良好的工作环境；配备合格的操作者，调动操作工人的积极性。

（2）设备的维护保养

设备维护保养的内容，简言之，即"清洁、润滑、紧固、调整、防腐"十字作业法。实践证明，设备的寿命在很大程度上取决于维护保养的好坏。维护保养依据工作量大小和难易程度分为日常保养、一级保养、二级保养、三级保养等。

日常保养，又称例行保养。其主要内容是：进行清洁、润滑、紧固易松动的零件，检查零件、部件的完整。这类保养的项目和部位较少，大多数在设备的外部。

一级保养，主要内容是：普遍地进行拧紧、清洁、润滑、紧固，还要部分地进行调整。日常保养和一级保养一般由操作工人承担。

二级保养。主要内容包括内部清洁、润滑、局部解体检查和调整。

三级保养。主要是对设备主体部分进行解体检查和调整工作，必要时对达到规定磨损限度的零件加以更换。此外，还要对主要零部件的磨损情况进行测量、鉴定和记录。二级保养、三级保养在操作工人参加下，一般由专职保养维修工人承担。

在各类维护保养中，日常保养是基础。保养的类别和内容，要针对不同设备的特点加以规定，不仅要考虑到设备的生产工艺、结构复杂程度、规模大小等具体情况和特点，还要考虑到不同工业企业内部长期形成的维修习惯。

（3）设备的修理

设备的修理是指对发生故障的设备通过更换或修复磨损失效的零件，对整机或局部进行拆装、调整的技术活动，其目的是恢复设备的功能或精度，保持设备的完好。

① 维修策略。现代设备管理强调对不同类型的设备采用不同的维修策略。

一是事后维修，就是对一些生产设备，不将其列入预防维修计划，在发生故障后或性能、精度降低到不能满足生产要求时再进行修理。事后维修作为一种维修策略，一般适用于下述三种设备：对故障停机后再修理不会给生产造成损失的设备；修理技术不复杂而又能及时提供备件的设备；一些利用率低或有备用设备的设备。

二是预防维修，这是为了防止设备性能、精度劣化或为了降低故障率，按事先规定的修理计划和技术要求进行的维修活动。对重点设备和重要设备实行预防维修，是贯彻《设备管理条例》规定的"预防为主"方针的重要工作。

预防维修主要有以下几种维修方式：定期维修，即按规定时间执行的预防维修活动，具有周期性特点；状态监测维修，是一种以设备技术状态为基础，按实际需要进行修理的预防维修方式；改善维修，即为消除设备先天性缺陷或频发故障，对设备局部结构和零件设计加以改进，结合修理进行改装以提高其可靠性和维修性的措施。

② 设备修理的类别。根据修理的内容和工作量，设备修理有以下几类。

一是设备大修，是对全厂设备进行全面的解体检查和修理，彻底消除生产设备的重大缺陷和隐患，以维持、恢复或提高设备性能的检修工作。这是工作量最大的一种计划修理。

二是项目修理，简称项修，是对设备精度、性能的劣化缺陷进行针对性的局部修理。

三是设备小修，是指根据设备的磨损、老化规律，有针对性地对部分设备进行检查、解体修理、清扫、消缺、调整和预防性试验等。这是维修工作量最小的一种计划修理。

四是定期精度调整，就是对精、大、稀机床的几何精度进行定期调整，使其达到（或接近）规定标准。精度调整的周期一般为一年或两年。

五是定期预防性试验，是对动力设备、压力容器、电气设备、起重运输设备等安全性要求较高的设备，由专业人员按规定期限和规定要求进行的试验，如对耐压、绝缘、电阻、接地、安全装置、指示仪表、负荷、限制器、制动器等的试验。

4．设备的改造与更新

（1）设备的寿命

设备的寿命可分为物理寿命、技术寿命和经济寿命。

① 设备的物理寿命。设备的物理寿命，也称为设备的自然寿命，是指设备自全新状态投入使用开始，经受有形磨损，直至在技术性能上不能按原有用途继续使用为止所经

历的时间。它由设备的有形磨损决定。

② 设备的技术寿命。这是从技术角度考虑的设备最合理的使用期限，即从设备开始使用到因技术落后而被淘汰为止所延续的时间。它由设备的第二种无形磨损决定。

③ 设备的经济寿命。它由有形磨损和无形磨损共同决定，设备年均使用总费用达到最低值的年份数即为设备的经济寿命。

（2）设备的更新

设备更新是设备磨损的重要补偿方式。设备更新的时机，一般取决于设备的技术寿命和经济寿命，尤其是经济寿命。

设备更新方式有两种：一种是设备的原型更换，即用相同的设备去更换有形磨损严重、不能继续使用的旧设备，这种更新只能解决设备的有形磨损问题；另一种是新型设备更新（技术更新），即用技术更先进、结构更合理、效率更高、性能更好、耗费能源和原材料更少的新型设备更换那些技术上不能继续使用或经济上不宜继续使用的旧设备。技术进步要求我们主要采用后一种方式更新设备，以解决设备磨损和技术落后的问题。

目前，由于科学技术进步的速度越来越快，提高设备性能和降低寿命周期成本是设备制造商开发新设备重点考虑的问题，因此适时地进行设备更新，优先采用先进技术，提高企业综合素质，是企业在市场经济条件下始终保持竞争优势的重要手段。

小资料

英国是老牌的资本主义国家，曾是世界上首先进行工业革命的国家。从19世纪80年代到20世纪初这段时间内，整个资本主义世界的科学技术发展很快，而英国却未能及时地对已经陈旧落后的设备进行更新改造，致使美国、德国等国家在不长的时间内很快赶上和超过了英国。

（3）设备的技术改造

设备的技术改造，又称为设备的现代化改装，是指为适应企业生产发展的具体需要，应用新的科学技术成果和先进经验，通过改变现有设备的结构（给旧设备更换或增加新部件、新装置、新附件），来改善和提高现有设备的技术性能的技术管理活动。

设备的技术改造是克服现有设备技术陈旧，消除第二种无形磨损，促进技术进步的非常重要、易于实现的方法之一，也是扩大设备的生产能力，提高设备技术水平的重要途径。设备的技术改造具有很强的针对性和适应性。在多数情况下，通过设备的技术改造提高陈旧设备的技术水平所需的投资往往比购买新设备的投资少。

任务9.4 企业信息管理

9.4.1 信息的概念与重要性

1. 信息的含义

信息其实自古就有，而且很早就有人类利用信息的例子。例如，我国古代的烽火台，就是利用狼烟来传递军事信息；我们每天看新闻，就是通过现代媒体来获取信息等。

从这些例子可以得出：信息是客观事物的特征通过一定的载体形式的反映，是一种可产生新知识、新经济效益的资源，是经过加工以后有意义的，并为人类利用的各种数据资源。

2. 信息的特点

信息作为一种新的资源，具有以下几个特点。

① 信息是反映客观世界的。信息是一种人们认识和改造客观世界的资源，它反映的是客观世界的真实状态，只有这样，信息对我们才有价值，我们也才能更好地利用它。

② 信息是可以通信的。例如，气象台做出的气象预测，那么气象信息就可以通过广播、报纸、电视，甚至网络传递到每一个可以接收到的人那里，供大家分享。

③ 信息可以形成知识。人们通过对信息的获取、利用，可以进而形成新的为人们利用的各种知识。

3. 利用信息对企业的重要性

有效地利用信息可改变企业的经营、产品、服务或相关环境，从而提高企业的竞争力，也促使企业形成新的、更有活力的企业经营运作模式。

当今社会，信息作为一种新的战略资源，越来越受到各个国家、政府、企业等的重视。人们都在不断研究新的信息的利用方式，成立了许多与信息相关的行业和产业形态。

世界经济强国美国在 20 世纪 90 年代中期，提出了国家信息基础设施（National Information Infrastructure，NII）建设方案后，信息产业的迅猛发展拉动了整个美国国民经济，创造了美国历史上经济发展的黄金时代。

小资料

中国共产党和中国政府非常重视信息资源和信息技术对经济社会发展的重大作用。继党的十六大提出以"信息化带动工业化，以工业化促进信息化"后，2007年党的十七大报告正式提出"两化融合"的概念，即信息化与工业化融合。党的十八大报告强调"推动信息化和工业化深度融合"，党的十九大报告指出"加快建设制造强国，加快发展先进制造业，推动互联网、大数据、人工智能和实体经济深度融合"。

9.4.2 管理信息系统

既然信息对现代企业非常重要，那么就有必要对其进行专门研究并合理利用。在这中间，管理信息系统是人们研究比较多、相对比较成熟、已大量应用于企业的信息系统。

1. 管理信息系统的含义

管理信息系统（Management Information System，MIS），是指运用系统理论和方法，以电子计算机和现代通信技术为信息处理手段和传输工具，能为企业决策提供信息服务的人机系统。也就是说，管理信息系统是一个由人和计算机等组成的，能进行信息的收集、传输、存储、加工、维护和使用的系统。

应用管理信息系统能够实测企业的各种运行情况，并能利用企业的各种数据更加准确地预测未来，也能从企业全局出发辅助企业决策者进行战略决策，还可以利用系统提供的信息控制企业的行为，并能进一步外延到企业外部，和供应商、客户等环节紧密联系在一起，形成企业有效的价值链。

管理信息系统已发展为一门新兴学科，它是由现代化管理的客观需要产生的，综合运用了管理科学、系统科学、计算机科学等多种学科的边缘学科。

2. 管理信息系统的发展过程

管理信息系统在企业中的发展历程，大致有以下几个阶段。

（1）电子数据处理阶段

自工业社会诞生以来，人们就开始尝试进行机械化信息处理。19世纪末，人们发明了穿孔卡片机，用它每分可处理200张卡片。20世纪30年代，在计算机出现以前，西方的一些大公司（如IBM公司）已经开始使用光电穿孔的方法进行工资处理。

当1946年计算机诞生以后，人们预见到它在数据处理方面的巨大潜力，开始尝试使用计算机帮助人们进行企业管理中的数据处理。这就是管理信息系统的早期形态——电子数据处理系统（Electronic Data Processing System，EDPS）。到20世纪50年代末，美国的计算机有2/3被应用于大型企、事业组织中的电子数据处理工作中。计算机在数据处理方面的应用极大地推动了信息产业的发展，计算机不断更新换代，还出现了诸如磁带机、磁盘机、打印机等大量外围产品设备。软件方面出现了一些适合企业需要的计算机语言，从机器语言到汇编语言，再到高级语言。这些软件和硬件的发展都促进了人们对信息系统的进一步应用。

（2）管理信息系统阶段

20世纪60年代，人们对信息系统的研究开始形成独特的理论。美国的戴维斯等人在明尼苏达大学管理学院首先设置了管理信息系统学科，开始了对管理信息系统的深入研究。当时人们认为，计算机不仅可以应用到企业电子数据处理方面，而且可提供企业管理的全面信息，支持企业各级管理者的工作。

20世纪70年代，IBM公司开发了一个"面向通信的产品和信息控制系统（COPICS）"，其中包括10个子系统。它不仅能向管理者提供生产状态信息，而且将计算机技术与企业的各种管理活动紧密地结合起来，使得企业成了一个高度计算机化、高度信息化的组织，极大地改善了企业的运作效率，成为第一个全面实现了管理信息系统理论工作者提出的许多基本设想的管理信息系统。

> **小资料**
>
> 美国零售业巨头沃尔玛的成功得益于对信息利用的"连续补充系统"。
> 1983年，沃尔玛的创始人萨姆·沃尔顿听取了一个下属——负责公司数据处理的格伦·哈伯恩的2 400万美元投资计划的建议，建立一个卫星系统。这一系统帮助沃尔玛

实现了零售连锁业的两个突破。第一，卫星系统有助于事必躬亲的沃尔顿与员工之间的交流；第二，卫星系统有助于沃尔顿及时了解库存，跟踪每个店的日销售额、新产品的上架等问题。

通过这种方式，沃尔玛有效地利用自己的销售信息，形成缺货信息，从而进行有针对性的、快速的货物补充，形成了一条高效的供应链。这使其成本比其他零售业低50%，从而提高了对顾客的服务水平，获得了很好的竞争力。

（3）决策支持系统

以IBM的COPICS为代表的管理信息系统的应用，在实践中也暴露出一些问题。例如，为了追求功能的齐全而将系统设计得非常庞大，缺乏灵活性，难以适应企业动态变化的需要。因此，人们开始考虑新的系统模式。20世纪70年代初期，美国学者莫顿提出了"管理决策系统"的思想，以后奥特尔等人进行了深入研究，并确定了决策支持系统（Decision Support System，DSS）的体系结构。

他们认为，管理方面应用的新的信息系统模式应注重对决策的支持，因而管理信息系统的发展方向，应是一种能够对组织的决策者提供决策信息支持的、具有良好用户界面的系统。决策支持系统的思想很快就得到了学术界的重视并得以快速发展，许多新型的应用系统也开发成功。与一般的MIS相比，DSS更适合管理人员使用。DSS面向某些管理部门的特定活动，帮助决策者解决半结构化或非结构化问题，支持决策者更准确地做出决策，提高决策效率，适用于解决生产计划、市场预测、销售结果分析等方面的问题。在此基础上，人们进一步提出了专家系统（Expert System，ES）、高层主管信息系统（Executive Information System，EIS）等。

（4）综合自动化系统

20世纪80年代末至90年代初，计算机网络逐步发展和普及，通过这种新兴技术，信息系统可以渗透到企业的所有管理活动之中，并能延伸到企业外部，从而导致企业改变了传统的信息交换、信息传递的方式，引起了企业运作模式的根本改变。

在此基础上，逐步形成了企业资源计划（Enterprise Resource Planning，ERP）、办公自动化（Office Automation，OA）、电子数据交换（Electronic Date Interchange，EDI）、电子商务（E-Business或E-Commerce）等概念及相关技术系统。通过它们，企业形成了覆盖范围更大的信息系统平台，逐步建立了企业综合自动化生产经营体系。通过这个平台，企业可以将传统的信息通过网络这个虚拟空间在更大范围的现实世界内发布，也可以通过这个平台获得更多、更新的商业信息或国家的商业政策，并可通过数据仓库、数据挖掘等技术对客户、商品、库存、市场需求等进行深入、有效的分析研究，从而使企业在现代激烈的竞争环境中更具竞争力。

3. 管理信息系统的结构

从不同的角度进行分析，管理信息系统具有不同的结构形态。

（1）概念结构

管理信息系统的概念结构，如图9.3所示。

项目 9　企业资源管理

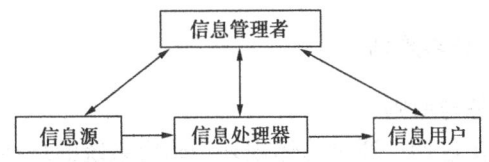

图 9.3　管理信息系统的概念结构

在图 9.3 中，信息管理者负责管理信息系统的设计、运行、维护和协调工作；信息源包括来自系统内和系统外的所有信息；信息处理器包括数据采集装置、数据变换装置、数据传输装置、数据存储装置、数据运行装置等；信息用户包括一切使用该信息系统所提供信息的信息使用者，如企业管理人员、生产人员、协作企业、供应商等。

（2）功能结构

管理信息系统的功能结构，如图 9.4 所示。

从图 9.4 中可以看出，管理信息系统的功能结构是管理信息系统与企业各个机构部门的对应，同时反映了现代信息系统是覆盖整个企业的，甚至延伸到企业外部的规模更大的系统。

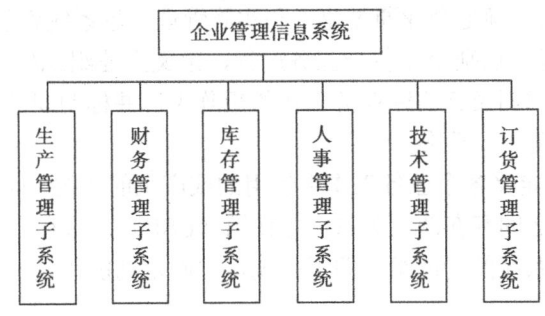

图 9.4　管理信息系统的功能结构

（3）硬件结构

管理信息系统的硬件结构，如图 9.5 所示。

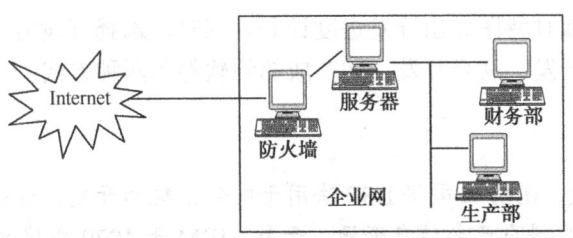

图 9.5　管理信息系统的硬件结构

从上述这些不同的结构中可以看出，管理信息系统主要的基础技术有现代管理技术、计算机软件及硬件技术、计算机网络技术、通信技术等。

4. 管理信息系统的总体规划

（1）总体规划的任务与原则

总体规划的任务主要包括：通过总体规划，确定系统的总体结构；提出资源的分配计划，如人员、资金等；拟订实施方案；进行可行性分析等。

总体规划应坚持的原则是：系统必须支持企业总体目标的实现；系统必须适应企业各管理层次的需要；系统应尽量脱离对原有不合理组织机构的依赖；系统结构必须呈现良好的整体性功能；系统必须便于实施。

（2）总体规划的方法

总体规划最常用的方法是 BSP（Business System Planning）法，即企业系统规划法。其工作过程如下。

① 准备工作。总体规划的准备工作包括：确定总体规划的范围；构建总体规划人员队伍；收集数据、制订计划；准备调查表格和提纲；召开动员会。

② 企业组织结构调查。切实了解企业各部门的职责，做出企业组织结构图，其中重点突出与管理信息系统有关的部分。

③ 确定目标体系。确定企业通过建立和实施管理信息系统希望达到的目标体系。

④ 分析管理功能。识别企业各个业务过程，定义企业组织/功能矩阵，即企业组织结构图中的各个职能部门及其实际业务工作的矩阵表，并标明职能部门与业务过程的关系，如直接负责、参与、一般参加等。

⑤ 定义数据类。定义各个业务工作中使用的或产生的数据，标明业务过程与具体数据的关系。一般两者之间存在两种关系，即使用（USE）关系和产生（CREAT）关系。由此，划分管理信息系统的功能组，即子系统，并确定功能组之间的数据流，以此确定子系统的实施顺序。

⑥ 计算机逻辑配置方案。确定管理信息系统软件和硬件及其他需要配置的设备。

⑦ 可行性分析。从技术、经济、社会等多个角度进行可行性分析，并形成可行性报告，提交企业的 CEO 或总经理审批。

⑧ 做出开发进度计划，选择开发方式。若结论是可行的，可行性报告经过批准后，则利用网络计划图或甘特图做出开发进度计划。同时，选择开发方式，常见的开发方式有自行开发、委托开发、联合开发、购买成熟的软件包四种方式。

> **小资料**
>
> 20 世纪 60 年代，IBM 公司将 BSP 法用于内部系统的开发。后来，IBM 的一些用户希望通过 BSP 法来安排自己的信息资源，于是，IBM 于 1970 年建立了 BSP 项目来帮助客户开展工作。这种方法也被应用于管理信息系统的规划工作。

5. 信息系统的开发方法

在具体进行管理信息系统的开发工作时，常见的开发方法有四种：结构化系统开发方法、原型法、面向对象的开发方法、CASE 法等。下面重点介绍结构化系统开发方法和面向对象的开发方法。

（1）结构化系统开发方法

结构化系统开发方法（Structured System Development Methodology），又称结构化生命周期法，是系统分析员、软件工程师、程序员以及最终用户按照用户至上的原则，自顶向下分析与设计和自底向上逐步实施地建立计算机信息系统的一个过程，是组织、管理和控制信息系统开发过程的一种基本框架。用结构化系统开发方法开发一个系统，将整个开发过程划分为首尾相连的五个阶段，即一个生命周期（Life Cycle）。

① 系统规划。根据用户的系统开发请求，进行初步调查，明确问题，确定系统目标和总体结构，确定分阶段实施进度，然后进行可行性研究。

② 系统分析。系统分析属于逻辑设计阶段。通过这一阶段，要解决"管理信息系统是做什么的"这样一个问题，并建立系统的逻辑模型，即概念模型。

③ 系统设计。系统设计是将系统分析得到的概念模型的物理实现方法进行确定，即要解决"如何实现概念模型里描述的管理信息系统的功能"这样一个问题，并建立未来管理信息系统的物理模型。

④ 系统实施。系统实施是在系统设计的基础上，进行编程、人员岗位培训、系统调试、系统交接、系统试运行等工作，以确保系统能按照设计要求运行。

⑤ 系统运行。在试运行结束之后，系统进入正式运行状态。在正式运行过程中，应进行相应的运行维护和管理工作。

结构化系统开发方法的优点是：强调开发人员与用户的紧密结合；采取"自上而下"的开发策略，系统整体性较好；按照严格的步骤分析和设计，便于控制进度和纠正偏差。其缺点包括：开发过程复杂烦琐、周期长、所用工具落后（手工为主）；没有根本解决系统开发的软件危机；开发出来的系统实施困难、适应性较差。

（2）面向对象的开发方法

面向对象的开发方法是近年来出现并发展起来的一种新方法，并产生了相关的面向对象的程序设计语言，在目前环境下，已经逐渐成为开发、设计管理信息系统的主流工具。

面向对象是一种认识论，强调了对现实世界的理解和模拟，把问题空间分解为一些类或对象，找出这些对象的特点（属性和服务），以及对象之间的关系（一般与特殊、整体与部分等），并由此产生一些规格说明，从而把现实世界到计算机的转换步骤减到最少，所以面向对象特别适合用于系统的分析和设计。

面向对象的开发方法一般分为面向对象的程序设计、面向对象的数据库、面向对象的开发环境等。其优点是直接从问题空间映射到模型，减少了语义差异和转换，如一个类似的项目可以重用以前的分析结果，提高开发的效率。缺点是该方法只是一种新兴的方法，有待进一步完善；同时，使用者对该方法理解和掌握的难度较大。

9.4.3 企业资源计划（ERP）

信息化的今天，在 MRPII、ERP 之后出现了许多诸如"电子商务 ERP""i ERP"

"ERPII"等新概念。这里只介绍 ERP 的相关内容。

1. ERP 的产生及概念

(1) ERP 产生的背景

为了解决制造业企业中诸多阻碍企业经营目标的实现的问题,如生产计划的合理性、成本的有效控制、设备的充分利用、库存的合理利用等,人们以库存管理为切入点,提出了库存控制订货点法。在此基础上,1960 年美国出现了一种以计算机作为辅助手段进行的库存和计划控制活动,即物料需求计划(Material Requirements Planning,MRP)。进而经历了闭环 MRP、MRPII(Manufacturing Resource Planning,制造资源计划)、ERP(Enterprise Resource Planning,企业资源计划)几个阶段。

(2) ERP 的概念和特点

ERP 系统是指建立在信息技术基础上,以系统化的管理思想,为企业决策层及员工提供决策运行手段的管理平台。它是从 MRP(物料需求计划)发展而来的新一代集成化管理信息系统,它扩展了 MRP 的功能,其核心思想是供应链管理。ERP 具有以下特点。

① ERP 侧重于对现代企业供应链管理的支持。

② 客户需求个性化状况促使企业由传统的单一品种、大批量生产模式向多品种、中小批量的生产方式转变,而 ERP 就侧重于对这种混合型生产方式的支持。

③ 除了制造、分销、财务等,ERP 还包含了企业产供销之间的运输管理和仓库管理,生产保障体系中的质量管理、实验室管理、设备维修和备品管理,同时支持对工作流(业务处理流程)的管理等。

④ 传统企业在处理实时性业务时一般只能实现事中控制,控制效果较差,而 ERP 具有实时分析能力,强调事前控制。

⑤ 目前的 ERP 系统普遍采用 C/S 结构、B/S 结构和分布式数据处理技术等先进技术,支持 Internet/Intranet/Extranet、支持电子商务(E-B 或 E-C)、支持 EDI 等,也反映了信息技术的发展水平。

2. 制造业企业的计划环境

生产计划环境决定了 ERP 系统中生产规划编制方法的不同,也决定了系统运行状况的差异。不同的计划环境与该企业产品生产计划的编制时间和方式、产品的复杂性、客户愿意等待时间以及销售量等有关。在制造业企业中存在多种计划环境,如表 9.3 所示。

表 9.3 制造业企业的计划环境

计划环境类型	简称	操作方式	客户状况	适用情况
面向订单设计 Engineer-To-Order	ETO	先定义产品规格;然后开发 BOM 表;订购所需物料并预留生产能力	客户等待时间较长	高度客户化
面向订单生产 Make-To-Order	MTO	设计工作已完成;购买物料;组织生产	客户要等待进货和生产	销售量较小

续表

计划环境类型	简称	操作方式	客户状况	适用情况
面向订单装配 Assemble-To-Order	ATO	用库存的通用零部件直接装配客户订单需要的产品	客户等待时间短	产品具有多个可选特征
面向库存生产 Make-To-Stock	MTS	订单到来之前,企业已将产品生产出来并进入库存,等待按订单发货	客户不必等待	产品成熟、销售量大

不同的企业可能会根据自身各个方面的情况和特点,选择适合自己的企业生产计划环境,一个企业也可能会选择多种生产计划环境。另外,企业在产品生命周期不同阶段也可能会采用不同的生产计划环境,以满足产品各个阶段的不同需求,如表 9.4 所示。

表 9.4 产品生命周期不同阶段的生产计划环境

产品生命周期的不同阶段	计划环境特点	生产部门	市场部门	工程设计部门	计划环境类型
投入期	销量少,成本高	最佳生产方法	打入市场	产品规格	ETO MTO
增长期	销量增长 改善服务质量	扩充生产能力 快速响应客户	加强竞争 扩大市场	改进产品性能	ATO
成熟期	客户不愿等待	降低成本 缩短生产时间	保持占有率	降低产品消耗,寻求有效生产方法	MTS
衰退期	产品销量减少	给即将淘汰的产品少量资源	淘汰这种产品的方式和时机	为老品提供服务,开发新品	MTO

3. 制造业企业的订单类型

在制造业企业中,一般存在以下三种订单类型。

(1) 客户订单

客户订单反映了市场的实际需求,即客户的实际需求,这里一般指由企业销售人员实际签约的订单。经过 ERP 系统的处理,客户订单分解转化成为为实现订单生产所需的各种物料(包括自制的和外购的)。

(2) 生产订单

生产订单反映了为满足客户产品需求必须由企业完成的自制项目及数量,即自制品的名称及数量等信息。经过 ERP 系统的处理,生产订单将转化为车间作业计划,下达到车间指导其生产制造工作。

(3) 采购订单

采购订单反映了为满足生产及客户需求,需要外购的零部件和原材料及其数量。经过 ERP 系统的处理,采购订单将转化为采购作业计划,下达到企业采购部门辅助其进行采购工作。

4. ERP 基础数据环境的建立

ERP 作为企业生产运营管理信息系统，处理的数据量极其庞大，原始数据必须准确、及时、快速、可靠地送到系统中。人们常常用"进去的是垃圾，出来的也是垃圾"来形容基础数据的不准确造成的系统运行结果的失真。在 ERP 系统中，有以下几类基础数据。

（1）物料主文件

ERP 系统所说的物料，是指企业内所有产成品、半成品、在制品、原材料等，这些都是 ERP 系统计划和控制的对象。物料主文件是用来标志和描述用于生产过程的每一项物料的属性和信息的，具体内容如下。

① 物料代码，这是 ERP 系统中非常重要的部分，是人机交互的基础。

② 同设计管理有关的信息，如图纸、物料名称、重量、体积等。

③ 同计划管理有关的信息，如物料来源（自制或外购）、采购或存储计量单位、损耗率、订货批量、存储位置、采购人员信息、物料在供应商处的代码等。

④ 同成本管理有关的信息，如成本账号、材料费、外协费、累计成本、计划价格等。

（2）物料清单

物料清单，即 BOM（Bill of Material）表，也称产品结构表，是 ERP 系统生产计划控制的主要依据，它采用层次结构的方式表示产品的构成信息，其中包括原材料、半成品、子装配件、生产用工具、包装材料、参考材料（如图纸）、副产品、联产品等。

物料清单是 ERP 系统中非常重要的基础数据。在 ERP 系统中，凡是需要计划和调度的物料项目都应记录在物料清单中。在成功应用 ERP 的企业中，物料清单的准确度应该在 98%以上，同时是为了保证物料清单的准确性。

（3）工艺路线

工艺路线是企业中说明各自制件加工顺序和标准工时定额的文件，即加工路线，一般由工程设计部门负责建立和维护，提交给生产部门使用，当需要改动时，由两个部门协调进行。工艺路线的作用如下。

① 计算加工件的提前期，提供运行物料需求计划（MRP）的计算数据。

② 提供能力需求计划（Capacity Requirement Planning，CRP）的计算数据。

③ 提供计算成本的标准工时。

④ 跟踪在制品。

工艺路线的准确度要求达到 98%以上，否则必将影响 MRP 和 CRP 的运行结果，造成订单过早或者过迟下达，还会引起各部门负荷不均衡、在制品积压、物流不畅等。

（4）工作中心

工作中心是指用于生产产品的生产资源，包括机器、人、设备等，是具有各种生产和加工能力的基本单元。对企业内部而言，工作中心指一台设备、一组功能相同的设备、一条自动生产线、一个班组、一块装配面积，或生产某一单一产品的封闭车间，当外协工序作为工作中心时，ERP 系统记录的是它的代号。另外，工作中心还能反映企业成本的信息，因为物料流经各个工作中心时，必然伴随着各种费用，关于这些成本，可通过工作中心的成本数据和工艺路线中的相应工时定额计算出来，以此获得企业成本数据。

工作中心除应包括其编码、名称、所属的部门等信息外,还应包括说明生产能力的各项数据和计算成本的各项数据等。

(5)提前期

任何一个项目或工作从完工日期算起倒推至开始日期的这段时间被称为提前期,在企业中提前期可分为设计提前期、采购提前期、加工提前期、装配提前期等。提前期是企业事先设定好的一个数值,在一定时期内是静态的,但从企业长远来看,随着生产力的变化、技术水平的变化,提前期又是一个变量。

(6)工厂日历

工厂日历不同于我们生活中的日历,因为对于企业而言,他们只关心能用于生产的日子,如双休日不能生产,对企业安排生产经营没有意义,所以应从工厂日历中将其剔除或标示出来,以免生产安排有误。

工厂日历一般按周或天进行编号,将普通日历中不能用于生产的日期排除,将一个计划年分为百周或千天,并且可以实现和普通日历的转换。ERP 系统支持的是按照对企业生产有意义的工厂日历来进行计划编制和控制。

5. ERP 的计划层次

前面介绍了一些关于企业生产计划的内容,而 ERP 就是一个计划主导型的企业生产经营计划和控制系统。在这个系统中,将企业的计划分为了五个计划层次,其大致内容如图 9.6 所示。

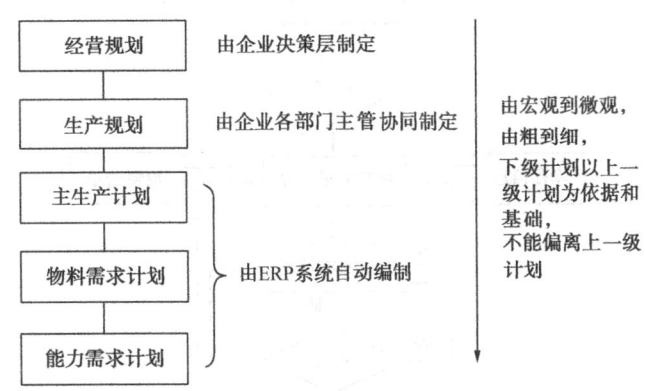

图 9.6 ERP 的计划层次

在 ERP 系统中,每一个下级计划都不能偏离上级计划,只有这样才能保证企业战略高层目标的实现。当某一级计划与企业现实状况不符时,如企业现实生产能力不能满足能力需求计划的能力要求,在采取措施也无法解决时,就要一级一级回溯向上修改上一级计划,直到问题得到解决。

另外,在应用 ERP 时还需要注意以下几个方面的问题。

① 编制生产规划时,采用不同的生产计划环境,则生产规划的编制方法和具体结果会有所不同。在确定生产对各种资源的需求时要注意需要哪些资源、是否有足够的

资源、如何协调资源不足等问题，同时考虑生产规划与资源需求、成本与收入之间的平衡。

② 主生产计划的对象是企业的最终产品，其编制原则是：根据企业的能力，均衡地安排生产，保持计划的可行性和有效性。同时，预测工作（指销售预测）的准确性也是保证主生产计划编制准确及顺利执行的重要因素。

③ 物料需求计划（MRP）是 ERP 系统在前面企业建立的 BOM 表的基础上自动进行需求分解，最终获得关于企业生产过程中各种物料的净需求量的信息。因此，BOM 的准确性非常重要。另外，ERP 系统在编制物料需求计划时一般有两种运行方式：全重排式和净改变式。

④ 能力需求计划（CRP）处理的是抽象的能力。当企业的各项能力随着工作效率、人员出勤率、设备完好率等的变化而变化时，系统会自动编制工作中心负荷报告并绘制出负荷图。管理人员可以对负荷不足和超负荷的环节进行分析，并通过调整（包括调整能力和调整负荷）使得生产均衡、负荷均衡。

6．ERP 的处理逻辑

根据上面介绍的概念及计划层次，ERP 的处理逻辑如图 9.7 所示。

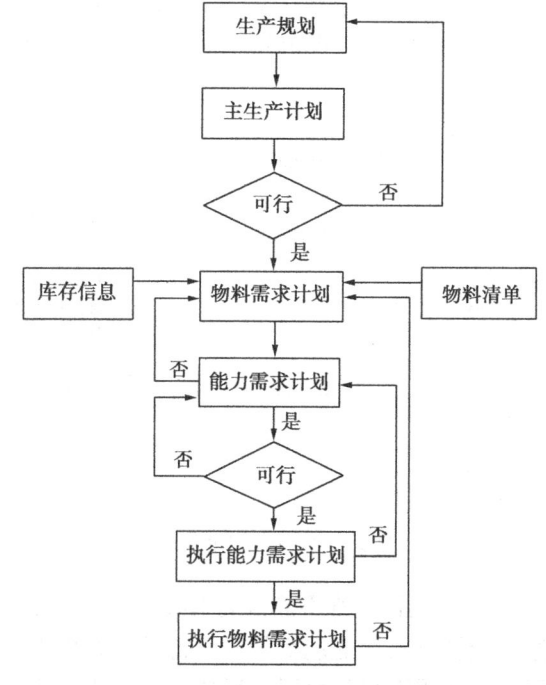

图 9.7　ERP 的处理逻辑

项目小结

企业运营所需的资源包括人力资源、财力资源、物力资源和信息资源等。

人力资源是现代企业中最活跃、最具创造性、最具潜力的资源。人力资源开发有人力投入、人力配置、人力发展和人员激励四个基本途径,包括人员选聘、人员培训和人员激励等重要环节。

企业财务管理就是利用价值形式组织财务活动,而财务活动就是企业在生产经营过程中与资金筹集、使用、分配等有关的各种经济活动。财务报表是反映企业财务状况和经营成果的总结性书面文件,包括资产负债表、损益表、利润分配表和财务状况变动表等。

物资管理是企业活动中一项基本且必不可缺的活动。其中,物资消耗定额制定和库存控制是两个重要问题。设备管理的任务是保持设备完好、不断改善和提高技术装备水平、充分发挥设备效能、取得良好的投资效益。

信息是一种新的战略资源。管理信息系统是运用系统理论和方法,以电子计算机和现代通信技术为信息处理手段和传输工具,能为企业决策提供信息服务的人机系统。ERP系统是指建立在信息技术基础上,以系统化的管理思想,为企业决策层及员工提供决策运行手段的管理平台,其核心思想是供应链管理。

项目训练

一、单项选择题

1. 人力资源(Human Resource,HR)有三个层次的含义,通常我们从( )层面研究人力资源的概念。
   A. 国际　　　　　B. 国家或社会　　　C. 组织会　　　　D. 个人
2. 该表由企业的收入、费用和利润三项会计要素构成,反映企业一定期间经营成果的财务报表。这指的是企业的( )。
   A. 资产负债表　　　　　　　　　B. 损益表
   C. 现金流量表　　　　　　　　　D. 财务状况变动表
3. 以固定订购点和订购批量为基础的一种库存控制方法,这是( )。
   A. 定期库存控制法　　　　　　　B. 定量库存控制法
   C. 经济批量法　　　　　　　　　D. ABC 分类控制法
4. ERP 系统主要体现的是现代企业的( )管理思想。
   A. 普及计算机　　B. 普及网络　　C. 借助软件　　　D. 供应链

二、多项选择题

1. 与物力资源相比,人力资源的特点包括( )。
   A. 智力性　　B. 能动性　　C. 再生性　　D. 主导性
   E. 社会性
2. 一般来说,企业资金运动过程包括( )相互联系的过程。
   A. 资金筹集过程　　　　　　　　B. 上市

  C．资金运用过程   D．资金分配过程
  E．发行债券
 3．企业进行物资管理时，常见的物资类型有（　　）。
  A．原材料 B．辅助材料 C．燃料
  D．动力   E．工具
 4．企业进行外购设备选型时，应遵循的原则有（　　）。
  A．生产上适用   B．技术上先进
  C．操作上简单   D．经济上合理
  E．价格上低廉
 5．企业进行设备更新时，更新时机一般取决于（　　）。
  A．设备的物理寿命   B．设备的技术寿命
  C．设备的经济寿命   D．设备的自然寿命
  E．设备的折旧寿命
 6．管理信息系统的发展过程，大致有（　　）。
  A．电子数据处理阶段   B．管理信息系统阶段
  C．决策支持系统阶段   D．综合自动化阶段
  E．人工智能阶段

三、判断题

1．企业人力资源指的是具备一定知识的脑力劳动者。（　　）
2．发行股票、发行长期债券、出售商业票据等都属于企业长期资金筹集。（　　）
3．企业库存控制的ABC分类控制法中，C类物质一般占用的资金最多。（　　）
4．企业花钱购买、具有实物形态、用于生产过程的，都是设备管理的范畴。（　　）
5．在多数情况下，通过设备的技术改造提高陈旧设备的技术水平所需的投资往往比购买新设备的投资少。（　　）
6．ERP系统就是一套软件系统，是为了取代部分人工工作而出现的。（　　）

四、简答题

1．简述人力资源开发的基本途径。
2．简述企业流动资金的特点。
3．企业仓库管理主要涉及哪几个方面的工作？
4．简述企业设备管理的任务和原则。
5．简述企业设备磨损的两种类型。
6．信息作为一种资源，具有哪些特点？

五、论述题

1．请课下收集关于我国《中华人民共和国劳动法》《中华人民共和国工会法》等的相关资料，分析论述一下当前我国企业人力资源管理的新特点及对策。

2. 请结合现代社会人们理财观念越来越强烈，以个人理财为蓝本，分析论述一下财务管理工作内容和方法。

3. 日本企业提出的全员生产维修（Total Productive Maintenance，TPM）被认为是日本版的综合工程学，其基本概念、研究方法和所追求的目标与综合工程学大致相同，也是现代设备管理发展中的一个典型代表。查阅资料，分析论述一下 TPM。

4. 联想集团柳传志曾经说过：上 ERP 是找死，不上 ERP 是等死。查找相关资料，分析论述一下当前我国企业实施 ERP 的现状。

项目实训

职场新人的困惑

王飞是一位刚毕业的大学生，在大学所学专业是产品造型设计，通过自己的努力顺利地进入一家有名的大公司，这使他十分得意。上班的第一天，主管带他参观了公司，看了公司的工厂设施、部分办公室、餐厅及王飞的办公室。最后主管对他说："王飞，很高兴你加入我们公司，下午到我办公室来，有一项任务交给你，这是一个简单的产品设计项目，5天可以吧，星期五送给我检查一下。"主管走了，王飞愣住了。接受任务是一件令人高兴的事，但他不知道是否这就意味着他的职业生涯从此开始了，因为对许多事情（如人事关系、工作程序或者公司发展等）他都还茫然无知。

刘云才本是一位企业高管，后来工作调动到北京某所大学的工商管理学院工作。某周四下午办完报到手续，院领导把他领到会议室，对正在开会的教师说："这是新调来的刘云才老师，他原来在企业负责生产管理工作，研究生毕业，能力很强的。大家欢迎他。"大家鼓了几下掌，继续开会。会后教研室主任对他说："你来得正是时候，下学期的课基本派完了，考虑到你有实践经验，《生产管理与运作》课程正适合你，这是你的优势。这是课程表，别忘了周四下午开例会。"刘云才回到家中，心中很是忐忑不安。他知道新任教师都有一段做助教的时间，但他没有。他有实践经验不假，但没有大学授课的经验。本来就对北京不熟悉，学校的情况又一无所知。课程如何安排、学生有什么要求，没有人告诉他，初来乍到，他又不好意思问。刘云才天天在家中焦虑重重。

思考题：

1. 你认为为什么王飞和刘云才在来到单位之初会有那种茫然或焦虑的情绪？
2. 对这一类的新员工，你认为单位应该提供什么样的培训？

技术管理篇

项目 10　企业创新与新产品开发管理

通过本项目的学习，了解企业创新的含义与意义；熟悉企业创新内容和 TRIZ 创新管理；理解新产品的含义；了解企业新产品开发的方式、过程；理解新产品开发中的知识产权；理解价值工程的含义；掌握价值工程的工作程序和方法。

"新四大发明"

2017 年 5 月，北京外国语大学丝绸之路研究院发起了一次留学生民间调查，来自"一带一路"上的 20 国青年票选出心中的中国"新四大发明"，即国家名片：高铁、网购、支付宝和共享单车。

"新四大发明"虽然只能在一定程度上获得专家学者和社会公众的认可，而且也确实存在着很多需要解决和完善的问题，但毋庸置疑的是，它们都直接或间接地影响和改变着我们的经济社会发展和生活工作的点点滴滴。

有句名言："要想富，先修路"。这意味着只有更好地与世界联通，才能更好、更快地发展，可以说"新四大发明"都与我们更好地联通世界有关。高铁"坐地行千里"，解决的是舒适的快速远行的难题，在此基础上，更进一步提升了社会生产力；共享单车则"说走咱就走"，解决的是庞大人口随时随地完成"最后一公里"出行的难题，还顺带锻炼了身体；网购使我们"足不出户买遍天下"；以支付宝为代表的新型支付手段，推动了"储蓄+消费+投资+安全+信用体系"等全方位的金融体系的构建。

资料来源：百度百科。

通过上面案例我们可以看出，在现代社会中，尤其是现代企业中，创新无处不在，创新形态和层次也很丰富。海尔张瑞敏曾在自己的经营思想里提出：创造需求。其实消费者的需求一直存在，甚至有些时候连消费者自己都没有明显地察觉或清晰地描绘出自己的需求。企业如果能提前把这些需求清晰地描绘出来，并用新的形式给予满足，或者将现有技术恰当地融入消费者需求场景中，有时带来的市场空间和价值是难以估量的。比如海尔曾经推出的可以洗地瓜的洗衣机。"新四大发明"中的大部分，在一定程度上主要是将现有技术在消费者的某些需求场景中更好地实现，从而创造出体量庞大的市场。

当然，所谓"新四大发明"，引起一些专家驳斥或反对的主要原因是缺少底层技术创新，因为这些才能使我们的企业乃至国家，在各种竞争中有更好的主动权。可以说，创新能力是现代企业必须具备的基本能力之一。本项目将为大家介绍现代企业创新、新产品开发及价值工程等企业创新方面的内容。

任务 10.1 现代企业创新

10.1.1 中国企业创新现状及意义

根据《新华字典》的解释：创新就是抛弃旧的、创立新的。经济学家约瑟夫·阿罗斯·熊彼特，在《经济发展理论》一书中首次使用创新（Innovation）：新的生产函数的建立，即企业家对生产要素的新组合。

1. 中国企业的创新现状

"中兴事件"是 2018 年发生的影响较大的一次事件，从该事件可以折射出中国企业创新还存在很长的路要走。

2012 年，中兴通讯将一批搭载了美国科技公司软硬件的产品出售给伊朗的电信运营商，这违反了美国的出口限制法规，因为美国政府禁止美国制造的科技产品出口到伊朗。

2016 年 3 月 7 日，美国商务部官方网站披露了其调查员获取的中兴通讯内部文件。同年 3 月 21 日，美国商务部声明称，将向中兴通讯及其子公司发放临时许可，暂时解除对两家公司的出口限制措施。

2017 年 3 月，中兴通讯就 3 项指控服罪，与美国政府签署和解协议，其中包括：支付 8.92 亿美元罚款，惩戒相关员工，设定为期 7 年的考察期。

2018 年 6 月 7 日，美国商务部正式宣布与中国中兴通讯公司达成新和解协议。但中兴公司需要支付 10 亿美元罚款，另需准备 4 亿美元交由第三方保管。"中兴事件"正式尘埃落定。

中兴事件是一个个例，但这样一个大公司，如果没有美国的芯片、美国的操作系统，将立即进入"休克"状态，甚至西方媒体曾预言中兴会在三周内破产。这个案例发生在 2018 年，深刻地折射出中国企业的创新能力、创新层次还亟须提升，我们不但要做"中国制造"，我们更要做"中国创造"。

> **小资料**
>
> 有专家也提出了"新的圈地运动"的观点，西方发达国家通过"技术专利化，专利标准化，标准垄断化"，对以中国为代表的发展中国家和市场进行了新的圈地运动，这些国家的跨国公司先进行"专利圈地"，即在产品进入中国市场之前首先到我国抢注专利，形成专利包围圈，然后放水养鱼，即有意放任国内某些企业用其知识产权，一旦这些企业发展到一定规模，它就依法提起诉讼，要求高额索赔。

2. 中国企业创新的意义

面对21世纪经济全球化、信息化和高新技术的迅猛发展，创新已日益成为一个国家和民族兴旺发达的关键因素。企业是国家创新主体的重要组成部分，创新是企业发展的持久动力。这是世界发展的趋势，现代企业必须面对和跟上这个潮流。在现实中，现代企业之间的竞争本质上是企业创新能力的竞争。

在当今竞争激烈的市场环境下，任何企业都不可能将自己的发展和未来寄托于某一项重大发明而长居安乐。如果存在"毕其功于一役"的想法，只能使企业停滞、衰退，最终被市场淘汰。一个企业有没有前途和希望，取决于这个企业有没有积极向上、开拓进取的创新精神。

越来越多的资料显示，在这个充满机遇和挑战的世纪，企业的创新能力决定了企业的发展，乃至国家的兴衰。现实情况是，随着市场竞争的加剧，企业开拓新市场的核心或战略手段就是技术创新、产业创新、产品创新等。

在这样的背景下，我国企业普遍存在创新意识薄弱、自主创新能力差、企业科技进步水平低、专利少而且缺乏保护意识等许多问题，这在很大程度上制约了我国企业参与国际竞争的能力。

> **小资料**
>
> 2017年11月，由汇丰中国、第一财经、浙江大学等多家单位合作发布了《中国企业创新发展报告2017》，以1 264家A股上市公司作为样本，对中国企业的创新能力进行了一次分析。报告提出，由世界知识产权组织、美国康奈尔大学、英国国际商学院共同发布的2016年全球创新指数显示：中国首次跻身世界最具创新力的经济体前25位。中国企业已经不仅仅在照搬国际上的创新套路，"创新"实践本身也在中国被不断地创新。
>
>
> 资料来源：浙江大学官网
> 二维码材料：10-1《中国企业创新发展报告2017》

10.1.2 企业创新的内容

1. 观念创新

在所有企业创新领域，观念创新应该放在最重要的地位，因为观念是指导企业经营行为最重要的基础,不具备创新的观念,很难采取创新的行动。

(1) 观念创新的含义

所谓观念创新,是指在思想上要敢于挑战传统、超越前人、否定自我。中国人受传统儒家思想影响较大,普遍具有保守、谨慎的性格特征,从这个角度来说,这对我们企业进行观念创新提出了考验。

(2) 观念创新的内容

观念创新的内容主要涉及以下几个方面。

① 观念创新首先要提高企业领导者和员工的素质,尤其是企业领导者的素质。通过培训、教育、到国内外先进企业观摩等再学习手段和方式,提高企业中人的知识、能力、视野、意识等方面的素质水平,这是观念创新的基础。

② 观念创新要求企业领导者对自己企业有一个清醒、准确的认识和定位。随着新经济时代和经济全球化时代的到来,企业面临的市场新空间、新增长点也不断增加。企业领导者必须好好审视自己的企业,准确定位,以便更好地组织和利用资源。

③ 观念创新就是要对未来市场有一个清醒、准确的认识和定位。成功的企业都是对市场发展有预见性的企业,没有一家企业是突然莫名其妙成功的。例如,海尔就是经过果断决策、准确定位,并经历了 20 多年的发展,才成为世界最有影响力的品牌之一。企业家做事情要有一种"先知先觉",要能在商机没有形成之前就看到机会。

④ 观念创新要有全球化意识。在目前的经济形势下,企业不能再像过去那样固守本地,辐射全国,而是要重新设定参照系,以更开阔的视野来规划企业的未来。如果以前开拓市场用的是全国地图,那么现在开拓市场就要拿着世界地图了。

2. 体制创新

观念创新解决的是人的问题,而体制创新则是解决企业组织的问题。通过体制创新,使具有高素质的人能有机地结合在一起,发挥出最大的创新能力。

(1) 体制创新的含义

所谓体制,是指企业的体系制度,即企业中的资源以什么样的方式组合在一起,以什么样的制度来规范和约束,从而使企业更好地赢得市场,获得长远的发展潜力和竞争优势。

体制创新就是要在企业中形成一种更有助于企业目标实现的管理体制。时至今日,我国很多企业的运行体制仍不够完善,严重阻碍了企业中人的创新能力和积极性的发挥。

小资料

2018 年 7 月 9 日,小米集团在香港交易所主板上市。作为以手机起家的互联网公司,小米集团的上市引发诸多关注,细心的人也许会在香港交易所网站上发现小米集团的股票代码是 W(1810),那么这个"W"是什么意思呢?其实,这个 W 指代的是"Weighted Voting Right"(WVR),也就是"同股不同权",这是香港交易所发布的 IPO 新规,允许"同股不同权"公司上市,同时允许尚未赢利的生物科技公司赴港上市。该新规自 2018 年 4 月 30 日生效,自此拉开了"独角兽"企业赴港上市的序幕。小米集团是港交所第一只"同股不同权"的股票,所以也是第一个带"W"子母的股票代码。

所谓"同股不同权"指的是同样的股票份额拥有不一样的表决权,又称双重股权结构、AB股结构。"同股不同权"的公司股票分高、低投票权两种类型,高投票权的股票每股有2票至10票的投票权,称为B类股,一股一票甚至没有投票权的称为A类股,高投票权的股票一般由管理层持有。这样的制度设计可以让创始人在持股较少情况下继续控制公司,确保公司的正确发展方向。

"同股不同权"是在《中华人民共和国公司法》第四十二条下的一种公司治理体制创新,是对科技企业、创业公司及其创始人的支持和保护。

(2) 体制创新的内容

根据目前我国企业存在的问题,体制创新应从以下几个方面入手。

① 完善现代企业制度。现代企业制度(其主体是公司制)是我国大力发展的企业制度形态。虽然许多企业已经实现了改制或改革,成立了各种各样的公司制企业,但大多数运行并不规范。例如,出现了一些上市公司暴露出财务丑闻、独立董事不独立等现象。因此,切实按照现代企业制度去组织企业,规范企业制度和运行是当务之急。

② 引入更合理、更有激励性的分配制度。要从国情出发,建立适合我国企业的更加合理、更加充满激励性的分配制度,包括企业经营管理者的分配制度、企业技术人员的分配制度、企业员工的分配制度等。切不可照搬照抄西方企业的做法,东施效颦。

③ 建立化解风险的防范制度。创新是对未来的一种开拓和创造,而企业体制创新是对企业资源的一次创造性的重组,那么必然伴随着一定的风险。在风险防范和化解方面,目前也做了一些尝试。例如,最近有关部门出台了国有企业决策失误责任追究制,规定企业重大决策要经民主讨论通过,如果出了问题,要追究当时投赞成票的人的责任。但更多制度上的缺陷,还需要我们进一步完善。

④ 建立其他相关制度。建立一系列与创新有关的制度。例如,朗讯公司设计了一种鼓励员工提建议的日常管理制度,执行得一丝不苟、善始善终,获得了良好的效果。

3. 管理创新

(1) 管理创新的作用

现代经济理论认为,劳动者、劳动手段和劳动对象是生产力中的三物质要素,科学技术和管理是两非物质要素。科学技术的作用只有融会到三物质要素中,才能产生乘数效应,从而形成第一生产力的效果。管理能使生产力的三物质要素有机地结合在一起,形成现实生产力,充分发挥生产力的真正作用。

(2) 管理创新的内容

知识经济、信息化时代,企业管理必须创新,这主要体现在以下四个方面。

① 人性化管理。大量事实表明,知识经济管理的重点不在于知识本身,而在于对知识的创造者和载体——人的管理上。对于具有创新能力的人来讲,他们追求更多的是事业上的发展和满足,以及获得尊重和社会归属感。因此,现代管理中必须融入更多的人性化管理手段和方式。例如,通过一次活动、一次旅游来增强员工的凝聚力和归属感等。

② 价值化管理。价值化管理就是要特别注重企业无形资产的管理,致力于无形资产

的增值。在知识经济时代,企业不仅仅是知识型产品的创造者,同时更是一个强大品牌、社会责任承担者形象等无形资产的创造者,这会给企业带来更加有利的顾客印象。

> **小资料**
>
> 华为技术有限公司是一家生产销售通信设备的民营通信科技公司,其核心价值观是:成就客户、艰苦奋斗、自我批评、开放进取、至诚守信、团队合作。同时华为秉承著名的"狼性文化",在这一价值观指引下,华为终于成了全球领先的信息与通信技术(ICT)解决方案供应商。

③ 信息化管理。知识经济的时代,也是信息爆炸的时代。企业应借助于现代先进的信息和网络技术,如计算机软件和硬件技术、网络技术、通信技术等,挖掘、利用企业内外各种信息资源,真正实现"运筹于键盘之间,决胜于千里之外"。

④ 全球化管理。经济全球化决定了企业应以国际化的视野去进行运作,充分利用全球化资源,建立最佳的技术中心、培训中心和信息中心,采用更加适合全球化管理的企业组织结构,如事业部制、矩阵制、模拟分权制等。

4．技术创新

(1) 技术创新的含义

技术创新一般是指以获取商业利益为目的,通过技术革新,推出新材料、新工艺、新方法、新产品等,抓住市场赢利机会的一系列活动。

技术创新不同于发明创造,前者属于经济行为,后者属于科技行为;前者是将创新成果进行产业化,以便为社会带来更好的产品,也为企业创造更多的利润。

(2) 技术创新的内容

技术创新的内容主要涉及以下几个方面。

① 认清企业技术创新的基础。对企业现实的基础能力和未来市场的发展进行分析预测,选择最适合企业未来发展战略的技术创新方向。

> **小资料**
>
> 2018年3月5日,李克强总理代表国务院向第十三届全国人大一次会议作政府工作报告。报告中,"创新"出现了53次,"科技"提了14次。在过去的五年里创新驱动发展成果丰硕:
>
> 1. 全社会研发投入年均增长11%,规模跃居世界第二。
> 2. 科技进步贡献由52.2%提高到57.5%。
> 3. 日均新设企业由5 000多户增加到1.6万多户。

资料来源:中华人民共和国中央人民政府官网

二维码材料:10-2 2018年《政府工作报告》

② 明确企业技术创新的方式。根据资料,企业在技术创新过程中,按照优先级常采取的方式依次为自主开发、与国内高校或科研院所合作开发、与国内其他企业合作开发、国内引进、国外合作开发或引进。可见,企业当前实现技术创新的方式以自主开发为主。

③ 设立相应机构,培养创新人才。例如,越来越多的中国企业开始重视研究所、研究院、实验室建设,大力与科研院所、高校进行融通创新,如春兰集团,就联合南京理工大学、上海理工大学等国内知名高校成立了春兰学院,融合了高校的教育资源和企业的实践资源,专门为春兰集团培养专业技术人才。

10.1.3 TRIZ 创新管理

1. TRIZ 的发展状况

（1）TRIZ 的产生

TRIZ 理论又称萃智理论、发明问题解决理论,是苏联创新发明家和创新理论家根里奇·阿奇舒勒（Genrieh Altshuller）及其团队自 1946 年开始,在分析研究了世界各国 250 万件专利的基础上,经过不断地研究探索而总结创立的一套完整的技术系统进化理论和技术矛盾解决方法。阿奇舒勒坚信发明问题的基本原理是客观存在的。这些原理不仅能被确认也能被整理而形成一种理论,掌握该理论的人不仅能提高发明的成功率,缩短发明的周期,也可使发明问题具有可预见性。

> **小资料**
>
> TRIZ 的俄文拼写为 теории решения изобрет-ательских задач,俄语缩写"ТРИЗ",翻译为"发明问题解决理论",用英语标音可读为 Teoriya Resheniya Izobreatatelskikh Zadatch,缩写为 TRIZ。英文翻译为：Theory of Inventive Problem Solving,缩写为 TIPS,其意义为发明问题的解决理论。

通过对大量专利的分析,阿奇舒勒得出了以下三条发现。
① 创新的规律性——类似的问题与解在不同的工业及科学领域交替出现。
② 他山之石,可以攻玉——技术系统进化的模式在不同的工程及科学领域交替出现。
③ 拓宽思路、打破思维定式——创新所依据的科学原理往往属于其他领域。

TRIZ 理论属于苏联的国家机密,在军事、工业、航空航天等领域均发挥了巨大作用,成为苏联创新的"发动机",成为创新的"点金术"。

苏联的一些外籍科学家陆续迁徙海外才将 TRIZ 理论逐渐公布于众,TRIZ 理论系统地传入西方,在美、欧各地得到了广泛的研究与应用,在亚洲的日本和韩国也得到广泛重视。

目前,TRIZ 已成为最有效的创新问题求解方法和计算机辅助创新技术的核心理论,正成为许多现代企业创新的独门暗器,TRIZ 可以轻易解决那些"看似不可能解决的问题"并形成专利,提升企业的核心竞争力,从"跟随者"快速成长为行业的技术"领跑者",让创新就像做算术题一样轻松简单。

（2）TRIZ 在中国的应用

在中国,20 世纪 80 年代中期,个别科研人员在研究专利时已经了解到了 TRIZ 理论。1990 年 10 月天津大学牛占文教授发表于《中国工程机械》上的介绍性文章,标志着 TRIZ

理论开始进入中国。

在 1997 年前后，中国少数学者在参加国际会议的时候再次接触了 TRIZ，并自发予以研究，在某些专业开设了小范围的 TRIZ 选修课。

近年来，TRIZ 理论逐渐得到国内诸多科研机构、公司和专家的更广泛的重视。

> **小资料**
>
> 我国部分企业采用了 TRIZ 理论方法，取得了显著的效果。中国一航集团利用 TRIZ 理论和 CAI 技术相结合，解决了飞机壁板减重的问题，打破了遏制航空业发展的技术瓶颈；中兴通讯公司引入了 TRIZ 体系，攻克了 21 个技术难题，有 6 个项目申请了专利。

有专家认为，TRIZ 研究与实务在我国发展经历了三个阶段：20 世纪 80 年代是个体行为，2001 年出现企业行为，2007 年起成为国家和政府行为。TRIZ 的发展可以分为"框架建立"（包括苏联经典时期和美国发展改进时期）、"产业扩散"（包括部分局部扩散和产业扩散）和"范式形成"三个时期。美国等发达国家对于 TRIZ 研究与实务处于产业扩散阶段，我国台湾地区已进入局部扩散阶段。而中国大陆处于引进消化吸收阶段，还有许多研究与实践的空间。

2．TRIZ 的理论体系

发明问题解决理论的核心是技术进化原理。根据这一原理，技术系统一直处于进化之中，解决矛盾是其进化的推动力。进化速度随技术系统一般矛盾的解决而降低，使其产生突变的唯一方法是解决阻碍其进化的深层次矛盾。阿奇舒勒依据世界上著名的发明，研究了消除矛盾的方法，他建立了一系列基于各学科基础知识的发明创造模型。这些模型包括发明原理（Inventive Principles）、发明问题解决算法（Algorithm for Inventive Problem Solving, ARIZ）及标准解（TRIZ Standard Techniques）等。在利用 TRIZ 解决问题的过程中，设计者首先将待设计的产品表达成为 TRIZ 问题，然后利用 TRIZ 中的工具，如发明原理、标准解等，求出该 TRIZ 问题的普适解或称模拟解（Analogous Solution），最后设计者再把该解转化为该领域的解或特解。

（1）TRIZ 的核心思想

TRIZ 理论的核心思想主要体现在以下三个方面：

① 无论是一个简单产品还是复杂的技术系统，其核心技术的发展都是遵循着客观规律发展演变的，即具有客观的进化规律和模式。

② 各种技术难题、冲突和矛盾的不断解决是推动这种进化过程的动力。

③ 技术系统发展的理想状态是用最少的资源实现最大数目的功能。

对比传统的创新方法，TRIZ 理论具有鲜明的特点和优势。它成功地揭示了创造发明的内在规律和原理，快速确认和解决系统中存在的矛盾，而且它是基于技术的发展进化规律研究整个产品发展过程。因此，运用 TRIZ 理论可大大加快发明创造的进程，提升产品创新水平。

相对于传统创新方法，TRIZ 理论具有鲜明的特点和优势。它成功揭示了创造发明的内在规律和原理，快速确认和解决系统中存在的矛盾，而且它是在技术的发展进化规律及整个产品发展过程的基础上运行的。因此,运用 TRIZ 理论可大大加快发明创造的进程,提高产品创新速度。

(2) TRIZ 的理论体系

一般,我们常常用图 10.1 表示 TRIZ 的理论体系。

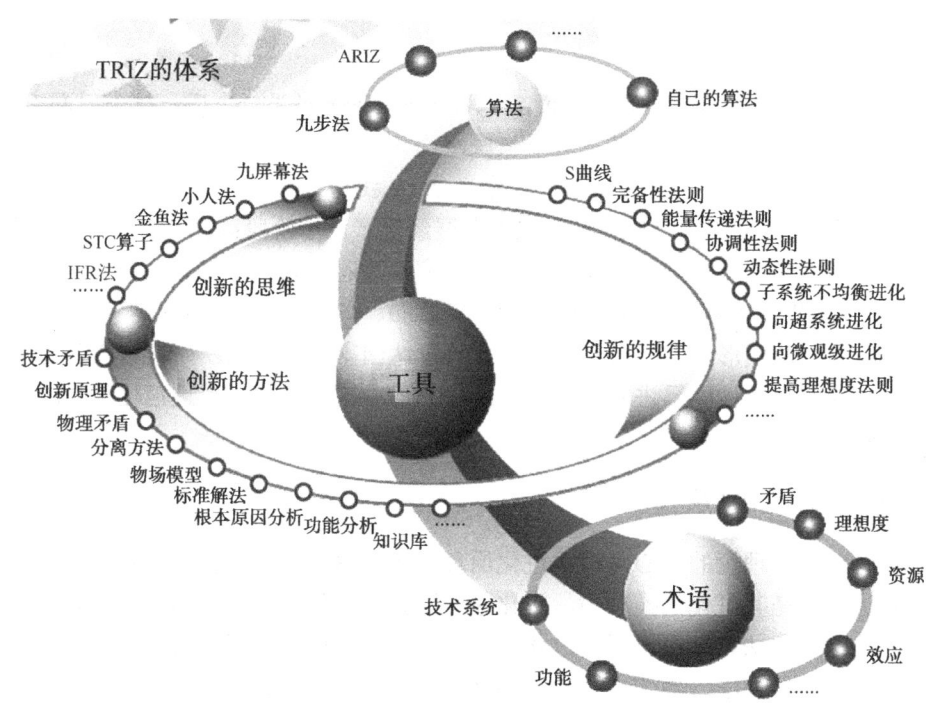

图 10.1　TRIZ 的理论体系

通过图示,现代 TRIZ 理论体系主要包括以下几个方面的内容。

① 创新思维方法与问题分析方法。TRIZ 理论中提供了如何系统分析问题的科学方法,如九屏幕法、小人法、金鱼法、STC 算子、IFR 法等;而对于复杂问题的分析,则包含了科学的问题分析建模方法——物-场分析法,它可以帮助快速确认核心问题,发现根本矛盾所在。

② 技术系统进化法则。针对技术系统进化演变规律,在大量专利分析的基础上,TRIZ 理论总结提炼出 8 个基本进化法则。利用这些进化法则,可以分析确认当前产品的技术状态,并预测未来发展趋势,开发富有竞争力的新产品。

③ 技术矛盾解决原理。不同的发明创造往往遵循共同的规律。TRIZ 理论将这些共同的规律归纳成 40 个创新原理,针对具体的技术矛盾,可以基于这些创新原理、结合工程实际寻求具体的解决方案。

④ 创新问题标准解法。针对具体问题的物-场模型的不同特征,分别对应有标准的模型处理方法,包括模型的修整、转换、物质与场的添加等。

⑤ 发明问题解决算法 ARIZ。主要针对问题情境复杂,矛盾及其相关部件不明确的技术系统。它是一个对初始问题进行一系列变形及再定义等非计算性的逻辑过程,实现对问题的逐步深入分析,问题转化,直至问题的解决。

⑥ 基于物理、化学、几何学等工程学原理而构建的知识库。这样的知识库可以为技术创新提供丰富的方案来源。

3．TRIZ 的应用步骤

（1）创新等级

阿奇舒勒通过对 250 万个专利进行研究分析发现，各国家不同的发明专利内部蕴含的科学知识、技术水平都有很大的区别和差异。以往，在没有分清这些发明专利的具体内容时，很难区分出不同发明专利的知识含量、技术水平、应用范围、重要性、对人类的贡献大小等问题。因此，把发明专利依据其对科学的贡献程序、技术的应用范围及为社会带来的经济效益等情况，划分一定的等级加以区别，以便更好地推广应用。按照这个思路，可以根据创新程度的不同，将这些专利技术解决方法分为 5 个"创新等级"，如表 10.1 所示。

表 10.1　创新等级划分及知识领域

创 新 级 别	创新的程序	比　　例	知 识 来 源	参考解的数量
1	明确的解	32%	个人的知识	10
2	少量的改进	45%	公司内的知识	100
3	根本性的改进	18%	行业内的知识	1000
4	全新的概念	4%	行业以外的知识	10 000
5	发现	<1%		100 000

对于第 1 级阿奇舒勒认为不算是创新，而对于第 5 级，他认为"如果一个人在旧的系统还没有完全失去发展希望时，就选择一个完全新的技术系统，则成功之路和被社会接受的道路是艰难而又漫长的。因此，发明几种在原来基础上的改进是更好的策略"。他建议将这两个等级排除在外，TRIZ 工具对于其他 3 个等级创新作用更大。一般来说，等级 2、等级 3 称为"革新"（Innovative），等级 4 称为"创新"（Inventive）。

（2）TRIZ 解决问题的方法和流程

TRIZ 解决问题的方法和流程如图 10.2 所示。

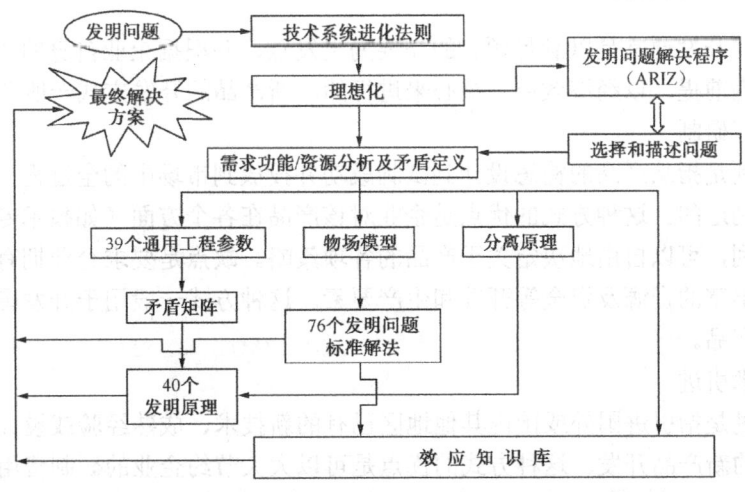

图 10.2　TRIZ 解决问题的方法和流程

任务 10.2　新产品开发管理

10.2.1　新产品的概念与分类

1. 新产品的概念

目前，关于新产品还没有完全统一的定义，但我们可以这样来理解新产品：在一定地域内从未被生产过的具有一定性质的产品。

新产品在结构、性能、材质、技术特征、制造工艺等方面比老产品有显著改进或提高，或具有独创性、先进性、实用性，能为企业带来新的经济效益。对于那些在产品结构、性能等方面没有改变，只是外观装潢包装等方面改进的产品，我们认为不是新产品。

新产品的研发是企业生存和发展的战略重点之一，是企业研发战略的主要内容。

2. 新产品的分类

① 按照地区可分为国际新产品、国家新产品、省市自治区新产品等。

② 按照与老产品的对比，可将新产品分为全新产品、换代新产品和改进新产品。全新产品，是指采用科学技术的新发明所生产的与原有产品不同的产品。换代新产品，一般是指产品的基本原理不变，部分地采用新技术、新结构或新材料，从而使产品的功能、性能或经济指标有显著改进。改进新产品，又称老产品的改进，是指在原有产品基础上采用各种改进技术，对产品的功能、性能或型号、花色进行局部改善而制成的产品，包括在基型产品基础上派生出来的变型产品。

10.2.2　新产品的开发

1. 新产品的开发方式

新产品的开发通常是以满足顾客的需要为出发点，并根据企业自身的资金、技术、设备的条件为前提，以经济效益为核心来进行的。新产品的开发方式一般有以下几种。

（1）自行研制

自行研制是指从产品的构思设计到试制成功并投放到市场中的全过程，都是由企业独立研究和制造的。这种方式的优点是企业对该产品在各个方面（如技术专利等）都拥有绝对的权利，可以自由地决定关于产品的各项策略。缺点是要求企业拥有比较强大的技术力量、丰富的资源及资金等开发和生产要素。这种方式一般用于开发国内外从未生产过的新型产品。

（2）技术引进

技术引进是指引进国外或国内其他地区已有的新技术、成熟经验或设计图纸等，将其用于自己的新产品开发。这种方式的优点是可以大大节约企业的研制费用和时间，尽快将新产品研发出来并投放到市场中。缺点是企业在获得其他方面的新技术和成熟经验时，可能要付出比较大的代价，同时比较被动。

（3）自行研制与技术引进相结合

自行研制与技术引进相结合是指企业在对引进的技术和经验消化吸收的基础上，将其与本企业新产品研发活动结合起来，不断创新，进而开发出完全具有自主产权的新产品。

2．新产品的开发程序

新产品开发流程是企业用于构想、设计和商业化一种产品的步骤或活动的序列，一般程序如图 10.3 所示。

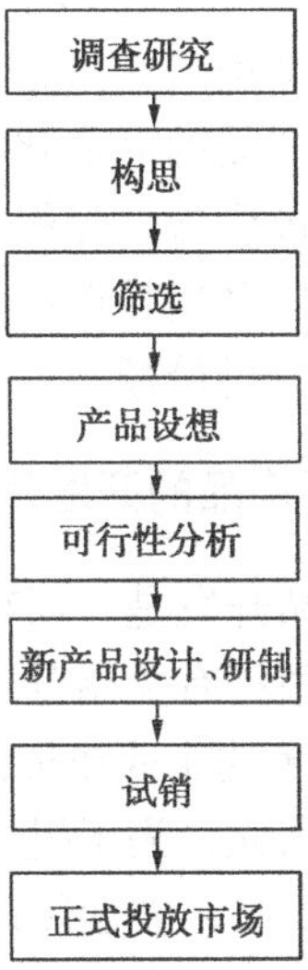

（1）调查研究

根据企业的经营目标、产品开发策略和企业各方面的资源条件，通过调查研究，确定新产品开发的方向和目标。

一般情况下，调查的内容有两个方面：一是要对市场状况进行调查，了解顾客对现有产品的意见和改进要求，以及顾客需求的变化趋势和影响因素；二是要对目前科学技术状况和发展趋势进行调查了解，掌握关于企业可以利用的科学技术的状况，特别是新技术、新工艺、新材料、新设备等的发展状况，这对新产品开发非常有帮助。

（2）构思

图 10.3　企业新产品的开发程序

根据调查了解到的信息，充分考虑顾客需求和竞争对手的动向，提出开发新产品的初步设想和构思创意，并形成多个构思创意方案。一般情况下，研发人员可从下列途径获得一些灵感：顾客需求建议、博览会、展览会、企业内部员工的建议、专业情报资料等。

> **小资料**
>
> 3M 公司的商业记录纸分部的研究开发部门曾经开发了随意贴的黏性部分，并申请了专利。实际上，一年前该部门的一位员工在唱歌时就认识到了黏性纸的用途。他以前一直用曲别针和小纸条夹在圣歌书里作为标记，但是曲别针弄坏了他的书，小纸条也总是滑落。最后的解决办法就是在小纸条上加上黏性物质。

（3）筛选

根据对市场和企业实际状况及趋势的分析，对形成的构思创意方案进行筛选，从中剔除没有必要或没有可能的构思创意方案。

（4）产品设想

根据确定下来的构思创意方案，对新产品进行具体化和形象化处理。

（5）可行性分析

从技术、经济、市场条件、社会环境等方面对产品设想进行可行性分析，最终判断开发某一种新产品是否可行。

（6）新产品设计研制

通过可行性分析选定了最佳产品设想之后，要制作样品。经过从设计研制到试验，再改进，再设计研制，再试验，发展成为各方面可行的现实产品。

（7）试销

制造少量正式产品，经过周密筹划和精心组织，投放到一定范围内的市场进行试销，以检验在正常销售条件下，新产品的市场反应。当然，并非所有的新产品都需要试销。

（8）正式投放市场

经过试销，如果证实新产品比较成功，就可以进行批量生产，并批量投放市场，这就是新产品的商业化。同时，通过对技术、设备等的投资，提高产量，降低新产品成本；通过广告、促销等手段，在短时间内唤起并刺激顾客的购买欲望，并逐步由扩大产品的知名度转向提高美誉度；通过适当的市场策略，形成对竞争对手的威胁，并逐步抢占市场份额。

3．新产品的开发管理

新产品开发是一项艰巨而复杂的工作，不仅要求企业投入大量资金，还要承担一定的风险。根据有关调查资料，新产品的开发，从构思到投入市场，平均成功率大约只有1%。相当多的企业在推出一个新产品的同时，更多的新产品在开发过程的某个环节就被否定了。因此，为了提高新产品开发的效率和效果，企业必须重视新产品开发管理。

一般而言，企业新产品开发管理包括以下四个方面的内容。

（1）制订新产品开发计划

企业进行各项工作之前，都会制订相应的计划，新产品开发管理也不例外。

新产品开发计划一般包括新产品研究计划、新产品试制计划、新产品技术准备计划三部分，通过这些计划要确定开发方式、安排开发进度、明确各项工作的具体内容及职责。

（2）加强新产品设计管理

产品设计工作是保证产品质量、实现新产品目标的重要手段，是投产后企业有良好的生产秩序的保证。企业对新产品设计管理的基本要求是：技术上必须是先进的；具有良好的经济效益；符合我国国情及市场状况；尽量提高新产品标准化、系列化、通用化水平等。

（3）加强新产品工艺管理

所谓工艺，是指生产者利用生产工具，对原材料、半成品进行加工或处理，最后使之成为产品的方法。

工艺管理是保证新产品试制和正式生产时达到设计要求、指导工人操作、保证产品质量的重要基础工作。工艺管理一般包括工艺准备工作、工艺装备准备工作、日常工艺管理等。

（4）新产品试制与鉴定

新产品试制一般有样品试制和小批试制两种方式。试制完成后，要对新产品样品进行鉴定，包括检验新产品是否符合各种技术标准、工艺工装是否合理、产品质量是否达到要求、技术经济效果如何等。鉴定中发现问题要及时解决改进，以作为新产品定型和正式投产的基础。

10.2.3 新产品开发中的知识产权问题

企业的新产品开发一般与技术创新密切相关，这就会涉及知识产权有关的问题。

所谓知识产权，是指人类智力劳动产生的智力劳动成果所有权。照我国相关法律法规，知识产权一般分为版权和工业产权两类，前者指的是著作权人对其文学作品、艺术、科学工程作品等享有的署名、发表、使用以及许可他人使用和获得报酬等的权利；后者指的是专利、商标、服务标记、厂商名称、货源名称或原产地名称等的独占权利。版权、专利、商标是知识产权的三大支柱，也是知识产权纠纷中最常见的情况。下面只介绍工业产权，主要是专利和商标。

1．专利技术

企业在新产品开发前，可能会引进其他企业的专利技术，或企业在新产品开发完成后，形成自己的各种专利技术，对于专利技术的利用和保护，是企业需要注意的一个问题。

（1）专利权

所谓专利权，是指发明创造人对其依法被授予专利的发明、实用新型和外观设计所享有的权利。发明创造者在规定的时间内对其享有独占使用权，在这一规定的时间内，任何自然人、法人、其他组织，未经其许可，均不得使用其发明创造。

（2）专利权的分类

依照《中华人民共和国专利法》的规定，我国国务院专利行政管理部门授予的专利有以下三种。

① 发明专利，是指因对产品、方法或者其改进所提出的新的技术方案而获得的专利。发明专利包括"产品发明专利"和"方法发明专利"两大类，同时也可以是因现有产品或者方法进行改进而获得的专利。

② 实用新型专利，是指因对产品的形状、构造或者结合所提出的适于实用的技术方案而获得的专利，也专指由具有一定形状、构造的产品设计方案而获得的专利。

③ 外观设计专利，是指由对产品形状、图案或者其结合以及色彩与形状、图案的结合所做出的富有美感并适于工业应用的新设计而获得的专利。它具有以下特点：是与产品相结合的外观设计；能在工业上应用的外观设计；能给人以美的享受的外观设计。

（3）专利权的期限

专利权期限依不同的专利分为以下两种，当期限届满时均不得续展。

① 发明专利：期限为 20 年。

② 实用新型专利和外观设计专利：期限为 10 年。

在下列三种情况下专利权会失效，这时企业可以考虑无偿使用该专利。

① 当专利权到期时。
② 当专利持有者未按规定缴纳年费时。
③ 当专利持有者以书面声明放弃其专利权时。

2. 专有技术

专有技术是指未申请专利的技术知识、技巧和经验等，也称为技术诀窍。

专有技术必须具备以下几个条件：能在一定范围内应用，并有良好的应用效果；能够进行鉴别和鉴定，并能用文字、资料或图表来表达、传授和转让；技术引进方使用该项专有技术能够制造出新产品，并达到规定的技术质量要求；具备新颖性、实用性、价值性、保密性等特点。

专有技术和专利技术的相同之处在于：技术持有者都拥有技术的所有权，其他任何个人或机构都要经过技术持有者同意方能使用该技术。不同之处在于：专利技术是公开的，而专有技术是保密的。专利技术在专利期内是受法律保护的，而专有技术不受法律保护。相比较而言，企业获得专有技术比获得专利技术要难，因为企业很容易知道专利的内容及持有者是谁，而专有技术往往是保密的，外界很难获知内在本质内容。例如，可口可乐的配方就是最典型的专有技术的例子。

3. 商标

（1）商标的含义

我国对商标的定义为：商标（Trademark）是指生产者、经营者为使自己的商品或服务与他人的商品或服务相区别，而使用在商品及其包装上或服务标记上的由文字、图形、字母、数字、三维标志和颜色组合，以及上述要素的组合所构成的一种可视性标志。

世界知识产权组织（World Intellectual Property Organization，WIPO）对商标的定义为：商标是用来区别某一工业或商业企业或这种企业集团的商品的标志。

商标在一定程度上是穿在新产品外面的盛装，它能让顾客很容易识别出不同的产品，甚至能刺激顾客购买某种产品的欲望。

（2）常见的商标标志

经常使用在商标上的符号如下。

① R——注册符。这是我们日常生活中最常见的商标标志，是当商标持有者向国家商标局或其他国际商标申请机构提出申请并获得核准注册的商标。

在我国，一般注册标记为"注"或"R"。其中，"注"是汉语"注册"的简称，而"R"是英语"Registration"（注册）一词的字头，这一标记在世界范围内通用。

商标经向有关部门注册后成为注册商标，一次注册的有效期只有10年，但权利人可以通过申请续展使权利无限延长。如果无正当理由连续3年不使用，就有可能被撤销注册。

② TM——商标符。商标符指已经向商标局登记（申请注册），或持有人声明拥有权利的商品商标，常用于实体产品商标。

如果未注册商标不想让人误认为是商品名称或装潢，可以使用"TM"标记。字母"TM"

是英文"Trademark"（商标）的缩写。

③ SM——同 TM 商标符，但常用于服务商标。

英特尔公司商标的例子如图 10.4 所示。其中有该公司的注册商标，如 intel®；也有未注册商标，如 CORE™、酷睿™。

（3）企业对商标的利用

企业对商标的利用，可以采取以下三种策略。

① 企业可以为自己的新产品设计或注册新的商标，使其成为市场上具有独一无二标志的产品，以同竞争对手的同类产品区别开来，从而形成自己的品牌，便于顾客选购。

图 10.4　英特尔公司产品商标标志

② 企业也可直接利用现有的商标，利用已有商标的市场知名度或美誉度来推广新产品。如现在我们常常听到的贴牌生产，就是一个企业将自己的产品贴上其他企业的商标（一般是著名商标），然后投放到市场。例如，大唐手机就是由 SHARP 提供元件、深圳天时达公司生产、大唐公司贴牌销售的。

③ 企业还可以和其他企业形成战略联盟，借助于其他同类企业的美誉度较高的商标品牌，来推广自己的新产品。例如，中国的 TCL 集团为了避开美国对中国家电企业的贸易壁垒和反倾销制裁，和美国的汤姆逊公司建成战略联盟。由 TCL 生产的、在美国本土销售的家电产品全部冠以汤姆逊的商标标志，从而使企业成功地避开了贸易壁垒，为企业赢得了有利的市场地位。

任务 10.3　价值工程

10.3.1　价值工程的概念和基本原理

1．价值工程的产生

价值工程，即 Value Engineering，简称 VE，是现代被广泛采用的一种思想方法，同时也是一种技术经济方法，产生于 20 世纪 40 年代后期的美国。

在第二次世界大战期间，美国市场原材料供应十分紧张，通用电气（GE）急需石棉板，但该产品的货源不稳定，价格昂贵，时任 GE 工程师的麦尔斯（L.D.Miles）开始针对这一问题研究材料代用问题，通过对公司使用石棉板的功能进行分析，发现其用途是铺设在给产品喷漆的车间地板上，以避免涂料沾污地板引起火灾，后来，麦尔斯在市场上找到一种防火纸，这种纸同样可以起到以上作用，并且成本低，容易买到，取得很好的经济效益。这是最早的价值工程应用案例。

通过这个改善，麦尔斯将其推广到企业其他的地方，对产品的功能、费用与价值进行深入的系统研究，提出了功能分析、功能定义、功能评价以及如何区分必要和不必要功能并消除后者的方法，最后形成了以最小成本提供必要功能，获得较大价值的科学方法，1947 年其研究成果以《价值分析》发表。

之后，价值工程在工程设计和施工、产品研究开发、工业生产、企业管理等方面取得了长足的发展，产生了巨大的经济效益和社会效益。世界各国先后引入和应用推广，开展培训、教学和研究。

2．价值工程的含义

2009 年发布的 GB/T 8223.1—2009《价值工程 第 1 部分：基本术语》，将价值工程定义为："通过各相关领域的协作，对所研究对象的功能与费用进行系统分析，持续创新，旨在提高研究对象价值的一种管理思想和管理技术。"这个定义有以下几个方面的内涵。

① 价值工程的对象，是指为获取功能而发生费用的事物，如工程项目、产品、设备、工艺、工作、服务等。

② 价值工程的目的，是以研究对象的最低寿命周期成本可靠地实现使用者所需的功能，以获取最佳的综合效益。

③ 价值工程的基本思想在于：在可靠地实现使用者所需功能的前提下，努力寻求寿命周期成本最低的创新方案，以达到合理、有效地利用资源提高对象价值的目的。

> **小资料**
>
> 我国 1987 年制定了关于价值工程的国家标准 GB 8223—1987《价值工程 基本术语和一般工作程序》，该标准规定了价值工程的基本术语、定义和一般工作程序。2009 年发布的 GB/T 8223.1—2009《价值工程 第 1 部分：基本术语》代替 GB/T8223—1987《价值工程 基本术语和一般工作程序》的基本术语部分内容。

二维码材料：10-3　GB/T 8223《价值工程 基本术语和一般工作程序》

3．价值工程中的功能与成本

（1）功能

① 功能的概念。价值工程中研究的功能是指对象满足用户某种需求的一种属性。具体而言，所谓功能，是指对象的作用和能力。任何产品（有形和无形）都具有功能。例如，钟表的功能是显示时间，钢笔的功能是书写，音乐的功能是精神享受等。

② 必要功能。所谓必要功能，是指研究对象为满足用户的需求而必须具备的功能，也就是使用者所要求并承认的功能。必要功能是从用户的角度出发考虑的，而不是仅仅根据设计者的想象和主观认定。与必要功能相对的，就是产品中实际存在的某些功能与满足用户需求无关，这就是不必要功能。价值工程研究的重点之一就是对产品实际存在的不必要功能在改进设计时予以分析和消除，进而为用户提供更好的必要功能。

（2）成本

价值工程中的成本指的是寿命周期成本。产品的寿命周期是指从产品构思设计、生产制造、销售、用户使用到产品退出使用为止的整个时期。一般分为生产和使用两个阶段。

产品在寿命周期内所需的全部费用称为寿命周期成本，或寿命周期费用。与寿命周期相对应，产品的寿命周期成本包括生产成本和使用成本。生产成本发生在企业内部，包括研究设计、生产制造等所需的费用，也称为厂内成本。对用户而言，生产成本是其购置产品所需购置费用的主要部分。使用成本是用户在使用产品过程中所支付费用的总和。

$$\text{产品寿命周期成本} = \text{生产成本} + \text{使用成本} \tag{10-1}$$

由于人们习惯上把成本称为费用，因此从用户角度考虑，式（10-1）可表示为：

$$\text{寿命周期费用} = \text{购置费用} + \text{使用费用} \tag{10-2}$$

4．价值工程中的价值及提高价值的途径

（1）价值

价值工程中的"价值"，不同于政治经济学中的"价值"，其实人们在日常生活中经常不自觉地运用到它。例如，人们购买所需要的物品时，总是会考虑"合算不合算""值得不值得"等，其实这就是价值在起作用，也就是人们要考虑这个物品价值的高低。

那么，究竟什么是价值工程中的"价值"呢？所谓价值（V），是指对象所具有的功能（F）与获得该功能的全部费用（C）之比。这里所说的全部费用，即寿命周期费用。价值可用公式表示为：

$$V = \frac{F}{C} \tag{10-3}$$

由式（10-3）可以看出，企业产品价值的大小取决于公式中的比值。比值越大，价值越高；反之，价值越低。产品价值的高低表明产品合理、有效利用资源的程度和产品"物美价廉"的程度。

价值作为功能与费用的综合反映，既可用来对两者关系进行定量分析，也可用来对两者关系进行定性分析。

（2）提高价值的途径

由式（10-3）我们可以得到提高产品价值的五种途径，如表 10.2 所示。在价值工程活动中，可根据不同对象的具体情况，灵活应用。

表 10.2　提高价值的途径

序号	表达式	说　明	举　例
1	$\dfrac{F\uparrow}{C\downarrow}=V\uparrow\uparrow$	提高功能，降低成本	计算机 CPU 的发展
2	$\dfrac{F\uparrow}{C\rightarrow}=V\uparrow$	提高功能，成本不变	家电产品的促销，如买一送一
3	$\dfrac{F\uparrow\uparrow}{C\uparrow}=V\uparrow$	成本稍有提高，功能大幅提高	企业产品技术改造
4	$\dfrac{F\rightarrow}{C\downarrow}=V\uparrow$	功能不变，降低成本	产品采用廉价优质的新材料，如建筑门窗用塑钢取代木材
5	$\dfrac{F\downarrow}{C\downarrow\downarrow}=V\uparrow$	功能稍有降低，成本大幅降低	某些汽车企业推出的家用经济型轿车，功能简单，价格低廉

> **小资料**
>
> 为了降低成本和有效地利用资源,将 VE、工业工程(IE)和质量管理(QC)结合起来应用将会取得最佳的经济效果。IE 是在已有产品图纸的基础上,通过制造方法、加工方法、作业方法等的改进,降低加工费用,以减少或消除由不合理加工手段带来的机会损失。QC 则是按照产品图纸规定的技术条件将产品生产出来,并尽量减少或消除残次品及废品,以消除在制造过程中产生的材料及加工费用等方面的失败损失。由于 IE 和 QC 均以产品图纸所规定的技术条件为依据,因此其降低成本是有一定限度的。当产品接近现有设计的最低成本时,如不改进设计,这些方法就很难将成本进一步降低了。而 VE 侧重于在设计阶段开展工作,在保证用户功能满足的前提下,进行产品开发或改进设计,消除现有设计中对用户毫无意义的功能,以及在材料选用、零部件结构和工艺方法等方面由于不合理而造成的浪费,这样就可以使现有设计成本进一步降低。

5. 价值工程的基本原理

价值工程的基本原理反映的是价值工程活动中最具普遍意义的本质的规律,是价值工程活动客观规律在人们头脑中的反映。价值工程的基本原理有以下三条。

(1) 价值准则性原理

价值准则性原理是指价值工程以提高价值为目的,以获取更大价值为一切活动的准则。在提高价值的五种途径中,功能与成本都可以有升有降,只要两者结合能达到提高价值的目的就符合价值工程的追求。

(2) 功能本质性原理

功能本质性原理是指功能作为事物满足人们需求的一种属性,与实现功能的载体、途径、方式、方法相比,是本质的东西,而实现功能的手段是非本质的,是可以替代的。

(3) 功能费用动态相关原理

功能费用动态相关原理是指价值工程对象的功能实现与费用支出是同一过程相互关联的两个侧面,功能与费用在自然资源、生产技术、经营管理和社会经济条件大致相同或相对稳定的情况下,存在一定的数量相关关系,当这些条件变动时,则会打破原有数量相关关系,形成新的数量相关关系。由此构成功能与费用的动态相关关系。

这三条基本原理相互联系、相互依托,构成对价值工程活动内在规律的本质反映。

10.3.2 价值工程的工作程序

开展价值工程的过程,实质是一个发现、分析和解决问题的过程,一般采用提问法,针对价值工程对象逐步深入地提出合乎逻辑的一些问题,并通过回答问题寻找答案。

价值工程的工作程序分为 4 个阶段、12 个步骤,如表 10.3 所示。

表 10.3 价值工程的工作程序

阶 段	工 作 步 骤		价值工程提问
准备阶段	① 对象选择 ② 信息收集		① 价值工程的对象是什么
分析阶段	③ 功能定义 ④ 功能整理 ⑤ 功能计量	功能系统分析	② 它的功能是什么 ③ 它的地位如何 ④ 它的功能是多少 ⑤ 它的成本是多少 ⑥ 它的价值是多少
	⑥ 功能价值评价		
创新阶段	⑦ 方案创新 ⑧ 概略评价 ⑨ 方案具体化和实验研究 ⑩ 详细评价	方案评价	⑦ 有哪些方法能实现该功能 ⑧ 新方案的成本是多少 ⑨ 新方案能满足要求吗
实施阶段	⑪ 方案实施 ⑫ 成果总评		

10.3.3 价值工程工作程序的重要环节

在价值工程的工作程序中，有以下几个环节需要大家特别注意。

1. 对象选择的方法

企业应用价值工程的重点在产品的开发、设计阶段和生产技术准备阶段，即产品寿命周期的前期，尤其应在新产品的开发过程中应用价值工程。所以，对象选择的重点首先应放在新产品开发的构思阶段，其次是在产品的设计阶段。

在进行对象选择时，可以具体选择某个或几个产品、零部件、工序、环节、因素、作业或其他项目的功能，具体选择方法有定性分析方法和定量分析方法两类，常用的方法有以下几种。

（1）经验分析法

经验分析法是一种对象选择的定性分析方法，是目前企业比较普遍使用的、简单易行的价值工程对象选择方法。它实际上是利用一些长期在本企业工作、有丰富经验的人员对所存在问题的直接感受，经过主观判断确定价值工程对象的一种方法。运用该方法进行对象选择，要对各种影响因素进行综合分析，区分主次轻重，既要考虑需要，也要考虑可能，以保证对象选择的合理性。所以，经验分析法有时也被称为因素分析法。

这种方法的优点是简便易行。缺点是缺乏定量分析，在工作人员经验不足时会导致准确性差。在目标单一、产品不多或问题简单的情况下，使用这种方法在准确性和节约时间方面具有较显著的优越性。该方法也可与定量方法结合应用，相互补充。

（2）百分比分析法

百分比分析法是通过分析各拟选对象对企业的两个或两个以上的技术经济指标的影

响程度大小（百分比）来确定对象的方法。

例 10.1 某企业有五种产品，它们各自的成本和利润占总成本和总利润的百分比，如表 10.4 所示。

表 10.4 某企业产品成本、利润百分比表

产品	产品 1	产品 2	产品 3	产品 4	产品 5	合计
成本（万元）	265	70	25	100	50	510
百分比（%）	52.0	13.7	4.9	19.6	9.8	100
利润（万元）	120	20	12	15	32	199
百分比（%）	60.3	10.1	6.0	7.5	16.1	100

从表 10.4 中可以看出，产品 4 的成本占产品总成本的 19.6%，而利润只占总利润的 7.5%，显然应该作为价值工程分析的重点对象。

通常，企业在一定时期要提高某些经济技术指标，运用这种方法选择价值工程对象进行分析、研究、改进，具有比较强的针对性和有效性。在拟选对象不多的情况下，采用这种方法比较适宜，同时，为了使对象选择更全面，可与经验分析法结合使用。

（3）同量纲价值比较法

根据式（10-3），在产品成本已知的基础上，一旦产品功能定量化，就可以计算产品价值。功能定量化可用产品的某个主要的、具有一定量纲的产品功能参数，定量表示功能水平的高低，如功率、载重量、流量等。产品功能参数和产品的成本之比称为价值指数，如单位成本功率、单位成本载重量、单位成本流量等。

一定量纲的价值指数计算公式为：

$$价值指数 = \frac{产品某个主要功能参数}{产品成本} \qquad (10\text{-}4)$$

将系列产品按功能参数从小到大的顺序排列，计算各产品价值指数。比较各产品同量纲价值指数大小，观察其是否随着产品功能参数的递增而递增，如果不是，表明产品存在问题，应选为改进对象。

例 10.2 某机械企业生产 3 种型号的搅拌机，主要参数如表 10.5 所示。

表 10.5 某机械企业搅拌机的相关参数

产品型号	A 型	B 型	C 型
功能参数（m^3/h）	8	30	60
生产成本（万元）	0.8	1.9	5.7
价值指数（$m^3/(h \cdot 万元)$）	10	15.8	10.5

从表 10.5 中可以看出，从 A 型到 B 型价值指数从低到高，正常。而从 B 型到 C 型，随着功能参数的提高，价值指数反而降低，表明 C 型搅拌机价值指数不合理，应优先选择 C 型搅拌机作为改进对象。

为了保证上述判断的正确性，要求同类系列产品中功能参数最小的那个产品的价值

指数应该是合理的。此方法一般适用于同一企业生产的、主要功能单一的、产品结构原理和生产技术条件可比的系列产品或零部件的对象选择。

（4）ABC 分析法

ABC 分析法是一种寻找主要因素的方法，运用这种方法进行对象选择是将产品成本构成进行逐项统计，将每一种零部件占产品成本的多少从高到低排列出来，分成 A、B、C 三类，找出少数成本比重大的零部件，作为价值工程的重点分析对象，其中 A 类零部件是重点分析对象。

ABC 分析法的优点是抓住重点，突出主要矛盾，在将复杂产品的零部件作为对象选择时常用此方法进行主次分类。但要注意的是，对于成本比重不大，而功能重要性大的对象则无能为力，此时，可用功能重要性比重法对 ABC 分析法进行补充修正，使对象选择更为准确。

价值工程对象选择的方法还很多，应当指出，在实际进行对象选择时，要根据具体情况采用不同方法，并配合运用对象选择检查提问法等方法，以保证选准对象，为后续工作取得成效提供最大可能。

2．功能定义

功能是产品以及其他一切研究对象存在的依据。价值工程改变了传统的以实物为中心研究问题的方法，实行以功能为中心来研究问题。因此，功能分析的第一步，就是从研究对象的实体中抽象出"功能"这一本质。

（1）什么是功能定义

功能定义是在对研究对象整体及其组成部分的本质属性即功能充分认识的基础上，用明确的语言给予结论上的表述。这一认识与表述的过程，就是功能定义。

（2）功能定义的目的

通过功能定义，可以明确用户要求的实质，即用户通过产品希望得到哪些需求的满足，便于进行定性的功能分析，以建立功能系统图。同时便于选择替代方案，即寻找同一功能的替代实现手段，便于进行功能价值评价。

（3）功能定义的方法

在给功能下定义时，首先明确对象整体的功能定义；然后，自上而下逐级地给各构成要素一一明确功能定义。定义时一般要求言简意赅，通常采用两词法。具体可根据功能分类中的使用功能与美学功能的差异、基本功能与辅助功能的差异，将功能定义的方法划分为以下三大类别。

① 使用功能的定义方法。使用功能基本上是以一定的动作行为，作用于某一特定的对象，可采用动词和宾语构成的动宾词组。所以，使用功能的定义称为动宾词组型功能定义。

例如，车床的使用功能，所表现的动作行为是"车削工件"，其中"车削"是陈述车床的动作，而"工件"则是被作用的对象。因此，"车削工件"就是一个动宾词组。

② 美学功能的定义方法。美学功能的定义，是对产品某些外观特性的艺术水平，采用定性的叙述方法进行表述，一般采用一个名词加形容词的、陈述与被陈述关系的主谓

词组。因此，也可把这样表述外观艺术水平的定义方法，称为主谓词组型功能定义。

例如，自行车的外观功能，一般用户要求有如下特征：造型大方、结构新颖、色泽美观等，均属于主谓词组型功能定义。

③ 辅助功能的定义方法。辅助功能的定义，是对产品使用功能或基本功能在制造或使用过程中的辅助性要求所进行的限定与描述。它既可以选择动宾词组型功能定义，也可以选择主谓词组型功能定义。因此，我们称之为综合型的定义方法。

例如，收音机的使用功能或基本功能是"发出音响信息"，而辅助性的功能要求则是"收台清晰""音质优美""性能稳定""携带方便"等，其中有些属于动宾词组，有些属于主谓词组。

3. 价值工程的成果评价

价值工程的成果评价，是指将改进方案的各项技术经济指标与原设计进行比较，以考查方案所取得的实际综合效益。

一个完整的价值工程成果评价指标体系，一般应包括技术评价指标、经济评价指标和社会评价指标三个方面的内容。在进行评价时，要全面考虑定性、定量指标，明确哪些是价值工程创造的效益，并及时进行总结，做出成果报告。

项目小结

创新是企业发展的持久动力，创新能力是现代企业必须具备的基本能力之一。现代企业创新的内容大致包括观念创新、体制创新、管理创新和技术创新等几个方面。

企业的新产品开发是企业创新能力的集中体现。新产品是指在一定地域内从未被生产过的具有一定新质的产品。新产品的开发一般有自行研制、技术引进、自行研制与技术引进相结合三种方式。在新产品开发过程中，企业应注意并重视与专利、专有技术、商标等知识产权有关的问题。

价值工程是在产品开发与设计中广泛应用的一种现代管理方法。它是通过各相关领域的协作，对所研究对象的功能与费用进行系统分析，不断创新，旨在提高研究对象价值的思想方法和管理技术。价值工程中的"价值"是对象所具有的功能与获得该功能的全部费用之比。价值工程的基本原理有三条：价值准则性原理、功能本质性原理和功能费用动态相关原理。在价值工程的工作程序中，要特别注意对象选择、功能定义和成果评价等环节。

项目训练

一、单项选择题

1. TRIZ 创新理论的提出者是（　　）。
   A．泰勒　　　　B．法约尔　　　　C．阿奇舒勒　　　　D．韦伯

2. 发明专利的保护期是（　　）。
   A．5 年　　　　B．10 年　　　　C．15 年　　　　D．20 年
3. 实用新型专利和外观设计专利的保护期是（　　）。
   A．5 年　　　　B．10 年　　　　C．15 年　　　　D．20 年
4. 麦尔斯从材料代用品的事例中得到了极大启发，总结出用户购买这种产品，实质上是为了获得这种产品所具有的（　　）。
   A．价值　　　　B．功能　　　　C．成本　　　　D．实物

二、多项选择题

1. TRIZ 创新理论对下列哪些创新等级的作用更大？（　　）
   A．1 级　　　　B．2 级　　　　C．3 级
   D．4 级　　　　E．5 级
2. 按照教程中的观点，企业进行新产品开发的方式一般有（　　）。
   A．自行研制　　B．技术引进　　C．自行研制与技术引进相结合
   D．委托开发　　E．购买
3. 下面选项属于知识产权的范畴的是（　　）。
   A．版权　　　　B．专利　　　　C．商标
   D．服务标记　　E．厂商名称
4. 按照我国《专利法》，专利一般包括（　　）。
   A．商标专利　　B．发明专利　　C．实用新型专利
   D．外观设计专利　　E．配方专利
5. 价值工程的基本原理有（　　）。
   A．价值准则性原理　　B．功能本质性原理
   C．成本降低原理　　　D．价值提升原理
   E．功能费用动态相关原理

三、判断题

1. 在所有企业创新领域，观念创新应该放在最重要的地位，因为观念是指导企业经营行为最重要的基础，不具备创新的观念，很难采取创新的行动。（　　）
2. TRIZ 创新理论是基于对大量专利研究得到的。（　　）
3. 产品结构、性能等没有改变，外观装潢包装等改进的产品，也是新产品。（　　）
4. 专利技术和专有技术都受到法律的保护，其他人都不能侵犯。（　　）
5. 价值工程基本思想：在可靠地实现使用者所需功能的前提下，努力寻求寿命周期成本最低的创新方案，以达到合理、有效地利用资源提高对象价值的目的。（　　）

四、简答题

1. 企业创新工作的内容包括哪些方面？
2. 简述新产品开发管理的工作内容。

3. 简述价值工程中的功能与成本的概念。

五、综合论述题

1. 请结合新产品开发程序,对一种新型电动汽车电池进行新产品开发。
2. 以笔记本电脑为例,结合价值工程的工作程序对其进行分析。

项目实训

走上技术创新道路的吉利何以脱胎换骨?

2017年5月10日是第一个"中国品牌日",吉利举行了吉利汽车(杭州湾)研发中心的启用仪式,并正式发布了"iNTEC人性化智驾科技"技术品牌。近几年来高速发展的吉利,在2016年发布了全新品牌LNK&CO,2017年发布了为这一品牌打造的都市对立美学的设计概念。吉利在一个特殊的日子推出了一项崭新的技术品牌,并将自己全新的研发中心展示于世界,这将为吉利带来怎样的改变?

吉利公司马不停蹄地发布全新的技术品牌、启用全新的研发中心,2017年的初夏可谓是吉利汽车的发力期。频频的大动作,意味着吉利正在迈入一个新的发展阶段,正向研发的红利已经开始反哺品牌壮大。这将有助于吉利走入一个良性循环——以正向研发提升产品实力,而综合实力的快速增长又为研发实力注入更新的活力,进一步推动品牌向上发展。

其实在十年以前,吉利公司就推行了"源动力"工程。

当时吉利公司思考了一个问题:创新,从何入手?面对国内外汽车制造业的实际情况,"吉利"首先导入卓越绩效管理模式,制定了发展目标:从最简单的技术着手,从人才培养着手,从零部件体系建设着手,从标准、规范着手,先把低端市场做好,再进入中级轿车市场,不断形成核心竞争力。

有了切合实际的定位和发展理念,"吉利"开始一步一个脚印地朝着这个方向迈进。

吉利CEO安聪慧一直潜心研究适合挖掘吉利人潜在创造性的企业文化。2007年,一个独创的具有"吉利"特色的管理方法——"源动力"工程开始实施。所谓"源动力"工程,是指赋予员工充分的话语权、考评权和监督权,通过领导干部为员工服务,职能部门为一线服务,达到解决实际问题、实施好的建议的目的,从而增强员工的主人翁意识,全面激发广大员工的智慧和力量,推动企业持续发展。

"吉利"的"源动力"工程,为企业发展输送着源源不断的动力:企业内部"点子大王"越来越多,从2007年6月到2008年6月,公司收到建议64 735条,累计创造经济效益超过2.5亿元。"现在我们员工年人均有效提案条数已达7.9条。"安聪慧表示,"源动力"工程已成功调动了全体员工创新的积极性和参与性。

经过不懈努力和拼搏,"吉利"在科技创新上先后取得了不少成果:自主开发的4G18CVVT发动机,功率达到57.2kW,处于"世界先进,中国领先"水平;自主研发的Z系列自动变速器,填补了国内汽车领域的空白;自主研发的EPS,开国内汽车电子智能助力转向系统的先河……目前，吉利公司在中国上海、杭州、宁波，瑞典哥德堡，英国考文垂，西班牙巴塞罗那，美国加州建有设计、研发中心，研发设计、工程技术人员超过 2 万人，拥有大量发明创新专利，全部产品拥有完整知识产权。

（摘自搜狐，https://www.sohu.com/a/140913960_122982；中国宁波网，http://zt.cnnb.com.cn/system/2009/04/24/006079807.shtml；吉利公司网站，http://www.zgh.com/zh-hans/the-group-at-a-glance）

请根据案例所给的内容，回答下列问题。

1. 通过案例，结合本项目知识，分析吉利汽车公司的创新之路。
2. 综合分析与评价一下吉利汽车公司的"源动力"工程。
3. 查阅相关资料，为吉利汽车公司未来十年的创新之路做出规划。

项目 11　质量管理与控制

通过本项目的学习，理解质量及质量管理的概念；了解质量管理理论发展的三个阶段；理解提高质量的重要意义；了解全面质量管理的概念、特点、原则；理解 PDCA 循环；熟悉质量管理常用统计方法；了解 ISO 9000 质量管理体系的内容和质量管理体系认证制度。

高田气囊缺陷事件

始于 2008 年的高田气囊隐患问题引发了汽车行业史上大规模的召回事件，造成全球超过 4 000 万辆汽车被召回，若把这些车首尾相连能绕赤道四圈半。

美国第二大汽车制造商福特成为了第七家因高田气囊故障卷入集体诉讼案件的公司，最终与车主签署高额赔偿金和解协议。据国外媒体报道，迈阿密联邦法院提交的一份法庭文件显示，经过几个月的谈判后，福特汽车同意签署一份 2.991 亿美元的经济损失赔偿协议，用于赔偿存在缺陷的高田气囊充气泵的车主。该赔偿协议涉及至少 600 万辆汽车，包括了以下几种与安全气囊有关的经济损失：买方为修复残缺或有问题气囊的汽车支付的修理费，车主自己交付的车辆召回费用，车主已经承担的修理费用，以及误工费、子女抚养费等。根据协议，在召回车辆等待维修期间，福特将免费为车主提供租赁或借用车辆服务。

此前达成类似和解协议的六家车企分别是本田、丰田、日产、马自达、斯巴鲁及宝马，一共支付了高达 12 亿美元的赔偿金。

高田气囊事件造成至少 23 人死亡，引起超过 290 起受伤事故。而随着事件的发酵，作为世界三大气囊公司之一的高田公司于 2017 年 6 月申请破产保护。虽然公司已经宣布破产，但是召回事件将近 10 年之久，造成的连锁反应仍在持续发酵，其遗留下来的气囊问题或多或少给汽车行业带来不小的阴影和影响。

资料来源：中国汽车缺陷网（http://www.quexian.com）.

任何一个环节的疏漏都会对产品和服务质量产生重大影响。一次质量事故不仅会给消费者带来无可挽回的损害，也会严重影响企业的效益，甚至生存。本项目将介绍质量管理的基础理论和常用方法。

任务 11.1　质量与质量管理

11.1.1　质量与质量要求

1．质量的概念

人们对质量这一概念的认识是一个不断深化的过程，经历了"符合性质量""适用性质量""顾客满意质量"过程的不断演变。

符合性质量是指产品质量符合标准要求。人们长期认为质量是制造出来的，即产品符合标准规格要求。但当标准存在偏差时，即使生产的产品符合标准要求也不能称为质量高。随后从制造出来的产品适用于顾客要求的角度，在满足"符合性质量"要求的基础上又产生了"适用性"的概念。

适用性质量是从使用者角度给质量定义，认为质量是产品在使用时能满足顾客要求的程度。世界著名的美国质量管理专家朱兰博士（Dr. Joseph M.Juran）把产品的质量定义为"产品的适用性"，只要产品的质量能够满足特定顾客的要求，该产品的质量针对该顾客就是适宜的。从符合性质量到适用性质量的转变说明人们逐渐将顾客的需求放在首要位置，但满足顾客需求不一定能够使得顾客满意。日本著名的质量管理专家石川馨（Kaoru Ishikawa）教授指出：由于个体对某一产品或服务的需求可能与社会对该产品或服务的需求并不完全相同，把质量定义为"产品的适用性"或"满足用户要求的能力"具有一定的局限性。因此，从顾客满意的角度，在满足顾客要求的基础上又产生了顾客满意的概念。

顾客满意是顾客对其要求已被满足的程度的感受，即使顾客的要求是适宜的且得到满足，但未必一定使得顾客满意。顾客的概念也不再局限于产品的最终用户，顾客可以是组织内部的（内部顾客），如"下一道工序"就是"上一道工序"的顾客，也可以是组织外部的（外部顾客），如产品的购买者。依据产品的供应链，顾客可以分为中间顾客与最终顾客、现实顾客与潜在顾客。顾客的要求除了产品适用性外，还包括隐含的要求，如产品质量需考虑产品在使用过程中对社会环境所带来的或可能带来的影响，例如汽车尾气污染，冰箱、空调使用的制冷剂可能对臭氧层的破坏等，这些都是产品设计不能忽视的问题。

国际标准化组织在 ISO 9000：2015《质量管理体系——基础和术语》中将质量定义为：“客体的一组固有特性满足要求的程度。”并指出：“一个关注质量的组织倡导一种通过满足顾客和其他有关相关方的需要和期望来实现其价值的文化，这种文化将反映在其行为、态度、活动和过程中。组织的产品和服务质量取决于满足顾客的能力以及对有关的相关方有意或无意的的影响。产品和服务的质量不仅包括其预期的功能和性能，而且还涉及顾客对其价值和利益的感知。”

2. 产品的质量要求

质量要求是对需要的表述或将需要转化为一组针对产品特性的定量或定性的规定要求，以使其实现并进行考核。一般来说，产品的质量要求包括社会对产品的质量要求和用户对产品的质量要求两个部分。社会对产品的质量要求一般是通过法律和法规规定的，主要包括有关环境保护、公共安全、使用者健康保障以及能源和自然资源的节约等方面。用户对产品的质量要求有些是通过合同明确规定的，而有些却是隐含的、不言而喻的，主要包括产品性能、安全性、经济性、可信性等方面。

① 产品性能。产品性能是指产品符合使用用途的技术特性，它综合反映了产品所具有的功能。例如，钟表走时的准确程度；拖拉机的功率；硬盘的容积大小、存取速度等。除此之外，适应性有时也是衡量产品性能的一个重要指标。所谓适应性，是指产品适应外界环境变化的工作能力。例如，某些军工产品要求在恶劣的气候环境下仍能正常工作，而对民用产品，则可能是不必要的。

② 安全性。安全性是产品在储存、流通和使用过程中将由于产品的原因而导致的人员伤亡、财产损失和环境污染的风险限制在可接受水平的能力。

③ 经济性。经济性是指为获得和使用产品，用户和社会必须支付的产品在整个寿命周期（或完成一定数量的工作）的费用，包括产品的购置费用、运行中的动力和燃料费用和必要的维修费用。经济性所追求的不是某一项费用最低，而是在一定时间内或完成一定数量的工作的费用最低。

④ 可信性。可信性是产品的重要特性之一。可信性是指"描述可用性及其影响因素——可靠性、维修性和维修保障性等性能的一个集合术语"。可用性是指产品在某一随机时刻需要开始执行任务时产品处于工作和可使用状态的程度，它是可靠性、维修性和维修保障性综合作用的结果。可靠性是指产品在规定条件下和规定时间内，完成规定功能的能力。维修性是指产品在规定条件下和规定时间内，按规定程序和方法进行维修时，保持或恢复到规定状态的能力。维修保障性是指维修保障资源能满足产品完好性和使用要求的能力。

对于无形的服务产品来说，时间性、舒适性这两个特性也是非常重要的。时间性反映了服务在时间上能够满足顾客需求的能力。时间性还包括及时、准时和省时三个方面的要求。舒适性反映了在满足功能性、经济性、安全性和时间性等质量特性的情况下，服务过程的舒适程度。

质量要求是通过"过程"或"活动"来保证的。质量要求是在设计、研制、生产制造、销售服务或服务前、服务中、服务后的全过程中实现并得到保证的。也就是说，过程中各项活动的质量决定了产品质量。

产品质量的高低是根据产品所具有的某些属性特征能否满足人们的需要以及满足需要的程度来衡量的。"等级"是对功能用途相同但质量要求不同的实体所做的分类或排序，可用来描述优良程度。

11.1.2 质量管理的概念与意义

1. 质量管理的概念

根据 ISO 9000：2015《质量管理体系——基础和术语》，质量管理的定义为："关于质量的管理。"质量管理通常包括制定质量方针和质量目标及质量策划、质量控制、质量保证和质量改进。

质量方针是由企业最高管理者正式发布的关于质量方面的全部意图和方向。质量方针是企业总方针的一个组成部分，由企业最高管理者倡导并实施。质量目标是企业在质量方面所追求的目的。质量目标通常依据组织的质量方针制定，并对企业的相关职能和层次分别规定质量目标。

质量策划致力于制定质量目标并规定必要的运行过程和相关资源以实现质量目标。质量策划包括产品策划、管理和作业策划以及编制质量计划和做出质量改进的规定三个部分。产品策划是对质量特性进行识别、分类和比较并建立其目标、质量要求和约束条件的工作过程。管理和作业策划是指为实施质量体系进行准备的工作过程，包括组织和安排。

质量控制致力于满足质量要求。其目的在于监视过程，并排除质量环中所有阶段中导致不满意的原因，以取得经济效益。

质量保证致力于提供质量要求会得到满足的信任。质量保证有内部和外部两种目的。在组织内部，质量保证向管理者提供信任（内部的质量保证）；在合同或其他情况下，质量保证向顾客或他方提供信任（外部的质量保证）。

质量改进致力于增强满足质量要求的能力。质量管理的目标是使顾客满意，顾客的需要在不断地提高。因此，企业必须持续改进才能持续获得顾客的支持。另外，竞争的加剧使得企业的经营处于一种"逆水行舟，不进则退"的局面，要求企业必须不断改进才能生存。

2. 提高产品质量的意义

提高产品质量对消费者、对国家、对企业都具有十分重要的意义。

提高产品质量对消费者来说，是消费安全、利益和生活幸福的可靠保证。美国著名质量管理专家朱兰有句名言："生活处于质量堤坝后面。"质量正像江河大堤一样，一旦质量的大堤出现问题，会给消费者甚至社会带来危害甚至灾难。所以，企业应该把好质量关，维护质量大堤的安全。

提高产品质量是提高国际竞争力、节约资源、保护环境的战略措施。当今世界的经济竞争,很大程度上取决于一个国家的产品和服务质量,质量水平的高低可以说是一个国家经济、科技、教育和管理水平的综合反映。另外,我国目前面临着严重而紧迫的生活和生产安全、环境保护、生态平衡、资源匮乏等难题,这些问题的解决有赖于企业转变观念,以质量取胜,走低耗高效的集约型发展道路。

对于企业来说,产品质量是企业进入市场的通行证,是开拓市场的重要手段。低质量产品会损害企业在公众心目中的形象,增加生产产品或提供服务的成本,降低企业在市场中的竞争力。因此,没有质量就没有竞争力,就难以占领市场。从某种程度上说,质量就是企业的生命。

因此,重视产品质量,加强质量管理,是利国利民的重要战略性问题。

小资料

2016年9月2日,国家质量监督检验检疫总局监测到三星Galaxy Note 7手机因存在过热燃烧问题实行全球召回的信息后,立即组织总局缺陷产品管理中心开展信息监测,监测到我国发生过热燃爆问题后,立即召集行业专家召开了该型号数字移动电话机过热、燃爆问题缺陷技术会商会议,启动了缺陷调查,先后对发生手机爆炸事故的消费者和报告缺陷信息的消费者共开展了11次回访调查,6次组织专家进行技术分析和讨论,形成缺陷调查工作方案和实验方案,并开展缺陷工程分析实验4次。同时,质检总局执法司先后3次约谈三星公司负责人,敦促三星公司实施全面召回。2016年10月11日,三星公司向总局备案了召回计划,更改此前召回1858台手机的方案,召回在中国地区销售的全部三星Note7手机,共计19.1万台。

资料来源:中国质量新闻网

11.1.3 质量管理原则

ISO 9000族标准是各国质量管理和质量保证经验的总结,是各国质量管理专家智慧的结晶。基于ISO 9000族标准理论及实践经验,质量管理专家整理编撰了七项质量管理原则,并系统应用在2015版ISO 9000标准中。

① 以顾客为关注焦点。质量管理的主要关注点是满足顾客要求并且努力超越顾客期望。组织只有赢得顾客和其他有关的相关方的信任才能持续获得成功。

② 领导作用。各级领导建立统一的宗旨和方向,并且创造全员积极参与的条件,以实现组织的质量目标。

③ 全员积极参与。在整个组织内各级人员的胜任、被授权和积极参与,是提高组织创造和提供价值能力的必要条件。

④ 过程方法。将活动作为相互关联、功能连贯的过程系统来理解和管理时,可更加有效和高效地得到一致的、可预知的结果。

⑤ 改进。成功的组织持续关注改进。改进对于组织保持当前的绩效水平,对其内、外部条件的变化做出反应并创造新的机会都是非常必要的。

⑥ 循证决策。基于数据和信息的分析和评价的决策,更有可能产生期望的结果。

⑦ 关系管理。为了持续成功,组织需要管理与有关的相关方(如供方)的关系。

11.1.4 质量管理的发展过程

质量管理学作为一门科学,是随着社会生产的发展、科学技术的进步而不断发展的。了解质量管理的发展过程,有助于深刻理解质量管理的思想和方法。

1. 质量检验阶段

质量管理是随着产业革命而兴起并逐渐发展起来的。从 18 世纪末工厂制度产生,到 20 世纪 30 年代这 100 多年里,产品质量主要是靠事后检验来保证的,即产品加工完毕,由检验人员根据产品质量标准把不合格的产品挑选出来。这种质量管理方法局限于事后检验,不能预防废品发生,属于"死后验尸",不能减少废品损失,不能及时解决生产中的质量问题。

2. 统计质量控制阶段

统计质量控制阶段从第二次世界大战开始至 20 世纪 50 年代末结束,是质量管理发展的第二阶段。1925 年,美国著名的贝尔电话研究所工程师、统计学家休哈特根据数理统计理论提出了应用统计技术对生产过程进行监控的统计过程控制(SPC)的"3σ"理论,发明了控制图,有效地防止了废品的产生,减少了质量管理对质量检验工作的依赖。

小资料

第二次世界大战爆发后,由于武器质量不好,在欧洲战场上,美军炮弹炸膛事件层出不穷,造成大量伤亡事故。美国国防部于 1942 年把休哈特等一批专家召集起来,制定了战时利用数理统计方法进行质量管理的标准,包括《质量管理指南》《数据分析用的控制图法》《生产中质量管理用的控制图法》。这些标准由国防部强制推行,半年后大见成效,成功地解决了武器等军需品的质量问题,使美国的军工生产在数量、质量、经济性等方面都处于世界领先地位。战后,这些战时生产军需品的公司在转入民用品生产后,仍然采用这一方法,而其他企业也竞相仿效并传播到国外,从此,质量的统计过程控制方法成了质量管理的主要手段。

质量的统计过程控制方法由于过分强调数理统计方法,忽视了管理者和生产者的主观能动性。

3. 全面质量管理阶段

全面质量管理是质量管理发展的第三阶段,是以组织全员参与为基础的质量管理形式,代表了质量管理发展的最新阶段。它使质量管理更趋完善,成为一门新的科学管理技术。

小资料

20 世纪 60 年代初,西方一些企业根据"行为管理学派"的理论,为了提高人的积极性和能动性，在企业中采取了一些"管理民主化"的措施，如吸收职工参加生产委员会，让工人参与董事会的某些初级决策等。美国一些企业在质量管理中，开展了依靠职工"自我控制"的"无缺陷运动"，以保证产品质量的可靠性。日本自1962年起在工业企业中开展质量管理小组活动，成效很大。从此，企业兴起了全面质量管理活动。

质量管理不断吸收和应用各种最新科学技术成就和手段。1987年，ISO 9000系列国际质量管理标准问世，标志着质量管理与质量保证开始在世界范围内对经济和贸易活动产生影响。

任务11.2　全面质量管理

11.2.1　全面质量管理的概念与特点

1. 全面质量管理的概念

全面质量管理在早期称为全面质量控制（TQC）。美国质量管理专家费根堡姆在1961年出版的《全面质量管理》一书中首先提出了全面质量管理的概念："全面质量管理就是从让消费者完全满意着想，企业各部门综合进行开发、保持、改进质量的努力，以便最经济地进行生产和服务的有效体系。"他主张需要从市场调查到设计、生产、检查、服务的所有部门都实行质量管理。

费根堡姆的全面质量管理观点在世界范围内得到了广泛的认同。但各个国家在实践中都结合自己的实际进行了创新。特别是20世纪80年代后期以来，全面质量管理得到了进一步的扩展和深化，其含义远远超出了一般意义上的质量管理的领域，而成了一种综合的、全面的经营管理方式和理念。

国际标准化组织（ISO）对全面质量管理的定义为："一个组织以质量为中心，以全员参与为基础，目的在于通过让顾客满意和本组织所有成员及社会受益而达到长期成功的管理途径。"这一定义反映了全面质量管理概念的最新发展，也得到质量管理界的广泛认同。

2. 全面质量管理的特点

① 全过程的质量管理。全过程的质量管理包括了从市场调研，产品设计开发，生产制造，到销售和售后服务等全部相关过程的质量管理。任何产品或服务的质量，都有一个产生、形成和实现的过程。从全过程的角度来看，质量产生、形成和实现的整个过程是由多个相互联系、相互影响的环节所组成的，每一个环节都或轻或重地影响着最终的质量状况。因此，要保证产品或服务的质量，不仅要搞好生产或作业过程的质量管理，还要搞好设计和使用过程的质量管理，把质量形成过程的各个环节或有关因素控制起来，形成一个完整的质量管理体系，做到以预防为主，防检结合，重在提高。为此，必须树立两个思想：一是预防为主、不断改进，为顾客服务的思想；二是"下道工序是顾客"，"努力为下道工序服务"的思想。

② 全员参与质量管理。产品和服务质量是企业各方面、各部门、各环节工作质量的综合反映。企业中任何一个环节、任何一个人的工作质量都会不同程度地直接或间接地影响着产品质量或服务质量。因此，产品质量人人有责，需要人人关心产品质量和服务质量，人人做好本职工作。只有全员参加质量管理，才能生产出顾客满意的产品。要实现全员的质量管理，应当做好三个方面的工作：一是必须抓好全员的质量教育和培训；二是制定各部门、各类人员的质量责任制，明确任务和职权；三是开展多种形式的群众性质量管理活动。

③ 全企业的质量管理。全企业的质量管理可以从纵、横两个方面来加以理解。

从纵向组织管理的角度来看，每个企业都可以划分成上层管理、中层管理和基层管理。"全企业的质量管理"就是要求企业各管理层次都有明确的质量管理活动内容。

从横向质量职能角度来看，产品质量职能分散在全企业的有关部门中，要保证和提高产品质量，就必须将分散在企业各部门的质量职能充分发挥出来，建立全企业的质量管理体系，使企业的所有研制、维持和改进质量的活动构成一个有效的整体。

全企业的质量管理就是要做到"以质量为中心，领导重视，组织落实，体系完善"。

④ 多方法的质量管理。影响产品质量和服务质量的因素非常复杂：既有物质的因素，又有人的因素；既有技术的因素，又有管理的因素；既有企业内部的因素，又有企业外部的因素。要把这一系列的因素系统地控制起来，全面管好，就必须把科学管理、数理统计和先进的工程技术结合起来。为此，企业在建立严密的质量管理体系的同时，也必须综合应用各种先进的管理方法和技术手段，必须善于学习和引进国内外先进企业的经验，不断改进本组织的业务流程和工作方法，不断提高组织成员的质量意识和质量技能。"多方法的质量管理"要求的是"程序科学、方法灵活、实事求是、讲求实效"。

11.2.2 PDCA 循环

1. PDCA 循环的概念

PDCA 循环是一种通用的管理方法和模型，也是全面质量管理所应遵循的科学程序。1950 年由美国质量管理专家戴明提出并广泛宣传应用于质量管理中，故又称为"戴明环"。

> **小资料**
>
> 戴明（W. Edwards Deming）(1900—1993) 博士是世界著名的质量管理专家，他认为："质量是一种以最经济的手段，制造出市场上最有用的产品。一旦改进了产品质量，生产率就会自动提高。"他因对世界质量管理发展作出的卓越贡献而享誉全球。以戴明命名的"戴明品质奖"，至今仍是日本品质管理的最高荣誉。

二维码材料：11-1 戴明奖

在质量管理中，PDCA 循环得到了广泛的应用，并取得了很好的效果，因此有人称 PDCA 循环是质量管理的基本方法。PDCA 四个英文字母在 PDCA 循环中的含义如下。

① P（Plan）——计划，确定方针和目标，确定活动计划。

② D（Do）——执行，通过实际工作，实现计划规定的质量目标。

③ C（Check）——检查，研究和总结计划执行的效果，明确没有解决的问题和出现的新问题。

④ A（Act）——处理，对检查的结果进行处理，成功的经验要标准化，未解决的问题放到下一个 PDCA 循环。

之所以称其为 PDCA 循环，是因为这四个过程运行一次并不能解决所有的质量问题。一个循环结束，解决了部分问题，还有其他问题尚未解决，或者又出现了新的问题，就需要进行下一次 PDCA 循环，这样周而复始地进行。PDCA 循环的基本模型如图 11.1 所示。

2．PDCA 循环的特点

① 大环带小环。质量管理工作需要各个部门之间的相互协作，解决一个质量问题需要企业上下协调一致，各司其职。如果把整个企业的质量管理工作作为一个大的 PDCA 循环，那么各个部门、小组甚至个人都有各自小的 PDCA 循环，大环带动小环，一级带动一级，有机地构成一个运转的体系。

② 阶梯式上升。PDCA 循环不是在同一水平上循环，每循环一次，就解决一部分问题，取得一部分成果，工作就前进一步，质量水平就提高一步。到了下一次循环，又有了新的目标和内容，更上一层楼。如图 11.2 所示描述了这个阶梯式上升的过程。

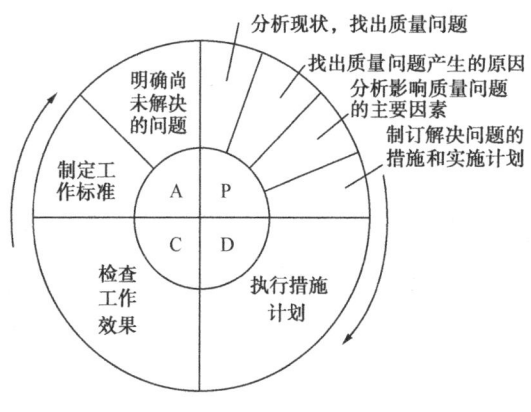
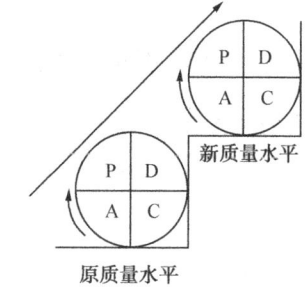

图 11.1　PDCA 循环的基本模型　　　　图 11.2　PDCA 循环阶梯式上升过程

③ 科学管理方法的综合应用。PDCA 循环采用以 QC 七种工具为主的统计控制方法以及工业工程中工作研究的方法，作为进行工作和发现、解决问题的工具。PDCA 循环的四个阶段又可细分为八个步骤，每个步骤的具体内容和所用的方法如表 11.1 所示。

表 11.1 PDCA 循环的八个步骤和所用方法

阶段	序号	步骤 管理内容	工作方法
P	1	分析现状，找出质量问题	排列图法、直方图法、控制图法、工序能力分析法、KJ 法、矩阵图法
P	2	找出质量问题产生的原因	因果分析图法、关联图法、矩阵数据分析法、散布图
P	3	分析影响质量问题的主要因素	排列图法、散布图法、关联图法、系统图法、矩阵图法、KJ 法、实验设计法、分层法
P	4	制订解决问题的措施和实施计划	目标管理法、关联图法、系统图法、矢线图法、过程决策程序图法
D	5	执行措施计划	系统图法、矢线图法、矩阵图法、过程决策程序图法
C	6	检查工作效果	排列图法、控制图法、系统图法、过程决策程序图法、检查表、抽样检验
A	7	巩固成果，制定工作标准	标准化、制度化
A	8	明确尚未解决的问题	转入下一个 PDCA 循环

任务 11.3　统计质量控制的常用方法

在统计质量控制中常用各种统计方法，调查表、分层法、因果分析图、排列图、散布图、直方图、控制图，统称为常用的七种工具，主要用于预防和控制生产现场的质量问题。

> **小资料**
>
> 在质量管理实践中通常将调查表、分层法、因果分析图、排列图、散布图、直方图和控制图称为"老七种工具"，而将关联图、KJ 法、系统图、矩阵图、矩阵数据分析法、PDPC 法以及矢线图统称为"新七种工具"。

二维码材料：11-2 质量管理新七种工具

11.3.1　调查表法

调查表，又称检查表或核对表，它是利用统计表或图形来收集和积累反映产品质量特征的数据，并粗略分析原因的一种工具。由于它用起来简便、易行，而且能同时整理数据，便于分析，因此在推行全面质量管理中得到了广泛的应用。

调查表的形式多种多样，可以根据调查质量目的的不同而灵活设计适用的调查表。常用的调查表有缺陷位置调查表和不良品原因调查表两种。缺陷位置调查表是将产品、零件的形状画在图纸上，将产品存在的缺陷按分布位置在相应的图形上进行统计，如表 11.2 所示。不良品原因调查表是将不良品或者废品按原因进行分类，列在统计表中，如表 11.3 所示。

表 11.2 冰箱箱体侧面外观质量缺陷位置调查表

型　号	××××××	调查部位	箱体侧面
工序	××××××	调查日期	××××年××月××日
调查目的	喷漆缺陷	调查台数	1 200

左侧面　　　　右侧面

＼ 划痕
● 漏青
○ 磕碰

表 11.3 铸件质量缺陷项目调查表

工　序			××××××		
检查总数			660	检验者姓名	××××××
检验方式			××××××	检查日期	××××年××月××日
项　目	部　位	检验记录			
	Ⅰ	Ⅱ	Ⅲ	Ⅳ	小计
欠铸	正正正		正	正一	26
缩裂	正		一		6
气孔	正正正			正	20
夹渣	一		一		2
折叠	丁		一		3
其他		丁			2
总计			59		

11.3.2 分层法

分层法又称为分类法，是将调查收集的原始数据，根据不同的目的和要求，按某一性质进行分组、整理的分析方法。分层的结果使数据各层间的差异突出地显示出来，层内的数据差异减少了。在此基础上再进行层间、层内的比较分析，可以更深入地发现和认识质量问题的原因。由于产品质量是多方面因素共同作用的结果，因此对同一批数据，可以按不同性质分层，使我们能从不同角度来考虑、分析产品存在的质量问题和影响因素。

常用的分层标志有：

① 按操作班组或操作者分层。
② 按使用机械设备型号分层。
③ 按操作方法分层。
④ 按原材料供应单位、供应时间或等级分层。
⑤ 按施工时间分层。
⑥ 按检查手段、工作环境等分层。

例 11.1 某企业生产一种产品可以选用 A、B、C 三个产地的不同材料,可以采用Ⅰ和Ⅱ两种不同的工艺方法。对 2014 年 4 月份生产的 2 028 件产品(包括不合格品)的调查结果,按材料的产地和采用的加工工艺进行分组整理的结果,如表 11.4 所示。

表 11.4 产品按材料产地与加工方法分组调查表

工艺方法	合计			A			B			C		
	不合格品数	产品总数	不合格率/%	不合格品数	产品总数	不合格率/%	不合格品数	产品总数	不合格率/%	不合格品数	产品总数	不合格率/%
Ⅰ	34	957	3.6	12	259	4.6	9	371	2.4	13	327	4.0
Ⅱ	41	1 071	3.8	13	400	3.3	21	439	4.8	7	232	3.0
合计	75	2 028	3.7	25	659	3.8	30	810	3.7	20	559	3.6

从表 11.4 中可以发现,若根据产地不同的材料选用合适的方法,即对 A、C 两产地的材料使用工艺方法Ⅱ,对于 B 产地的材料使用工艺方法Ⅰ来生产,就可能使全部产品的不合格品率下降到 2.9% 以下。如果仅选用 B 产地的材料,采用工艺方法Ⅰ来生产,就可能使不合格率下降到 2.4%。

分层法可以使杂乱无章的数据和错综复杂的因素,按不同的目的、性质、来源等加以分类,进行系统化、条理化,以便抓住主要矛盾,找到主要影响因素,从而采取相应的措施。

11.3.3 因果分析图法

因果分析图,又称为特性要因图、鱼刺图、树枝图,是日本的质量管理专家石川馨教授 1950 年开始创用的,为此又称石川图。因果分析图采用质量分析会的方式,集思广益,并将群众的意见按质量问题的因果关系进行系统的整理、分析,将不同层次的问题按因果关系画到一张图上,从而找出影响产品质量的各类原因和主要原因。例如,6BT 发动机活塞磕碰伤因果分析图,如图 11.3 所示。

在图 11.3 中,粗直线箭头所指表示要解决的质量问题,人、机(器)、(材)料、(方)法、环(境)是影响这一质量问题的五个主要方面,指向这五个方面的细枝是指产生质量问题的次级的、更次级问题。

绘制因果分析图首先应明确需要解决的质量问题,要把可能与质量问题有关的生产、技术、管理人员都请到场,充分发扬民主,把所有可能造成的质量问题的原因都找出来,分清层次,并画在图上,然后通过讨论或实验确定若干重要原因并将其标在图上(在重要原因上加方框）。查找次级原因时不宜过粗，也不宜过细，分析至可以采取具体措施时即可。只有这样才能真正了解造成质量问题的原因，才能找到解决问题的办法。

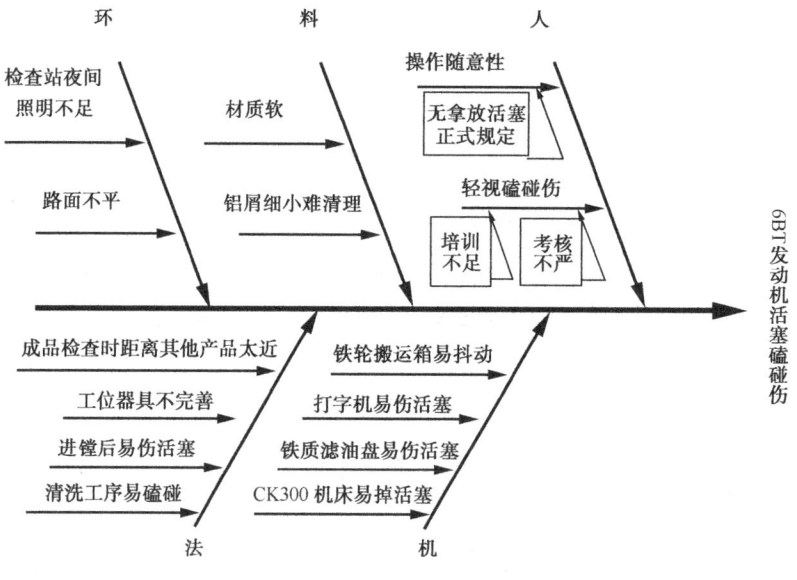

图 11.3 6BT 发动机活塞磕碰伤因果分析图

11.3.4 排列图法

排列图，又称主次因素分析图、帕累托图。排列图法在质量管理中，成为查找影响产品质量主要因素（或工序）和抓住质量管理工作中主要矛盾的重要工具。

小资料

19 世纪末，意大利经济学家、统计学家帕累托观察英国财富和收入分配问题，发现 20%的人占有 80%的财富和收益，从而发现了"关键的少数和次要的多数"的关系。后来，美国的质量管理专家朱兰把该原理应用到质量管理工作中。

排列图由两个纵坐标、一个横坐标、若干个直方图形和一条曲线组成。其中左边的纵坐标表示频数，右边的纵坐标表示频率，横坐标表示影响质量的各种因素。若干个直方图形分别表示质量影响因素的项目，直方图形的高度则表示影响因素的大小程度，按大小顺序由左向右排列，曲线表示各影响因素大小的累计百分数，这条曲线称为帕累托曲线。

通常累计百分比将影响因素分为三类：占 0～80%为 A 类因素，也就是主要因素；占 80%～90%为 B 类因素，是次要因素；占 90%～100%为 C 类因素，即一般因素。由于 A 类因素占存在问题的 80%，此类因素解决了，质量问题大部分就得到了解决。

例 11.2 某厂对 6—9 月的 492 号球铁曲轴机加工不合格品数的调查结果，如表 11.5 所示。

表 11.5 6—9 月的 492 号球铁曲轴机加工不合格品数的调查结果

工　序	不合格数	不合格品比例（%）	不合格品累计数	不合格品累计百分比（%）
精车主颈	920	33.7	920	33.7
精磨主颈	702	25.7	1 622	59.4
精车轴承孔	598	21.9	2 220	81.3
精磨拐颈	205	7.5	2 425	88.8
钻斜油孔	130	4.8	2 555	93.6
精磨 $\phi 40$	75	2.7	2 630	96.3
精磨 $\phi 38$	15	0.5	2 645	96.9
其他	85	3.1	2 730	100.0
合计	2 730	100	—	—

根据调查数据绘制的排列图，如图 11.4 所示。

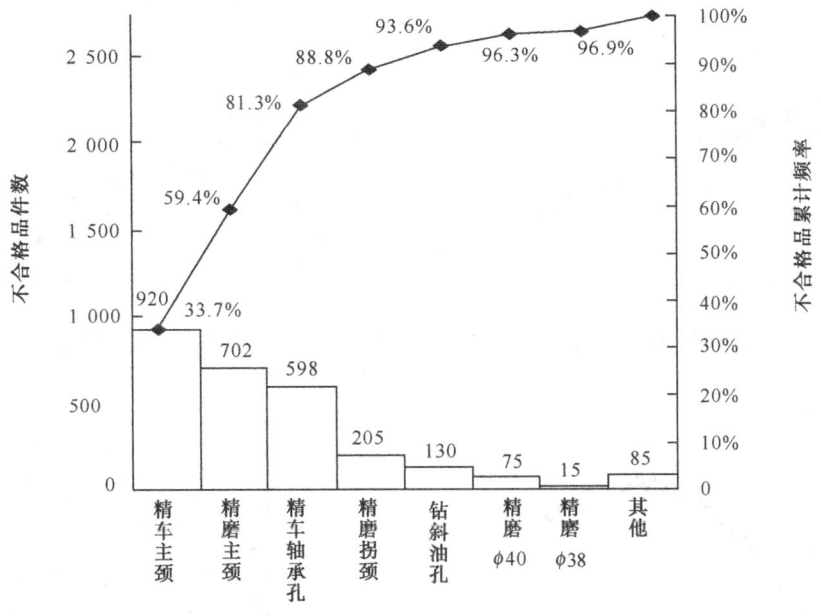

图 11.4 曲轴机加工废品排列图

从图 11.4 中可以看出，精车主颈、精磨主颈和精车轴承孔这三道工序是造成产品不合格的主要工序，即 A 类工序。如果对其采取相应的对策，解决这三个问题，就能使不合格品减少 80% 以上。

11.3.5 散布图法

在实际工作中，经常会遇到这样的问题：两种现象的变动之间虽然确实存在一定的因果关系，却又很难用精确的函数把它们之间的变动关系表示出来。例如，热处理时淬火温度（x_i）与工件硬度（y_i）之间的对应关系，某种元素在材料中的含量（x_i）与材料强度（y_i）的对应关系等。两个变量之间确实存在的不确定的依存关系称为相关关系。

散布图，又称散点图，它是把通过实验得到的若干组相互对应的两个变量（x_i, y_i）值用点的形式表示在直角坐标系（直角坐标系中的两个坐标轴分别表示要研究的两个变量）中，从而根据点的分布状况来判定两个变量之间相关关系的形式、方向和程度的一种统计分析方法。相关图的类型大体有如下几种，具体如图11.5～图11.10所示。

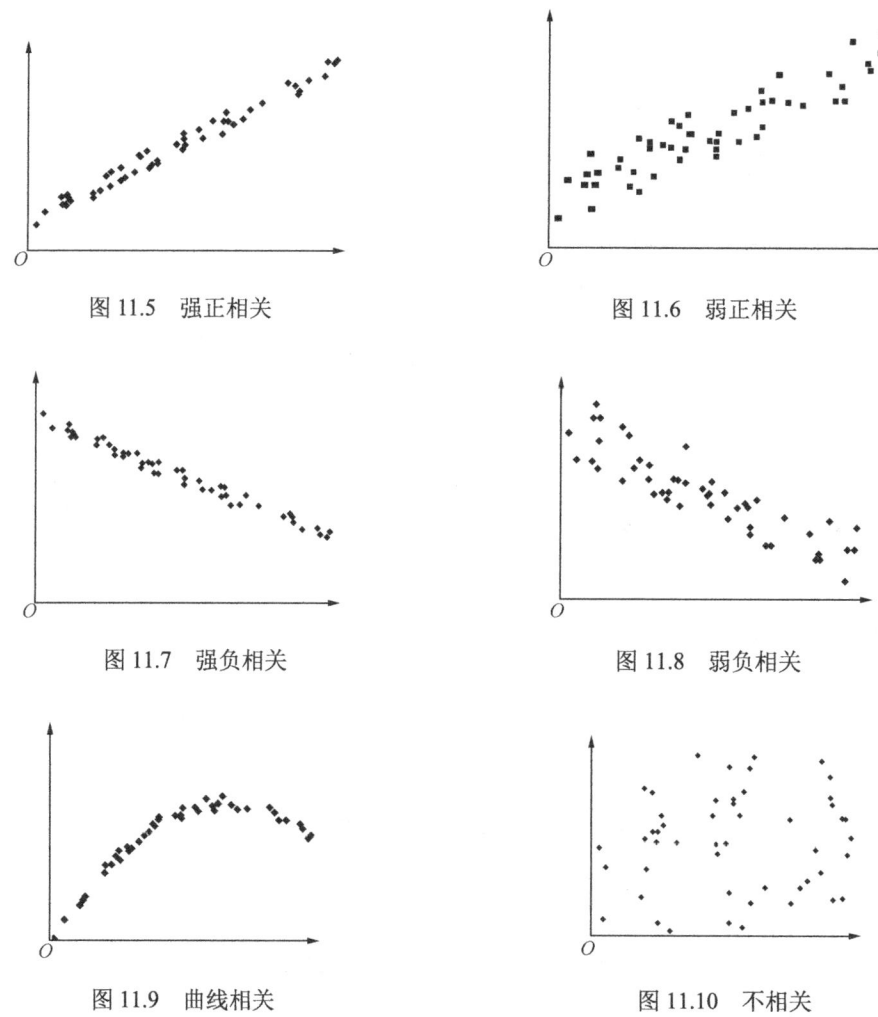

图 11.5　强正相关　　　　　　　　图 11.6　弱正相关

图 11.7　强负相关　　　　　　　　图 11.8　弱负相关

图 11.9　曲线相关　　　　　　　　图 11.10　不相关

根据实验数据绘制的某零件的淬火温度与硬度关系的散布图，如图11.11所示。

由图11.11可知，淬火温度与硬度之间为正相关关系，即淬火温度越高，零件的硬度越高。

应该指出的是，在绘制相关图时，若 y 轴选用的刻度比例不同，绘制出的散布图的视觉效果也就不同，这可能影响我们正确判断变量之间的相关关系。如果根据图11.12所示的散布图，我们可能误认为两者之间的关系不甚密切。

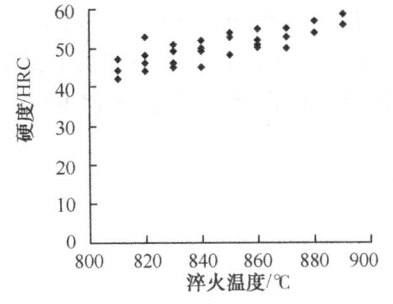

图 11.11　淬火温度与硬度关系的散布图

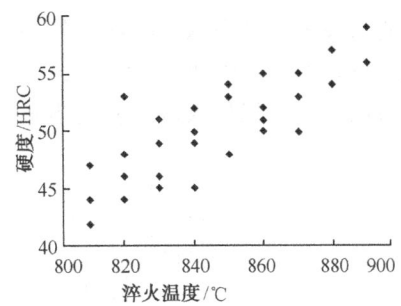

图 11.12　淬火温度与硬度关系的局部散布图

11.3.6　直方图法

直方图是用来表示变量频数（频率）分布特征的一种统计图形。在直方图中，横坐标一般表示变量变动的范围及其分组情况，纵坐标表示各组中变量出现的频数（频率）。

在生产制造过程中由于偶然因素的作用，产品的质量特性具有波动性。例如，同一批机械零件的尺寸不可能完全相等，就是由于生产制造过程中偶然因素的作用造成的。在正常情况下，由于偶然性因素引起的产品质量波动是呈正态分布的。利用直方图可以反映产品质量特性的数据的分布规律，包括分布位置、偏差大小以及分布形状等。如果在图上标出质量技术要求（公差界限），就可以进一步了解整批产品或生产工序的能力偏离质量要求的情况。因此，利用直方图可以分析生产工序能否满足质量要求。

绘制直方图除了需要收集一定数量的产品质量特征数据外，首先需要根据这些质量特征数据的变动范围，将这些数据均匀地分成 6~10 组，然后，确定各组的频数并绘制直方图。例如，从某企业生产的一批轴件中随机抽样 100 件，测得直径数据后而绘制的直方图，如图 11.13 所示。

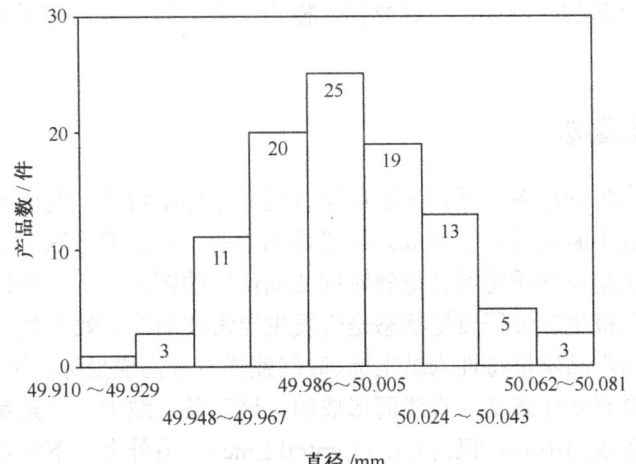

图 11.13　100 件产品直径分布直方图

直方图的形状反映了工序质量的分布形状,工序质量分布的正常形状是正态分布的形态,直方图应是中间高,两边低,左右两边是对称的。当所画直方图的形状不正常时,就要分析原因,以便采取相应的措施。各种不正常的直方图形状,如图 11.14 所示。

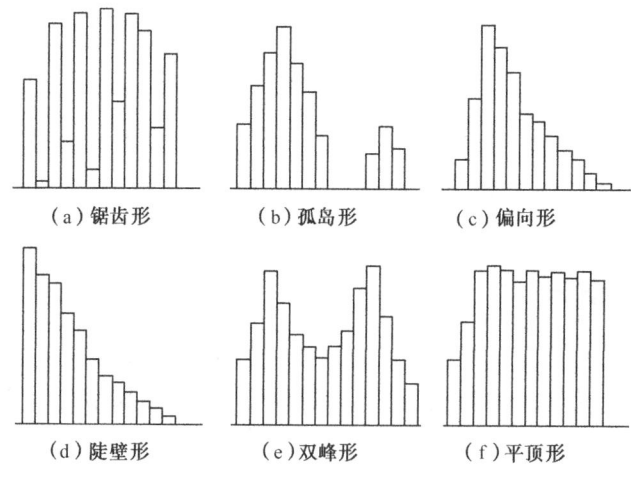

图 11.14　不正常的直方图

在图 11.14 中,锯齿形直方图是由于分组过多或测量等原因造成的。当出现锯齿形直方图时,首先要减少组数,重画直方图。若直方图还是锯齿形,就要从测量仪器或读数方面去寻找原因。孤岛形直方图是由于人、机器、材料、方法、测量、环境等因素突变而造成的。偏向形直方图和陡壁形直方图均属于加工习惯、返修或剔除废品而造成的分布形状。其中若因加工习惯造成时,可以用改变加工习惯的办法来纠正此种状况,使其分布变成正态分布;若因为返修或剔除废品造成时,就要重新从没有进行返修或剔除废品的产品中抽取数据再来画直方图,然后再对工序进行分析。双峰形直方图是由于数据来源于两个不同的生产条件,使得两个不同的分布混在一起造成的。平顶形直方图是由某种缓慢因素引起的,例如,刀具磨损、操作者疲劳等因素。应采取相应的措施消除缓慢影响因素。

11.3.7　控制图法

控制图也被称为管理图,是由美国质量管理专家休哈特博士发明的,因此也称为休哈特控制图,经过不断完善,至今成为质量控制中的一种主要方法,也是七种方法中的核心方法。控制图是反映质量特性值随时间变动情况的图表,用于分析和判断工序是否处于稳定状态,预报生产过程质量状态是否发生异常波动的有效工具。

控制图是在由产品质量特性为纵坐标、时间或样本号为横坐标的平面直角坐标系中,加上三条水平的具有统计意义的直线而形成的。这三条直线中,一条是中心线,它是一条实线,位于三条线的中间,记为 CL(Central Line)。另外上、下两条线是虚线,上面一条虚线称为上控制界限,记为 UCL(Upper Control Line);下面一条虚线称为下控制界限,记为 LCL(Lower Control Line)。通过抽样,测量质量特性值数据,计算其统计量并依顺序描在控制图上，便得到一系列坐标点，由点连线，就得到一条反映质量特性值波动的折线。因此，控制图也是一种提供质量信息的工具。典型的控制图的基本形式，如图11.15所示。

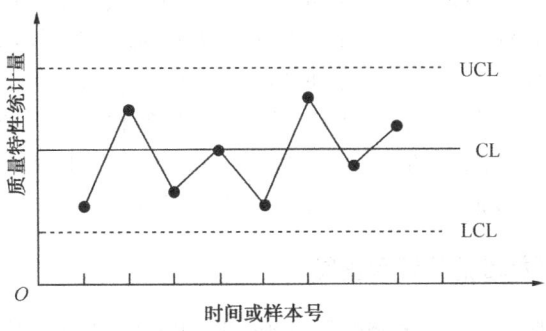

图11.15　典型的控制图的基本形式

工序质量特性值分布的变化是通过控制图上点子的分布体现出来的，因此工序是否处于稳定状态要依据点子的位置和排列来判断。工序处于稳定的控制状态，必须同时满足下列两个条件：一是控制图的点子全部在控制界限内；二是点子的排列无缺陷。点子的排列无缺陷是指点子在控制界限内的波动是随机波动，不应有明显的规律性。点子排列的明显规律性称为点子的排列缺陷。

任务11.4　ISO 9000族标准与质量认证

11.4.1　ISO 9000族标准简介

1. ISO简介

ISO（International Organization for Standardization）是国际标准化组织的英语简称。ISO是世界上最大的国际标准化组织。它成立于1947年2月23日，它的前身是1928年成立的"国际标准化协会国际联合会"（简称ISA）。其他如IEC也比较大。IEC即"国际电工委员会"，1906年在英国伦敦成立，是世界上最早的国际标准化组织。IEC主要负责电工、电子领域的标准化活动。而ISO负责除电工、电子领域之外的所有其他领域的标准化活动。

ISO的宗旨是："在世界上促进标准化及其相关活动的发展，以便于商品和服务的国际交换，在智力、科学、技术和经济领域开展合作。"ISO现有200多个成员。ISO的最高权力机构是每年一次的"全体大会"，其日常办事机构是中央秘书处，设在瑞士的日内瓦。

2. ISO 9000族标准的产生

ISO 9000族质量管理体系国际标准，是运用先进的管理理念，以简明标准的形式推出的实用管理模式，是当代世界质量管理领域的成功经验的总结。

世界上最早的质量保证标准是20世纪50年代末,在采购军用物资过程中,美国颁布的MIL-Q-9858A《质量大纲要求》。20世纪70年代,美、英、法、加拿大等国先后颁发了一系列质量管理和保证方面的标准。为了统一各国质量管理活动,同时持续提高提供产品的组织的质量管理体系,国际标准化组织(ISO)于1979年成立了质量管理和质量保证技术委员会。1986—1987年,ISO发布了ISO 9000系列标准,它包括6项标准:ISO 8402《质量——术语》标准、ISO 9000《质量管理和质量保证标准——选择和使用指南》、ISO 9001《质量体系——设计开发、生产、安装和服务的质量保证模式》、ISO 9002《质量体系——生产和安装的质量保证模式》、ISO 9003《质量体系——最终检验和试验的质量保证模式》、ISO 9004《质量管理和质量体系要素——指南》。

3. 质量管理体系标准的修订和发展

① 1994年的修改——"有限修改"。1994年,ISO/TC176完成了对标准的第1次修改工作,此次修改保持了1987版标准的基本结构和总体思路,只对标准的内容进行技术性的局部修改,提出了ISO 9000族标准的概念。

② 2000年的修改——"彻底修改"。此次修改是在充分总结了前两个版本标准的长处和不足的基础上,对标准总体结构和技术内容两个方面进行的彻底修改。2000年12月15日,ISO/TC176正式发布了2000版的ISO 9000族标准,取代了1994版标准。其核心标准包括:ISO 9000:2000《质量管理体系——基础和术语》、ISO 9001:2000《质量管理体系——要求》、ISO 9004:2000《质量管理体系——业绩改进指南》和ISO 19011:2002《质量和(或)环境管理体系审核指南》。

③ 2008年的修改——"技术性修改"。与ISO 9000:2000系列标准相比,主要对ISO 9001:2000关于法律法规要求、产品范围、外包过程等17个方面进行修订。整体而言,ISO 9000:2008系列标准增强了风险评估力度,强调组织能力与责任,突显ISO 9000标准通过控制风险实现稳定一致的理念,与时俱进,关注产品交付后的质量风险,强化组织的自我预防纠错能力。

④ 2015年发布了目前最新修订版。2015年9月23日,ISO 9001:2015版标准正式发布,是2000年以来的首次重大改版。对于理解ISO 9001至关重要的术语也已被修订,ISO 9000:2015于9月23日与ISO 9001同时发布。2015版标准更加明确要求基于风险的思想加强过程方法应用;改善对服务业的适用性;注重取得预期成果及绩效,以提高顾客满意度;融入现代企业管理思想;要求组织中的高层积极参与并承担责任,使质量管理与更广泛的业务战略保持一致;重视组织内外部环境等。

二维码材料:11-3　ISO 9000:2015质量管理体系　基础和术语

4. ISO 9000族标准在中国

1987年3月ISO 9000族标准正式发布以后,我国在原国家标准局部署下组成了"全国质量保证标准化特别工作组"。1988年12月,我国正式发布了等效采用ISO 9000标准的GB/T 10300《质量管理和质量保证》系列国家标准,并于1989年8月1日起实施。

1992年5月我国决定等同采用ISO 9000系列标准,发布了GB/T 19000—1992系列标准。

1994 年我国发布了等同采用 1994 版 ISO 9000 族标准的 GB/T 19000 族标准。

2000—2003 年我国陆续发布了等同采用 2000 版 ISO 9000 族标准的国家标准,包括 GB/T 19000、GB/T 19001、GB/T 19004 和 GB/T 19011 标准。

2008 年我国根据 ISO 9000:2005、ISO 9001:2008 版的发布,同时也修订发布了 GB/T 19000—2008、GB/T 19001—2008 标准。

随着 2015 版 ISO 9000、ISO 9001 的标准发布,我国等同采用的 GB/T 19000—2016、GB/T 19001—2016 标准于 2016 年 12 月 30 日由国家质量监督检验检疫总局、国家标准化管理委员会正式批准发布,新版标准于 2017 年 7 月 1 日起正式实施。

11.4.2 质量管理体系认证

质量管理体系认证是指经质量管理体系认证机构确认,通过注册和颁发体系认证证书,证明企业的质量体系符合有关质量体系标准要求的活动,是第三方对企业质量体系的评价。

1. 质量认证的由来

质量认证是随着现代工业的发展作为一种外部质量保证的手段逐步发展起来的。在现代质量认证制度产生之前,供应方为了推销产品,往往采取"合格声明"的方式,即供应方单方面通过某种形式的产品说明或文件或"合格"标记等,表明所供产品的全部特性能够符合需求方的要求,以取得需求方对产品质量的信任。

随着科学技术的发展,产品的结构和性能日趋复杂,仅凭需方的知识和经验很难判断产品是否符合要求,而供方的"合格声明"并不总是可信的。后来,曾出现由需方对供方进行审核(第二方审核)以得到质量保证的做法。这种做法有很大的局限性:审核方对审核结果拥有某种权利;审核的内容仅与特定的合同有关;供方难以应付每个需方的审核。因此,顺应供方树立产品信誉、保障消费者利益以及安全和立法的需要,由第三方证实产品质量的现代质量认证制度便应运而生。

由第三方进行审核的质量管理体系认证对供需双方都有好处。对于需求方来说,不仅无须耗费人力对供方进行审核,选择供方也变得更加方便,而且由于有认证机构对供方质量体系的日常监督,需方对供方产品能持续满足质量要求也有了信心;对于供方来说,不仅可免于应付多个需方的多次审核,而且供方通过认证、注册,表明供方质量体系符合公认的国际标准要求,使供方产品在国际市场上能够畅通无阻。

2. 质量认证制度

认证是指由认证机构证明产品、服务、管理体系符合相关技术规范、相关技术规范的强制性要求或者标准的合格评定活动。认证制度包括产品和质量体系的认证、认证机构的认可两个方面的内容。

① 产品质量认证是指依据产品保证和相应的技术要求,经认证机构确认并颁发认证

证书，以表明某一产品符合相应标准和相应技术要求的活动。

② 质量管理体系认证是指依据国际通用的质量管理和质量保证系列标准，由认证机构对企业的质量体系进行审核，并颁发证书，以证明企业的质量体系和质量保证能力符合相应要求，并予以注册。

由此可见，产品质量认证和质量管理体系认证并不相同。在进行产品质量认证的同时，往往要进行企业质量体系的检查和评定。实践证明，仅仅依靠对最终产品的抽样检验来进行质量认证是不可靠的，一般的抽样检验结果，只能证明某一个批次产品的质量是否符合质量要求，而无法保证产品质量持续符合质量要求。而第三方认证的目的则是解决产品是否持续符合标准的问题。

③ 认证机构的认可是指由认可机构对认证机构、检查机构、实验室以及从事评审、审核等认证活动人员的能力和执业资格，予以承认的合格评定活动。认证机构通常是官方或非官方的团体，它具有可靠的执行认证制度的能力，是独立于制造商、销售商和使用者之外的权威机构。需要认可的认证机构包括产品认证机构、体系认证机构、检查机构、实验室、培训机构等。目前，中国合格评定国家认可委员会（CNAS）是根据《中华人民共和国认证认可条例》的规定，由国家认证认可监督管理委员会批准设立并授权的国家认可机构，统一负责对认证机构、实验室和检查机构等相关机构的认可工作。

 二维码材料：11-4　2016年新版《质量管理体系认证规则》

3. 质量管理体系认证程序

质量管理体系认证一般是由企业提出申请，由认证机构委派审核组依据国际通用的质量管理和质量保证系列标准，对企业的质量体系进行审核，颁发证书并予以注册的过程。一般程序如图11.16所示。

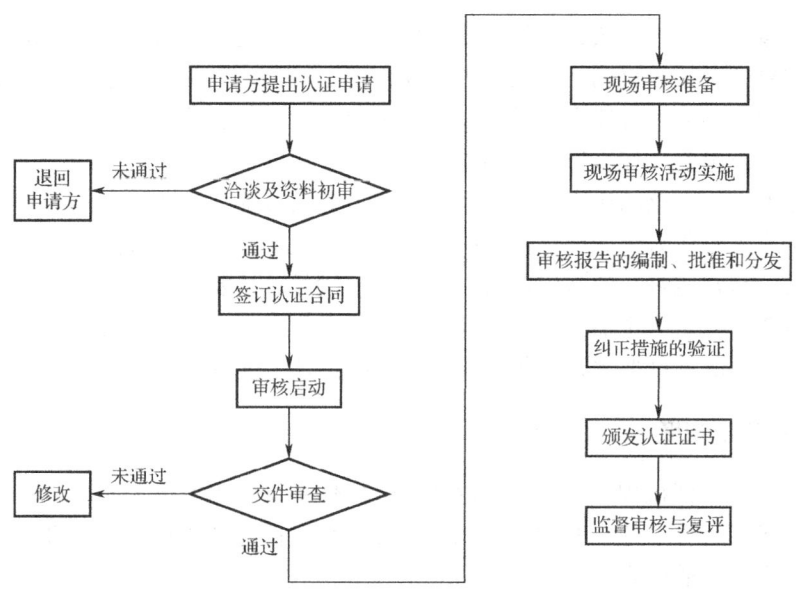

图11.16　质量管理体系认证一般程序

项目小结

质量概念经历了"符合性质量""适用性质量""顾客满意质量"三大过程的不断演变。权威的质量定义为:"客体的一组固有特性满足要求的程度。"

质量管理是"关于质量的管理",通常包括制定质量方针和质量目标及质量策划、质量控制、质量保证和质量改进。质量管理的发展过程分为质量检验、统计质量控制和全面质量管理三个阶段。质量管理应遵循以顾客为关注焦点、领导作用、全员积极参与、过程方法、改进、循证决策和关系管理七项原则。

全面质量管理的特点:全过程的质量管理、全员参与质量管理、全企业的质量管理、方法的质量管理。PDCA 循环是全面质量管理的基本方法。

质量管理常用的方法包括调查表、分层法、因果分析图、排列图、散布图、直方图、控制图。

ISO 9000 族质量管理体系国际标准,是运用先进的管理理念,以简明标准的形式推出的实用管理模式,是当代世界质量管理领域的成功经验的总结。

质量管理体系认证是指经质量管理体系认证机构确认,通过注册和颁发体系认证证书,证明企业的质量体系符合有关质量体系标准要求的活动,是第三方对企业质量体系的评价。认证制度包括产品和质量体系的认证、认证机构的认可两个方面的内容。

项目训练

一、单项选择题

1. 根据现行《国际质量管理标准》,质量的定义为(　　)。
   A. 产品的适用性
   B. 一组固有特性满足要求的程度
   C. 产品对社会造成的一切损失的大小
   D. 一件产品或一种劳务满足用户需求的能力
2. 产品的质量要求主要包括(　　)。
   A. 社会对产品的质量要求和用户对产品的质量要求
   B. 产品性能、安全性、经济性、可信性等
   C. 可靠性、维修性和维修保障性等
   D. 有关环境保护、公共安全、使用者健康保障以及能源和自然资源的节约等
3. 最早提出 PDCA 循环概念的是(　　)。
   A. 费根堡姆　　　　B. 石川馨　　　　C. 朱兰　　　　D. 戴明
4. 目前,我国统一负责对认证机构、实验室和检查机构等相关机构的认可工作的机构是(　　)。
   A. 中国合格评定国家认可委员会　　　　B. 国家质检总局

C．国家认证认可监督管理委员会　　　　D．国际标准化组织

二、多项选择题

1．产品质量的形成与实现取决于（　　）。
　　A．市场调研质量　　B．设计质量　　C．制造质量　　D．服务质量
2．质量管理发展大致经过的阶段有（　　）。
　　A．质量检验阶段　　　　　　　　B．质量控制阶段
　　C．统计质量控制阶段　　　　　　D．全面质量管理阶段
3．全面质量管理的特点包括（　　）。
　　A．全员的质量管理　　　　　　　B．全过程的质量管理
　　C．全企业的质量管理　　　　　　D．多方法的质量管理
4．认证制度包括（　　）。
　　A．产品和质量体系的认证　　　　B．认证机构的认可
　　C．合格评定　　　　　　　　　　D．质量审核

三、判断题

1．所有质量问题都是实际在线上作业的人造成的。（　　）
2．提高产品质量对消费者、对国家、对企业都具有十分重要的意义。（　　）
3．PDCA循环各环节的顺序可根据实际需要进行调整。（　　）
4．通过不断的质量控制，可提高产品的质量水平。（　　）
5．产品质量认证和质量管理体系认证是相同的。（　　）

四、简答题

1．什么是全面质量管理？
2．简述PDCA循环的阶段和步骤。
3．质量管理常用的七种方法分别是什么？各有什么作用？
4．什么是质量管理体系认证？

五、论述题

1．论述质量管理的意义。
2．结合实际，论述"以顾客为关注焦点"的质量管理原则。

项目实训

煮鸡蛋为什么会破

1．实训目的
通过煮鸡蛋实验，锻炼学生查找和解决质量问题的能力。

2．实训内容与组织
（1）以 10 人左右为单位成立实验小组，每组分配 10 枚鸡蛋。
（2）每个小组充分讨论，分别设计各自的煮鸡蛋实验方案。
（3）做好实验记录，计算煮鸡蛋破损率，并分析其原因。
（4）开展头脑风暴，研究减少煮鸡蛋破损的措施。
3．成果与检测
（1）以小组为单位撰写实验报告。
（2）实验小组之间进行比评，评出优秀实验报告。

项目 12　技术经济分析

通过本项目的学习,理解经济效益、现金流量和资金时间价值的概念;初步掌握资金等值计算;了解现金流量图;掌握技术经济分析的投资回收期、净现值、内部收益率等主要方法;了解其他方法;了解财务评价和国民经济评价。

创业成功了吗

毕业半年后,一心想自主创业的工商企业管理专业的大学生李家明和女朋友晓丽用自筹的 60 万元办了一个食品厂。运营一年后,会计专业出身的晓丽列出了收支报表。两人高兴地拿着报表向敬爱的赵老师汇报战果。讲授技术经济学的赵教授看完报表后说,你们已经迈出了坚实的第一步,但还需继续努力,因为按我的算法结果会不一样。于是赵教授也列出了一份收支报表,这两份收支报表如表 12.1 所示。

表 12.1　收支报表对比表　　　　　　　　（单位:万元）

晓丽的报表		赵教授的报表	
销售收入	100	销售收入	100
设备折旧	3	设备折旧	3
厂房租金	10	厂房租金	10
外购原物料	32	外购原物料	32
电力	3	电力	3
人工费用	24	人工费用	24
贷款利息	10	贷款利息	10
		李家明和晓丽应得工资	12
		自有资金成本	6
总成本	82	总成本	100
利润	18	利润	0

技术经济分析虽然需要财务会计知识，但与会计核算有很大不同。投资决策的正确仰赖科学的技术经济分析。

任务 12.1　技术经济分析基础

12.1.1　经济效益

技术经济分析的核心任务是研究建设项目或技术方案的实施所产生的经济效益。所谓技术的经济效益，是指技术方案的产出与投入的比较。它通常有下列两种表达形式：

$$经济效益 = \frac{产出}{投入} \quad 或 \quad 经济效益 = 产出 - 投入$$

第一种表达式使用较广，在投入与产出的计量单位不相同时也可以使用，反映技术方案的相对经济效果，表明一元钱的投入（或支出）能产生多少收益（或利润）；第二种形式在投入与产出的计量单位相同时使用，表明技术方案的绝对经济效果，即收支相抵后的有用效果，如利润、净收益等。

经济效益最大化可描述为用最小的投入获得一定的产出，或者在投入不变的情况下，力求产出最大化。也就是说，在产出相同时，投入最小的技术方案经济效益最大；而当投入相同时，产出最多者经济效益最大。

> **小资料**
>
> 巴菲特定律：在其他人都投了资的地方去投资，你是不会发财的。这是由美国"股神"巴菲特提出的，是他多年投资生涯的经验结晶。
>
> 根据巴菲特定律，企业要想投资成功：①发现别人没有发现的市场空缺；②投资别人都意识到却不屑于投资的市场空缺；③投资已经形成竞争态势的市场领域，但一定要创出特色。

12.1.2　现金流量与现金流量图

考察技术方案或建设项目的经济效果，主要在于预测、分析和计算其现金流量。而为了便于观察技术方案或建设项目的现金流量，常利用一个简单的工具——现金流量图。

1. 现金流量的概念和构成

对于一个特定的经济系统而言，投入的资金、支出的费用以及获得的收益，都可以看成是以货币形式体现的资金流出或资金流入。在技术经济分析中，把各个时间点上实际发生的这种资金流出或资金流入称为现金流量；流出经济系统的资金称为现金流出；流入经济系统的资金称为现金流入；现金流入与现金流出之差称为净现金流量。

现金流量的构成是指一个建设项目或技术方案所产生的现金流出和现金流入各包括哪些具体的项目。不同性质的建设项目，其现金流量的构成也不相同。对于一般的工业投资项目来说，投资、成本费用、销售收入、税金和利润等经济量是构成经济系统现金流量的基本要素。

2. 现金流量图

现金流量图是用图示的方式反映特定经济系统在一定时期内发生的现金流量的分析工具，如图 12.1 所示。

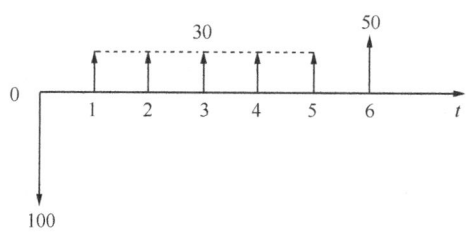

图 12.1　现金流量图

在图 12.1 中，横轴是时间轴，向右延伸表示时间的延续。轴线等分成若干间隔，每一间隔代表一个时间单位，通常是年。时间轴上的点称为时点，通常表示的是该年的年末，同时也是下一年的年初。零时点即为第一年开始之时点。

垂直于时间轴的箭线，代表流入或流出经济系统的现金流量。箭线的长度依据现金流量的大小按比例画出。箭头向下表示现金流出，箭头向上表示现金流入。

现金流量图上要注明每一笔现金流量的金额。

12.1.3　资金时间价值

1. 资金时间价值的概念

资金的时间价值，是指一定量资金在不同时点上的价值量的差额。这主要是因为资金在投资和再投资过程中随时间的推移而产生了增值。资金时间价值是资金在周转使用中产生的，是资金所有者让渡资金使用权而参与社会财富分配的一种形式。因为当前资金可用来投资而获得相应的收益，而将来才可得到的资金则无法用于现期投资并获得相应的收益。

对于资金的时间价值可以从两个方面来理解。从投资者的角度来看，在商品经济条件下，资金的运动伴随着生产与交换而进行。资金投入生产或流通领域，会给投资者带来利润或投资收益，表现为资金的增值。资金的增值特性使资金具有时间价值。

从消费者的角度来看，资金一旦用于投资就不能用于现期消费。牺牲现期消费是为了能在将来得到更多的消费，个人储蓄的动机和国家积累的目的就在于此。资金的时间价值体现为，对放弃现期消费的损失所做的必要的补偿。

资金的时间价值是一个重要概念。充分认识和发挥资金时间价值的作用，对于节约和合理使用资金，提高资金使用的经济效益具有十分重要的现实意义。

资金时间价值的大小取决于多方面的因素。从投资角度来看主要有三个因素：第一是投资收益率，即单位投资所能带来的投资收益；第二是通货膨胀，即对因货币贬值所造成的损失而做出的补偿;第三是风险因素,即对由于风险的存在而可能带来的损失所应做出的补偿。

> **小资料**
>
> 18世纪末至19世纪中期,美国利用有利的国际形势,乘机夺取或购买了广袤的土地。1803年,美国从法国手里购买面积200多万平方公里的路易斯安那,1810年起,以低价从西班牙夺得佛罗里达半岛。1846年,从英国取得俄勒冈。1867年3月30日,俄国把151.9万平方公里的阿拉斯加卖给美国,售价为720万美元,平均每20公顷土地1美元,成为美国买价最低的州。

衡量资金的时间价值有两个尺度:一个是绝对尺度,另一个是相对尺度。

绝对尺度主要包括利息、利润或净收益等。这些都是使用资金的报酬,是资金在运动中产生的增值。一般把银行存款获得的资金增值称为利息;把资金投入生产经营活动而产生的增值称为利润或净收益。

相对尺度主要有利率、利润率或收益率等。利率是在一个计息周期内所得利息额与借贷金额(本金)之比;利润率或收益率是一定时间的利润或净收益与原投入资金之比。它们都反映了资金随时间变化的增值率。

2. 资金时间价值的计算

在技术经济分析中,对资金时间价值的计算方法与银行利息的计算方法相同,有单利法和复利法两种。

① 单利法。单利计息是指仅对本金计算利息,所得利息不再计算利息。单利计息的计算公式为:

$$I_n = Pni \tag{12-1}$$

式中,I_n——利息;P——本金;n——计息周期数;i——利率。

n个计息周期后的本利和为:

$$F_n = P(1+in) \tag{12-2}$$

例12.1 某人存入银行10 000元,定期3年,年利率为2%,单利计息。问三年后的利息与本利和各是多少?

解:三年后的利息为:

$$I_n = Pni = 10\,000 \times 3 \times 2\% = 600（元）$$

本利和为:

$$F_n = P + I_n = 10\,000 + 600 = 10\,600（元）$$

② 复利法。复利计息是用本金和前期累计利息总额之和进行计息,即除最初的本金要计算利息外,利息再计利息,俗称"利滚利"。复利计算的本利和公式为:

$$F_n = P(1+i)^n \tag{12-3}$$

例12.2 某人以6%的利率借入10 000元,3年后一次偿还全部本金和利息。若复利计息,试求偿付总额。

解:其偿付总额为:

$$F_n = P(1+i)^n = 10\,000(1+6\%)^3 = 11\,910.16 \text{ （元）}$$

单利法考虑了资金的时间价值，计算简单，但未考虑利息再生息。从资金在社会再生产过程中运动的实际状况看，采用复利法计算比较符合资金运动规律和增值规律。在技术经济分析中一般采用复利法进行计算。

小资料

现代经济社会中，几乎可以肯定我们会遇到各式各样的利息计算问题。如何确定计算基数、利率和期限？计算规则如何？不具体搞清楚这些问题，我们就不知道应该得到或支付多少利息。

二维码材料：12-1　《中国人民银行关于人民币存贷款计结息问题的通知》

　　　　　　12-2　《人民币利率管理规定》

12.1.4　资金等值计算

1. 资金等值的概念

既然资金具有时间价值，那么不同时点上发生的两笔金额不等的资金，可能具有相等的价值。我们把在一定利率下，不同时点上发生的、绝对数额不等但价值相同的若干资金称为等值资金。

利用资金等值的概念，可以把一个时点上的资金，以一定的利率等值变换为另一个时点上的资金值。这一换算过程称为资金等值计算。资金等值计算中的一个常见问题是把将来某一时间点上的资金金额，换算为现在（或离现在较近的某一时点）的等值金额。这一过程称为"折现"或"贴现"。将来时点上的资金折现后的资金金额称为现值，与现值等价的将来时点上的资金金额称为"终值"或"将来值"。进行资金等值计算使用的反映资金时间价值的参数称为折现率。

2. 资金等值计算公式

由于资金时间价值的客观存在，在技术经济分析中不能把不同时点上发生的各种收益和费用直接相加或相减，必须通过资金等值计算将它们换算到同一时点上后再进行分析与计算。技术经济分析中经常用到的 6 个资金等值计算公式及推导它们时对应的现金流量图如表 12.2 所示。其中，F 为终值，P 为现值，i 为折现率，n 为时间周期数，A 为等额年金。

表 12.2　6 个资金等值计算公式

名　　称	已知→未知	公　　式	现金流量图
一次收付终值公式	$P \to F$	$F = P(1+i)^n$	
一次收付现值公式	$F \to P$	$P = F\left[\dfrac{1}{(1+i)^n}\right]$	

续表

名称	已知→未知	公式	现金流量图
等额分付终值公式	$A \to F$	$F = A\left[\dfrac{(1+i)^n - 1}{i}\right]$	
等额分付偿债基金公式	$F \to A$	$A = F\left[\dfrac{i}{(1+i)^n - 1}\right]$	
等额分付现值公式	$A \to P$	$P = A\left[\dfrac{(1+i)^n - 1}{i(1+i)^n}\right]$	
等额分付资金回收公式	$P \to A$	$A = P\left[\dfrac{i(1+i)^n}{(1+i)^n - 1}\right]$	

任务 12.2　技术经济分析的方法

按是否考虑资金的时间价值，技术经济分析的方法分为静态分析方法和动态分析方法。考虑资金时间价值的分析方法称为动态分析方法；不考虑资金时间价值的方法称为静态分析方法。

12.2.1　静态分析方法

静态分析方法主要有投资回收期法、追加投资回收期法和计算费用法等。

1. 投资回收期法

投资回收期是用项目建成后各年的净收益（年收入减年支出）抵偿全部投资所需的时间，其表达式为：

$$\sum_{t=0}^{P_t}(\text{CI} - \text{CO})_t = 0 \qquad (12\text{-}4)$$

式中：P_t——投资回收期；CI——现金流入；CO——现金流出；$(\text{CI}-\text{CO})_t$——第 t 年的净现金流量。

投资回收期的计算公式为：

$$P_t = T - 1 + \dfrac{\text{第}(T-1)\text{年的累计净现金流量的绝对值}}{\text{第}T\text{年的净现金流量}} \qquad (12\text{-}5)$$

式中：T——累计净现金流量首次出现正值（或零）的年份数。

判断准则：设基准投资回收期为 P_c，若 $P_t \leqslant P_c$，则项目（或方案）可行；若 $P_t > P_c$，则项目（或方案）不可行。

例 12.3　某投资项目各年份的净现金流量如表 12.3 所示。问该项目的投资回收期是多少？若基准投资回收期 $P_c=4$ 年，项目是否可取？

表 12.3　某项目的现金流量表　　　　　　　　　　　（单位：万元）

年　　份	0	1	2	3	4	5	6
净现金流量	-200	40	60	60	60	60	70
累计净现金流量	-200	-160	-100	-40	20	80	150

解：由项目的现金流量表可知，累计净现金流量开始出现正值的年份数为 4，即 $T=4$，第 3 年的累计净现金流量为 -40 万元，第 4 年净现金流量为 60 万元。

将相关数据代入式（12-11）可得：

$$P_t = T - 1 + \frac{第(T-1)年的累计净现金流量的绝对值}{第T年的净现金流量}$$

$$= 4 - 1 + \frac{|-40|}{60} \approx 3.67（年）$$

由于 $P_t < P_c$，故项目可行。

2. 追加投资回收期法

当工程项目存在两个（或多个）技术水平不同的建设方案时可能会出现下列情况：其中技术先进的方案投资大，运行成本（或经营成本）低；而技术较落后的方案投资小，运行成本（或经营成本）高。这时就可以采用追加投资回收期法来评价分析。追加投资回收期是指投资大的方案以每年节约的运行费用来补偿或回收追加投资所需要的时间，其计算公式为：

$$P_a = \frac{I_2 - I_1}{C_1 - C_2} \tag{12-6}$$

式中：P_a——追加投资回收期；I_1 和 I_2——方案 1（投资小）和方案 2（投资大）的投资额；C_1 和 C_2——方案 1 和方案 2 的运行成本。

判断准则：设基准投资回收期为 P_c，若 $P_a \leq P_c$，则投资大（技术先进）的方案较优；若 $P_a > P_c$，则投资小（技术落后）的方案较优。

例 12.4　某项目有两个技术方案，有关资料如表 12.4 所示。若基准投资回收期为 5 年，应选择哪个方案？

表 12.4　某项目的两个技术方案　　　　　　（单位：万元）

方　　案	投 资 额	年运行成本
A	2 200	1 000
B	3 000	800

解：根据题意有 $P_c = 5$，根据式（12-12）可得：

$$P_a = \frac{I_2 - I_1}{C_1 - C_2} = \frac{3\,000 - 2\,200}{1\,000 - 800} = 4（年）$$

由于 $P_a < P_c$，因此应选择方案 B。

3. 投资效果系数法

投资效果系数法是通过计算总投资收益率和项目资本金净利润率等指标，反映消耗和占用的资金与获得的投资回报之间关系，分析判断建设项目的盈利能力。

总投资收益率（ROI）是指项目达到设计生产能力后正常年份的年息税前利润或运营期内年平均息税前利润（EBIT）与项目总投资（TI）的比率。它表示总投资的盈利水平，若高于同行业的收益率参考值，则表明用总投资收益率表示的盈利能力满足要求。其计算公式为：

$$ROI = \frac{EBIT}{TI} \times 100\% \qquad (12-7)$$

项目资本金净利润率（ROE）是指项目达到设计生产能力后正常年份的年净利润或运营期内年平均净利润（NP）与项目资本金（EC）的比率。它表示项目资本金的盈利水平，若高于同行业的净利润率参考值，则表明用项目资本金净利润率表示的盈利能力满足要求。其计算公式为：

$$ROE = \frac{NP}{EC} \times 100\% \qquad (12-8)$$

4. 偿债能力分析

偿债能力分析是通过计算利息备付率、偿债备付率和资产负债率等指标，分析判断财务主体的偿债能力。

利息备付率（ICR）是指在借款偿还期内的息税前利润（EBIT）与应付利息（PI）的比值。它从付息资金来源的充裕性角度反映项目偿付债务利息的保障程度，该指标应当大于1，且越高偿债能力越强。其计算公式为：

$$ICR = \frac{EBIT}{PI} \qquad (12-9)$$

偿债备付率（DSCR）是指在借款偿还期内用于计算还本付息的资金（EBITDA-T_{AX}）与应还本付息金额（PD）的比值。它表示可用于还本付息的资金偿还借款本息的保障程度，该指标应当大于1，且越高偿债能力越强。其计算公式为：

$$DSCR = \frac{EBITDA - T_{AX}}{PD} \qquad (12-10)$$

式中：EBITDA——息税前利润加折旧和摊销；T_{AX}——企业所得税。

资产负债率（LOAR）是指各期末负债总额（TL）同资产总额（TA）的比率。它表明了在企业的全部资产中由债权人提供的资产所占比重的大小，反映了债权人向企业提供信贷资金的风险程度，也反映了企业举债经营的能力。适度的资产负债率，表明企业经营安全、稳健，具有较强的筹资能力。其计算公式为：

$$LOAR = \frac{TL}{TA} \times 100\% \qquad (12-11)$$

综上可知，静态分析方法的主要优点是简单易行，概念清晰易懂；缺点主要是未考虑资金的时间价值和项目寿命期内的全部经济数据。

12.2.2 动态分析方法

相对静态分析方法而言，动态分析方法不仅考虑资金的时间价值，而且考察了项目整个寿命期内收入和支出的全部经济数据。因此，动态分析方法更全面、更科学。动态分析方法主要有净现值法、净年值法、费用现值法、年费用法和内部收益率法等。

1．净现值法

净现值（NPV）是按一定的折现率将项目各年净现金流量折现到基准年（通常是期初）的现值累加值，其计算公式为：

$$\text{NPV} = \sum_{t=0}^{n}(\text{CI}-\text{CO})_t(1+i_c)^{-t} \tag{12-12}$$

式中：NPV——净现值；$(\text{CI}-\text{CO})_t$——第 t 年的净现金流量；i_c——基准折现率；n——项目的寿命期（或计算期）。

判别准则：对单一项目方案，若 NPV≥0，则方案可行；若 NPV<0，则方案应予拒绝；多方案比选时，净现值大者较优。

例 12.5 某项目各年的净现金流量如表 12.5 所示，试用净现值法判断项目的经济性（$i_c=10\%$）。

表 12.5　某项目的现金流量表　　　　　（单位：万元）

年　份	0	1	2	3	4	5	6
净现金流量	−80	−70	40	60	60	60	60

解：根据表 12.4 中各年的净现金流量和式（12-12）得：

NPV=−80−70(*P/F*,10%,1)+40(*P/F*,10%,2)+60(*P/A*,10%,4)(*P/F*,10%,2)

　　=−80−70×0.909 1+40×0.826 4+60×3.170×0.826 4

　　=46.60（万元）

因为 NPV>0，所以项目可行。

2．净年值法

在对多个方案进行比较选优时，若各方案的寿命期不同，便不能直接用净现值法比较选优。这时最简单的方法是净年值（AW）法。净年值是通过资金等值计算将项目净现值分摊到寿命期内各年的等额年金，其表达式为：

$$\text{AW} = \text{NPV}(A/P, i_c, n) \tag{12-13}$$

判断准则：若 AW≥0，则方案可行；反之，则应予拒绝；多方案比选时，AW 大者较优。

例 12.6 某项目有 A、B 两个寿命期分别为 3 年和 5 年的备选方案，各自的净现金流量如表 12.6 所示。试评价并选择（$i_c=12\%$）。

表 12.6　方案的净现金流量　　　　　　　　　　　　　（单位：万元）

方案＼年份	0	1	2	3	4	5
A	-300	95	95	95	95	95
B	-100	50	50	50		

解：$AW_A = -300(A/P,12\%,5)+96 = -300 \times 0.2774 + 95 = 11.78$（万元）

$AW_B = -100(A/P,12\%,3)+50 = -100 \times 0.4164 + 50 = 8.37$（万元）

由于 $AW_A > AW_B > 0$，故应选择方案 A。

3. 费用现值法和年费用法

在对多个方案进行比较选优时，若各方案的产出效益相同，或都能满足同样需要而又难以量化其产出效益时，可采用费用现值法或年费用法进行分析。

费用现值（PC）的计算公式为：

$$PC = \sum_{t=0}^{n} CO_t (P/F, i_c, t) - W(P/F, i_c, n) \qquad (12\text{-}14)$$

年费用（AC）的计算公式为：

$$AC = PC(A/P, i_c, n) \qquad (12\text{-}15)$$

在式（12-14）和式（12-15）中：PC——费用现值；AC——年费用；W——期末残值；其他符号意义同式（12-12）。

判断准则：在利用费用现值法或年费用法进行多个方案的比选时，费用现值最小或年费用最小的方案为优。但要注意，各方寿命期不同时，不能直接用费用现值比较选优，需要实现时间上可比之后才可以。这时使用年费用法却很方便。

例 12.7　某企业有三种可选的运输设备 A、B、C，均能满足同样的需要。各方案的费用和残值数据如表 12.7 所示。试分别用费用现值法和年费用法比较选优（$i_c = 10\%$）。

表 12.7　三种运输设备的费用数据　　　　　　　　　（单位：万元）

方　案	购　置　费	年运营费	残　值	寿　命
A	20	6	2	10
B	24	5	2.5	10
C	30	3.5	3	10

解：（1）各方案的费用现值分别计算如下：

$PC_A = 20 + 6(P/A,10\%,10) - 2(P/F,10\%,10) = 56.09$（万元）

$PC_B = 24 + 5(P/A,10\%,10) - 2.5(P/F,10\%,10) = 53.76$（万元）

$PC_C = 30 + 3.5(P/A,10\%,10) - 3(P/F,10\%,10) = 50.35$（万元）

（2）各方案的年费用分别计算如下：

$AC_A = 20(A/P,10\%,10) + 6 - 2(A/F,10\%,10) = 9.13$（万元）

$AC_B=24(A/P,10\%,10)+5-2.5(A/F,10\%,10)=8.75$（万元）

$AC_C=30(A/P,10\%,10)+3.5-3(A/F,10\%,10)=8.19$（万元）

根据费用最小的选优准则，费用现值和年费用的计算结果都表明，方案 C 最优，方案 A 最差。

4．内部收益率法

在所有的技术经济分析方法中，除了净现值法外，内部收益率（IRR）法是另一个最重要的分析方法。简单地说，内部收益率就是净现值为零时的折现率。其公式为：

$$NPV(IRR) = \sum_{t=0}^{n}(CI-CO)_t(1+IRR)^{-t} = 0 \qquad (12-16)$$

式中：IRR——内部收益率；其他符号意义同式（12-12）。

判别准则：设基准折现率为 i_c，若 IRR≥i_c，则项目可行；IRR<i_c，则项目应予拒绝。

式（12-16）是一个一元高次方程，不宜直接求解，通常采用线性插值法求内部收益率的近似解。求解过程如下：首先估计给出两个折现率 i_1 和 i_2，且 i_1<i_2，再分别计算 i_1 和 i_2 对应的净现值 NPV_1 和 NPV_2，若 NPV_1>0、NPV_2<0，则可利用式（12-17）计算 IRR 的近似值。

$$IRR = i_1 + \frac{NPV_1}{NPV_1+|NPV_2|}(i_2-i_1) \qquad (12-17)$$

利用式（12-17）计算 IRR 的误差与 (i_2-i_1) 的大小有关。为控制误差，(i_2-i_1) 一般不应超过 0.05。

例 12.8 根据例 12.5 的资料，计算项目的内部收益率，并判断项目的经济性。

解：设 i_1=15%，i_2=20%，分别计算出其对应的净现值如下：

NPV_1=−80−70$(P/F,15\%,1)$+40$(P/F,15\%,2)$+60$(P/A,15\%,4)(P/F,15\%,2)$

　　　=−80−70×0.869 6+40×0.756 1+60×2.855×0.756 1

　　　=18.89（万元）

NPV_2=−80−70$(P/F,20\%,1)$+40$(P/F,20\%,2)$+60$(P/A,20\%,4)(P/F,20\%,2)$

　　　=−80−70×0.833 3+40×0.694 4+60×2.589×0.694 4

　　　=−2.69（万元）

再用线性插值法计算公式，可得

$$IRR = i_1 + \frac{NPV_1}{NPV_1+|NPV_2|}(i_2-i_1) = 15\% + (20\%-15\%)\frac{18.89}{18.89+2.69} = 19.38\%$$

由于 IRR 大于基准折现率（10%），因此项目可行。

> **小资料**
>
> 为使决策科学化，一般要为一个建设项目拟订多个技术方案。在对建设项目进行技术经济分析时，要先判断方案是否可行，淘汰不可接受的方案，再从可行方案中选出最优方案。在我们前面介绍的技术经济分析的方法中，投资回收期法、投资效果系数法、净现值法和内部收益率法都可以用于判断项目方案的可行性，而且结合使用效果更好。

但要选出最优方案，在满足可比条件的前提下，应选用追加投资回收期法、净现值法、净年值法、费用现值法和年费用法对可行方案进行对比研究。

任务 12.3　建设项目的经济评价

12.3.1　可行性研究与经济评价

一个建设项目要经历投资前时期、投资时期（建设期）及运营期三个阶段，而投资前时期是决定项目成败的关键时期。投资前时期的核心任务和内容是可行性研究。

可行性研究是在建设项目投资决策前对有关建设方案、技术方案和生产经营方案进行的技术经济论证。可行性研究必须从系统总体出发，对技术、经济、财务、商业以及环境保护、法律等多个方面进行分析和论证，以确定建设项目是否可行，为正确进行投资决策提供科学依据。项目的可行性研究是对多因素、多目标系统进行的不断的分析研究、评价和决策的过程。可行性研究不仅应用于建设项目，还可应用于科学技术和工业发展的各个阶段和各个方面。例如，工业发展规划、新技术的开发、产品更新换代、企业技术改造等工作的前期，都可应用可行性研究。可行性研究的主要内容包括项目的背景和历史、市场调查、拟建规模、技术选择、厂址选择、投资估算和成本估算、经济评价等。

> **小资料**
>
> 长江三峡水利枢纽工程，简称三峡工程，是中国长江中上游段建设的大型水利工程项目，是世界上规模最大的水电站，它的许多指标都突破了世界水利工程的纪录。而由它所引发的移民、环境等诸多问题，使它从开始筹建的那一刻起，便始终与巨大的争议相伴。三峡工程究竟经历了怎样的论证过程？它的建成产生了多大的经济效益和社会效益呢？

二维码材料：12-3　三峡工程世纪大论证

建设项目的经济评价是项目前期研究工作的重要内容，是项目建议书和可行性研究报告的重要组成部分，是项目决策科学化的重要手段。经济评价应根据国民经济与社会发展以及行业、地区发展规划的要求，在项目初步方案的基础上，采取科学、规范的分析方法，对建设项目的财务可行性和经济合理性进行分析论证，做出全面评价，为项目科学决策提供经济方面的依据。经济评价包括财务评价和国民经济评价两个方面。

国家发展改革委员会和建设部 2006 年发布的《关于建设项目经济评价工作的若干规定》指出："建设项目经济评价内容的选择，应根据项目性质、项目目标、项目投资者、项目财务主体以及项目对经济和社会的影响程度等具体情况确定。对于费用效益计算比较简单，建设期和运营期比较短，不涉及进出口平衡等一般项目，如果财务评价的结论能够满足投资决策需要，可不进行国民经济评价；对于关系公共利益、国家安全和市场不能有效配置资源的经济和社会发展的项目，除应进行财务评价外，还应进行国民经济评价；对于特别重大的建设项目尚应辅以区域经济与宏观经济影响分析方法进行国民经济评价。"

根据项目决策工作不同阶段的要求，确定建设项目经济评价的深度和侧重点。建设项目可行性研究阶段的经济评价，应系统分析、计算项目的效益和费用，通过多方案经济比选推荐最佳方案，对项目建设的必要性、财务可行性、投资风险等进行全方面的评价。项目规划、机会研究、项目建议书阶段的经济评价可适当简化。

12.3.2 财务评价

1. 财务评价的概念

财务评价也称财务分析，是在国家现行财税制度和价格体系的前提下，从项目的角度出发，计算项目范围内的财务效益和费用，分析项目的赢利能力、清偿能力和财务生存能力（非经营性项目仅分析财务生存能力），评价项目在财务上的可行性。

2. 财务评价的内容与步骤

财务评价是在确定的建设方案、投资估算和融资方案的基础上进行财务可行性研究的。其主要内容和步骤如下。

① 选取财务评价基础数据与参数。包括主要投入品和产出品财务价格、税率、利率、汇率、计算期、固定资产折旧率、无形资产和递延资产摊销年限，生产负荷及基准收益率等基础数据和参数。

② 计算销售（营业）收入，估算成本费用。

③ 编制财务分析报表。

④ 计算财务评价指标，进行赢利能力分析和偿债能力分析。

⑤ 进行不确定性分析，包括盈亏平衡分析、敏感性分析。

⑥ 编制财务评价报告。

3. 财务效益与费用

项目的财务效益主要表现为生产经营的产品销售（营业）收入、补贴收入和资产回收。财务费用主要表现为建设项目总投资、经营成本和税金等各项支出。

① 产品销售（营业）收入，是项目销售产品（和、或提供劳务）取得的收入。

② 建设项目总投资，是固定资产投资、固定资产投资方向调节税、建设期借款利息和流动资金之和。固定资产投资是项目按拟订建设规模、产品方案、建设内容进行建设所需的费用，它包括建筑工程费、设备购置费、安装工程费、工程建设其他费用和预备费用。流动资金是指为维持生产所占用的全部周转资金，它是流动资产与流动负债的差额。项目总投资归属形成固定资产、无形资产、递延资产和流动资产。

③ 经营成本，是项目经济评价中使用的特定概念，作为项目运营期的主要现金流出，其构成和估算可采用下式表达：

经营成本=外购原材料、燃料和动力费+工资及福利费+修理费+其他费用

或：经营成本=总成本费用-折旧费-维简费-摊销费-利息支出

总成本费用=生产成本+销售费用+管理费用+财务费用

或：总成本费用=外购原材料、燃料和动力费+工资及福利费+修理费+折旧费+
维简费+摊销费+利息支出+其他费用

④ 税金，是指产品销售税金及附加、所得税等。产品销售税金及附加包括关税、增值税、营业税、消费税、资源税、城市维护建设税及教育费附加。

财务效益和费用的范围应遵循计算口径对应一致的原则。计算效益和费用时，产出物和投入物价格的选用必须有充分的依据，并列表说明。

4．财务评价的指标与报表

财务评价的指标主要包括反映赢利能力和偿债能力的指标。赢利能力分析的主要指标包括项目投资财务内部收益率和财务净现值、项目资本金财务净现值、投资回收期、总投资收益率、项目资本金净利润率等指标。可根据项目特点及财务分析的目的、要求等选用。偿债能力分析应通过计算资产负债率、利息备付率和偿债备付率等指标，分析判断财务主体的偿债能力。

财务分析报表包括项目投资现金流量表、项目资本金现金流量表、利润与利润分配表、财务计划现金流量表、资产负债表及借款还本付息计算表。

① 项目投资现金流量表。该表不分投资资金来源，以全部投资作为计算基础，用以计算项目投资所得税前及所得税后财务内部收益率、财务净现值及投资回收期等评价指标，考察项目全部投资的赢利能力，为各个投资方案（不论其资金来源及利息多少）进行比较建立共同基础。

② 项目资本金现金流量表。该表从投资者角度出发，以投资者的出资额作为计算基础，把借款本金偿还和利息支付作为现金流出，用以计算资本金财务内部收益率、财务净现值等评价指标，考察项目自有资金的赢利能力。

③ 利润与利润分配表。该表反映项目计算期内各年的营业收入、总成本费用、利润总额以及所得税及税后利润的分配，用以计算总投资收益率、项目资本金净利润率等指标。

④ 财务计划现金流量表。该表反映项目计算期内各年的投资、融资及经营活动的现金流入和流出，用于计算累计盈余资金，分析项目财务生存能力。

⑤ 资产负债表。该表综合反映项目计算期内各年末资产、负债和所有者权益的增减变化及对应关系，以考察项目资产、负债和所有者权益的结构是否合理，用以计算资产负债率，进行清偿能力分析。

⑥ 借款还本付息计划表。该表反映项目计算期内各年借款本金偿还和利息支付情况，用于计算偿债备付率和利息备付率指标。

12.3.3 国民经济评价

1．国民经济评价的概念

国民经济评价是在合理配置社会资源的前提下，从国家经济整体利益的角度出发，计算项目对国民经济的贡献，分析项目的经济效率、效果和对社会的影响，评价项目在宏观经济上的合理性。

国民经济与财务评价既有共同之处，又有区别。一方面，两者在评价目的、基础、方法和指标计算等方面存在着相同或相似之处；另一方面，由于考察角度不同，致使在费用和效益的含义、范围和计算价格以及基本判据上存在不同。

为了正确计算项目对国民经济的净贡献，在进行国民经济评价时，原则上应使用影子价格。影子价格是当社会资源处于某种最优状态时，能够反映社会劳动消耗、资源稀缺程度和最终产品需求情况的价格。为了简化计算，在不影响评价结论的前提下，可只对其价值在效益或费用中占比较大，或者国内价格明显不合理的产出物或投入物使用影子价格。

相对于财务评价以行业基准收益率作为评价的判据，国民经济评价是以社会折现率为判据。社会折现率反映国家对资金时间价值的估量，由国家统一测定发布，是计算经济净现值等指标时采用的折现率，同时用它作为经济内部收益率的判据。

2. 国民经济评价的范围与内容

对于财务价格扭曲，不能真实反映项目产出的经济价值，财务成本不能包含项目对资源的全部消耗，财务效益不能包含项目产出的全部经济效果的项目，需要进行国民经济评价。主要包括具有垄断特征的项目、产出具有公共产品特征的项目、外部效果显著的项目、资源开发项目、涉及国家经济安全的项目以及受过度行政干预的项目等。

国民经济评价的主要内容包括：识别和计算经济效益与费用，计算和选用影子价格，编制国民经济评价报表，计算评价指标并进行方案评选。

3. 国民经济评价的效益与费用

对国民经济评价而言，项目的效益是指项目对国民经济所作的贡献，分为直接效益和间接效益。直接效益是指由项目产出物产生并在项目范围内计算的经济效益。一般表现为：增加该产出物数量满足国内需求的效益；替代其他相同或类似企业的产出物，使被替代企业减产以减少国家有用资源耗费（或损失）的效益；增加出口（或减少进口）所增收（或节支）的国家外汇等。间接效益是指由项目引起而在直接效益中未得到反映的那部分效益。

项目的费用是指国民经济为项目所付出的代价，分为直接费用和间接费用。直接费用是指项目使用投入物所产生并在项目范围内计算的经济费用。一般表现为：其他部门为供应本项目投入物而扩大生产规模所耗用的资源费用；减少对其他项目（或最终消费）投入物的供应而放弃的效益；增加进口（或减少出口）所耗用（或减收）的外汇等。间接费用是指由项目引起而在项目的直接费用中未得到反映的那部分费用。

项目的间接效益和间接费用统称为外部效果。主要表现有项目对环境和生态的影响、技术扩散效应、相邻效果、乘数效果等。对显著的外部效果能定量的，要进行定量分析，计入项目的效益和费用；不能定量的，应进行定性描述。

> **小资料**
>
> 外部效果又称溢出效应、外部效应或外部性。从经济学的角度来看，外部性的概念是由马歇尔和庇古在20世纪初提出的。当个人或企业在行动时并不付出行动的全部代价或享受行动的全部收益时，经济学家就认为存在着外部性。许多经济学家对外部性理论的发展作出了重要贡献，具有里程碑意义的依次是马歇尔的"外部经济"理论、庇古的"庇古税"理论和科斯的"科斯定理"。

4．国民经济评价的报表和指标

国民经济评价一般是在财务评价的基础上进行的。通过对财务评价的效益和费用流量进行范围、价格的调整，形成国民经济评价的辅助报表，在此基础上编制基本报表——经济费用效益流量表。

根据经济费用效益流量表计算经济内部收益率（EIRR）、经济净现值（ENPV）等指标，分析项目投资的经济效率和效果。

项目小结

技术与经济是紧密联系的。技术经济分析是研究技术应用的费用与效益之间的关系，谋求使技术方案取得满意经济效果的科学。

考察技术方案或建设项目的经济效果，主要在于预测、分析和计算其现金流量。技术经济分析的方法按是否考虑资金的时间价值，分为静态分析方法和动态分析方法。不考虑资金时间价值的方法称为静态分析方法，主要有投资回收期法、投资效果系数法和偿债能力分析。考虑资金时间价值的分析方法称为动态分析方法，主要有净现值、内部收益率、费用现值等。

投资项目的经济评价是项目建议书和可行性研究报告的重要组成部分，其任务是在完成市场预测、厂址选择、工艺技术方案选择等研究的基础上，对拟建项目投入和产出的各种经济因素进行调查研究、计算及分析论证，比选、推荐最佳方案。

经济评价包括财务评价和国民经济评价两个方面。两种评价都要先识别、确定项目的效益和费用，然后编制报表，最后计算评价指标并给出评价结论。但是由于评价角度不同，致使在费用和效益的含义、范围和计算价格以及基本判据上存在不同。

项目训练

一、单项选择题

1．在技术经济分析中，把各时点上实际发生的资金流出或资金流入统称为（　　）。
　　A．现金流量　　　　　　　　B．现金流入
　　C．现金流出　　　　　　　　D．净现金流量

2. 追加投资回收期不大于基准投资回收期，说明（　　）。
   A．投资额小的方案可行　　　　B．投资额大的方案可行
   C．投资额小的方案较好　　　　D．投资额大的方案较好

3. 当社会资源处于某种最优状态时，能够反映社会劳动消耗、资源稀缺程度和最终产品需求情况的价格，称为（　　）。
   A．市场价格　　　　　　　　　B．财务价格
   C．影子价格　　　　　　　　　D．出厂价格

二、多项选择题

1. 从投资角度来看，资金时间价值的大小主要取决于（　　）。
   A．投资收益率　　　　　　　　B．通货膨胀
   C．风险因素　　　　　　　　　D．利率

2. 在投资决策中，我们经常为一个项目拟订多个可行方案。若要从中选出最优方案，可用的判别准则有（　　）。
   A．投资回收期小者优　　　　　B．净现值大者优
   C．内部收益率大者优　　　　　D．年费用小者优

3. 建设项目的经济评价包括（　　）。
   A．可行性研究　　B．财务评价　　C．经济评价　　D．社会评价

三、判断题

1. 经济效益最大化可描述为用最小的投入获得一定的产出，或者在投入不变的情况下，力求产出最大化。（　　）

2. 项目的投资回收期越大越好。（　　）

3. 一个建设项目要经历投资前时期、投资时期（建设期）及运营期三个阶段，而投资前时期是决定项目经济效果乃至成败的关键时期。（　　）

四、简答题

1. 什么是资金的时间价值？举例说明。

2. 什么是财务评价，什么是国民经济评价？

五、计算题

某项目的净现金流量如表 12.8 所示。若 $i_c = 10\%$，$P_c = 4$ 年，试计算项目的投资回收期和净现值，并判断其经济性。

表 12.8　某项目的净现金流量表　　　　　　　　　　（单位：万元）

年　份	0	1	2	3	4	5	6
净现金流量	−150	50	60	60	60	60	60

项目实训

奶牛场的新选择

红星奶牛养殖合作社饲养奶牛2 000头，年产鲜奶1 800多吨。为了有效地转化加工鲜奶，合作社负责人正在考虑兴建一个乳品加工厂。乳品加工厂设计年生产力2 000吨，预计投资1 400万元，每年现金净流量为350万元，使用6年，6年后乳品厂残值为100万元。

目前，合作社已获银行承诺建厂投资全额贷款，年利率为10%，设备已联系好，唯独缺乏技术力量。合作社负责人正在酝酿，提出以下两套方案。

第一方案：技术有偿援助。由省乳品研究所提供生产技术援助，培训员工并从技术上保证产品达到设计的质量和产量要求。条件是乳品厂按每年现金净流量的10%支付给省乳品研究所，作为技术服务有偿报酬。

第二方案：合作建厂。沪光乳品厂是一个经营有方的老厂，沪光牌乳制品畅销国内外，但经营发展受原料供应限制。获悉红星奶牛养殖合作社拟兴建乳品厂，沪光厂提出了合作办厂的建议，具体条件是：建厂投资双方各半负担；新厂用"沪光分厂"的名称；产品用"沪光牌"商标；沪光厂提供生产技术；产品按出厂价由沪光厂包销；新厂每年现金净流量350万元，沪光厂占60%，40%归合作社；6年后全厂残值无偿归合作社所有。

思考与讨论：

1. 如果你是红星奶牛养殖合作社负责人，你将采取哪一套方案？
2. 为保证最佳方案的实现，企业在生产、经营过程中主要采取什么措施？

参 考 文 献

[1] 赵钎，宋冀东. 现代企业管理（第3版）[M]. 北京：电子工业出版社，2013.

[2] 周三多. 管理学（第五版）[M]. 北京：高等教育出版社，2018.

[3] （美）斯蒂芬·罗宾斯，玛丽·库尔特 著，刘刚 译. 管理学（第13版）[M]. 北京：中国人民大学出版社，2017.

[4] 尤建新，邵鲁宁. 企业管理概论（第六版）[M]. 北京：高等教育出版社，2018.

[5] 王小锡. 当代中国企业道德现状及其发展策略分析[J]. 社会科学战线，2013（2）.

[6] 李茜，熊杰，黄晗. 企业社会责任缺失对财务绩效的影响研究[J]. 管理学报，2018，15（2）.

[7] 田敏，李纯青，萧庆龙. 企业社会责任行为对消费者品牌评价的影响[J]. 南开管理评论，2014（6）.

[8] 陈建萍. 企业管理学：理论、案例与实训（第三版）[M]. 北京：中国人民大学出版社，2014.

[9] 王丹，张超，王佳. 现代企业管理教程（第三版）[M]. 北京：清华大学出版社，2016.

[10] 邓剑平，付强. 市场调查与预测——理论、实务、案例、实训（第二版）[M]. 北京：高等教育出版社，2015.

[11] 陈兵. 市场调查与预测[M]. 北京：电子工业出版社，2018.

[12] 居长志. 市场营销（第五版）[M]. 北京：高等教育出版社，2018.

[13] 相成久. 现代企业经营管理[M]. 北京：中国人民大学出版社，2016.

[14] 陈荣秋，马士华. 生产与运作管理（第四版）[M]. 北京：高等教育出版社，2016.

[15] 宋秋萍. 财务管理（第三版）[M]. 北京：高等教育出版社，2018.

[16] 马费成，赖茂生. 信息资源管理（第三版）[M]. 北京：高等教育出版社，2018.

[17] 赵曙明，张宏远，（美）罗伯特·马希斯 等. 人力资源管理（第15版）[M]. 北京：电子工业出版社，2018.

[18] 徐起贺. TRIZ创新理论使用指南[M]. 北京：北京理工大学出版社，2011.

[19] 李明荣. 质量管理工程概论[M]. 北京：电子工业出版社，2014.

[20] 全国质量管理和质量保证标准化技术委员会，中国合格评定国家认可委员会，中国认证认可协会. 2016版质量管理体系国家标准理解与实施[M]. 北京：中国标准出版社，2017.

[21] 中华人民共和国国家质量监督检验检疫总局，中国国家标准化管理委员会. GB/T 19000—2016，质量管理体系 基础和术语[S]. 北京：中国标准出版社，2016.

[22] 国家发展改革委，建设部. 建设项目经济评价方法与参数（第3版）[M]. 北京：中国计划出版社，2006.

[23] （美）William G. Sullivan, Elin M.Wicks, C.Patrick Koelling 著，鲍海君 评注. 工程经济学（英文注释版. 第15版）[M]. 北京：电子工业出版社，2013.

[24] 陈立文. 技术经济学概论（第2版）[M]. 北京：机械工业出版社，2018.

反侵权盗版声明

电子工业出版社依法对本作品享有专有出版权。任何未经权利人书面许可，复制、销售或通过信息网络传播本作品的行为，歪曲、篡改、剽窃本作品的行为，均违反《中华人民共和国著作权法》，其行为人应承担相应的民事责任和行政责任，构成犯罪的，将被依法追究刑事责任。

为了维护市场秩序，保护权利人的合法权益，我社将依法查处和打击侵权盗版的单位和个人。欢迎社会各界人士积极举报侵权盗版行为，本社将奖励举报有功人员，并保证举报人的信息不被泄露。

举报电话：（010）88254396；（010）88258888
传　　真：（010）88254397
E-mail：　dbqq@phei.com.cn
通信地址：北京市海淀区万寿路173信箱
　　　　　电子工业出版社总编办公室
邮　　编：100036